安徽省高等学校"十二五"规划教材

物流管理系列　李亦亮　总主编

现代物流管理基础

XIANDAI WULIU GUANLI JICHU

（第2版）

李亦亮　主编

北京师范大学出版集团
BEIJING NORMAL UNIVERSITY PUBLISHING GROUP
安徽大学出版社

图书在版编目(CIP)数据

现代物流管理基础/李亦亮主编. —2版. —合肥:安徽大学出版社,2015.2(2017.5重印)
安徽省高等学校"十二五"规划教材. 物流管理系列
ISBN 978-7-5664-0895-2

Ⅰ. ①现… Ⅱ. ①李… Ⅲ. ①物流－物资管理－高等学校－教材 Ⅳ. ①F252

中国版本图书馆 CIP 数据核字(2015)第 023655 号

现代物流管理基础(第 2 版)   李亦亮 主编

出版发行:	北京师范大学出版集团
	安 徽 大 学 出 版 社
	(安徽省合肥市肥西路 3 号 邮编 230039)
	www.bnupg.com.cn
	www.ahupress.com.cn
印　　刷:	安徽昶颉包装印务有限责任公司
经　　销:	全国新华书店
开　　本:	184mm×260mm
印　　张:	18.5
字　　数:	421 千字
版　　次:	2015 年 2 月第 2 版
印　　次:	2017 年 5 月第 2 次印刷
定　　价:	33.90 元

ISBN 978-7-5664-0895-2

策划编辑:朱丽琴　龚婧瑶		装帧设计:李　军　金伶智	
责任编辑:朱丽琴　龚婧瑶		美术编辑:李　军	
责任印制:陈　如			

版权所有　侵权必究

反盗版、侵权举报电话:0551—65106311
外埠邮购电话:0551—65107716
本书如有印装质量问题,请与印制管理部联系调换。
印制管理部电话:0551—65106311

安徽省高等学校"十二五"规划教材

物流管理系列教材建设指导委员会

(按姓氏笔画为序)

马陵合　万　青　王晓艳　史贤华　朱礼龙
朱重生　陈　来　陈永平　李亦亮　汪传雷
吴灼亮　杨国才　张英彦　陆克斌　卓翔之
郝世绵　赵　娣　项桂娥　桂云苗　倪　明
程向阳　程敏然　谢艳平　雷勋平

安徽省高等学校"十二五"规划教材

物流管理系列编委会

总主编 李亦亮
主　编 李亦亮
副主编 魏　遥
编　者（按姓氏笔画排序）
　　　　王　凯　叶春生　朱重生
　　　　苏　凌　陈永平　张　敏
　　　　汪　锋　何章磊　胡红春
　　　　黄先军　溪　雷

总 序

物流是国民经济发展的动脉,一个个经济单位网状关联是靠物流这条动脉维系的,如果物流不通畅,则国民经济就难以成为一个有机整体,就没有生机和活力;物流是国民经济发展的助推器,如果物流不发达,则规模经济就没有广阔的市场空间,社会分工就会受制于高昂的交易费用。

《中华人民共和国国民经济和社会发展第十二个五年规划纲要》明确提出,要加快建立社会化、专业化、信息化的现代物流服务体系,推广现代物流管理,大力发展第三方物流,优先整合和利用现有物流资源,加强物流基础设施的建设和衔接,提高物流智能和标准化水平,提高物流效率,降低物流成本。

目前,中国物流管理水平总体上还比较滞后。2013年,物流成本占GDP的比例高达18%,物流成本仍是一座需要加速融化的庞大"冰山"。

发展现代物流业关键在人才。目前,中国物流管理水平低下的原因复杂多样,但物流管理人才数量不足、素质不高无疑是其中突出的因素。高等学校是高素质物流管理人才培养的主战场,而高质量的物流管理专业教材又是高等学校人才培养质量的有力保障。

我们在提升物流管理专业教材编写质量方面作出了一些积极努力,2009年,编写出版了安徽省高等学校"十一五"规划教材《物流管理系列》。我们在该系列教材的体系结构构建、教学内容选择、理论实践结合等方面进行了有效的探索和创新,较好地克服了当时高等学校物流管理专业教材编写中普遍存在的"低、乱、重、虚"的现象,受到教材使用者的广泛欢迎和好评。

2009年至今的5年是中国物流业飞速发展的5年,中国物流管理水平有了很大提高,物流管理实践中也出现了很多新的改革、新的做法和新的问题,在物流管理理论方面也形成了一系列创新性成果。我们感到原有系列教材的先进性正在不断降低,一些内容陈旧,一些前沿物流管理理论成果需要整合,一些先进的物流管理方法需要介绍等。

为让本系列教材更好地满足对高素质物流管理人才培养的需要,满足物流管理实践发展的需要,我们在已有系列教材的基础上,申报了安徽省高等学校"十二五"规划教材《物流管理系列》,并对原有教材进行了适当调整和修订。

  这次修订我们着重做了以下几项工作:一是全面审查系列教材内容安排,使系列教材体系结构更趋科学合理;二是努力做到理论管用、够用,方法适用、实用,凸显物流管理学科应用性特点,让教材能更好地"接地气";三是删除陈旧内容,吸收物流管理理论和实践中具有普遍性指导和操作价值的新成果;四是注重所选案例的典型性和鲜活性,提高案例的思考性和指导性;五是努力做到语言精练准确,发挥图像和表格等直观图示说明问题的作用。

  本系列教材由安庆师范学院经济与管理学院李亦亮教授任总主编,参加编写的有安徽省开设物流管理专业高校的几十位专家学者和中青年骨干教师。在编写的过程中,我们吸纳了物流管理实践一线人士和使用教材的学生所提出的有价值的建议;得到了北京师范大学出版集团安徽大学出版社龚婧瑶编辑的积极支持;参考了国内外大量文献资料;借鉴和吸收了国内外众多学者的研究成果。由于编写时间仓促,加上编者水平有限,所以书中不足之处在所难免,欢迎社会各界专家和广大读者提出宝贵意见,以使本教材臻于完善。

编 者
2014 年 9 月

目 录

第一章　绪论 ………………………………………………………… 1

第二章　物流的内涵与效用创造 …………………………………… 8
　　第一节　物流的基本内涵 ……………………………………… 9
　　第二节　有关物流价值的学说 ………………………………… 13
　　第三节　物流的效用创造 ……………………………………… 16
　　第四节　物流的经济社会作用 ………………………………… 18

第三章　物流的基本类型 …………………………………………… 24
　　第一节　物流的基本分类 ……………………………………… 25
　　第二节　企业物流 ……………………………………………… 28
　　第三节　社会物流 ……………………………………………… 36

第四章　物流系统 …………………………………………………… 44
　　第一节　物流系统的内涵与目标 ……………………………… 44
　　第二节　物流系统的构成要素 ………………………………… 49
　　第三节　物流系统分析 ………………………………………… 53

第五章　物流组织与控制 …………………………………………… 60
　　第一节　物流企业组织形态 …………………………………… 61
　　第二节　物流战略管理 ………………………………………… 66
　　第三节　物流服务管理 ………………………………………… 75
　　第四节　物流成本管理 ………………………………………… 80

第六章　第三方物流 ………………………………………………… 90
　　第一节　第三方物流的概念与类型 …………………………… 91
　　第二节　第三方物流的特点与作用 …………………………… 94

第三节 第三方物流的运作 …………………………………………… 100

第七章 运输管理 ……………………………………………………………… 108

  第一节 运输的概述 ……………………………………………………… 109
  第二节 运输方式的类型 ………………………………………………… 112
  第三节 运输合理化 ……………………………………………………… 116

第八章 仓储管理 ……………………………………………………………… 123

  第一节 仓储的概述 ……………………………………………………… 123
  第二节 仓储作业管理 …………………………………………………… 128
  第三节 仓储库存控制 …………………………………………………… 132
  第四节 仓储合理化 ……………………………………………………… 136

第九章 配送管理 ……………………………………………………………… 143

  第一节 配送的概述 ……………………………………………………… 143
  第二节 配送的类型 ……………………………………………………… 147
  第三节 配送合理化 ……………………………………………………… 154

第十章 包装管理 ……………………………………………………………… 161

  第一节 包装的概述 ……………………………………………………… 162
  第二节 物流包装技术 …………………………………………………… 165
  第三节 包装合理化 ……………………………………………………… 169

第十一章 装卸搬运管理 …………………………………………………… 175

  第一节 装卸搬运的概述 ………………………………………………… 175
  第二节 装卸搬运的类型 ………………………………………………… 178
  第三节 装卸搬运合理化 ………………………………………………… 181

第十二章 流通加工管理 …………………………………………………… 188

  第一节 流通加工的概述 ………………………………………………… 188
  第二节 流通加工形式 …………………………………………………… 191
  第三节 流通加工合理化 ………………………………………………… 194

第十三章 物流信息管理 …………………………………………………… 199

  第一节 物流信息的概述 ………………………………………………… 200
  第二节 物流信息技术 …………………………………………………… 203
  第三节 物流信息平台 …………………………………………………… 208

　　第四节　物流信息系统管理 ………………………………………… 210

第十四章　绿色物流管理 ……………………………………………… 216

　　第一节　绿色物流的概述 …………………………………………… 217
　　第二节　绿色物流系统 ……………………………………………… 219
　　第三节　绿色物流环节管理 ………………………………………… 221

第十五章　物流管理的新发展 ………………………………………… 228

　　第一节　供应链物流管理 …………………………………………… 229
　　第二节　准时物流管理 ……………………………………………… 233
　　第三节　电子商务物流管理 ………………………………………… 238
　　第四节　物联网物流管理 …………………………………………… 242
　　第五节　第四方物流管理 …………………………………………… 246

附录　《物流术语》(修订版)GB/T18354—2006 …………………… 252

参考文献 ………………………………………………………………… 281

后记 ……………………………………………………………………… 283

第一章 绪论

学习目标

通过本章学习,要求了解物流管理学的历史沿革,掌握物流管理学的研究对象,理解物流管理学和相关学科之间的关系。

开篇案例

物流业中存在的"三高一低"问题

我国物流业在发展过程中存在"三高一低"问题,与发达国家相比差距较大。"三高",一是指物流总费用占GDP的比率高。2013年,我国为18%,而发达国家一般为8%~10%。二是指库存水平高。我国历年库存占当年GDP的20%,而发达国家一般在3%。三是指管理费用高。2013年,我国物流管理费用占GDP的比重为2.2%,而美国、日本均只占0.4%。"一低"是指物流发展总体水平偏低,包括物流基础设施、物流标准化、物流信息化、物流人才、物流科技、物流企业等方面。总之,我国物流业还处于初级发展阶段。

(资料来源:丁俊发.我国物流业发展任重道远[J].珠江水运,2009(4).)

问题思考:为什么我国物流在发展过程中存在"三高一低"的问题?

随着物流技术的进步和物流在经济社会发展中地位的提升,物流作为一门科学得到了快速发展。物流是一个复杂的系统,物流活动涉及许多方面和环节。因此,物流科学中包括了许多子学科和分支领域。其中,物流管理学是受到广泛关注的新兴学科之一。

一、物流管理学的形成与发展

如果从"物体的流动"来理解,物流就是一种古老而又平常的现象。自从有了人类社会,有了商品交换,就有了物流活动,如运输、仓储、装卸搬运等。物流作为一项活动必然会消耗资源,而资源总是稀缺的。可以说,自从有了物流活动,就有了人们对如何提高物流活动效率的思考,就有了物流管理问题。中国古代人甚至对物流管理问题有了哲学和政治学意义上的认识,如荀子提出了"货畅其流"的物流观点,管子提出"仓廪实而知礼节"的重储思想。中国秦代修建的驰道,之后的大运河;国外的苏伊士运河、巴拿马运河等,都是物流管理思想运用的结晶。不过这些物流管理思想还是一些朴素的、零碎的、经验的管理思想,并没有上升为科学理论。应该说,将物流管理作为一门科学,从系统的角度和观点来研究,至今仅仅只有几十年的历史。

第二次世界大战末期,由于当时作战形势发展很快,所以致使美军战线频繁变动,这对军需品的及时、有效供给提出了一系列全新的挑战。如何合理组织军需品的供给,如何合理配置供应基地、中间基地和前线供应点,如何确定各级供应基地的最佳库存量,如何确定最佳的运输路线,如何合理选择运输工具,这些都形成了一系列重要的综合性物流管理研究课题。美国军事部门运用运筹学、预测学和计算机技术对此进行了大量研究,较好地完成了研究任务,提出了一系列的物流管理研究成果。这是物流管理学发展的萌芽阶段。

20世纪50年代,随着世界经济的复苏和生产的发展,社会产品数量急剧增长,生产成本相对下降,而流通成本有相对上升的趋势。于是,人们开始对各种流通活动的规律进行研究,以便找出降低流通费用的途径。由于目标是降低整个流通过程的费用,所以,必须考察和研究物流的全过程,研究运输、储存、包装、装卸、搬运等所有物流活动及这些活动之间的相互关系,即以系统的视角来研究整个物流活动。这种研究的开展使原来在社会经济活动中处于潜隐状态的物流系统显现出来,结束了各种物流活动处于孤立、分散、从属地位的历史。这是物流管理学的初步发展阶段。

20世纪80年代以后,随着社会生产力的不断发展,社会分工的不断深化,市场需求的不断变化,市场竞争的不断加剧,新型商业业态的不断涌现,企业物流服务的不断外包,第三方物流的不断发展,物流活动复杂性的不断提高,企业边界生产力的不断挖掘,信息技术的不断发展,物流管理在整个经济社会发展中的重要性不断得以提升,对物流管理学的研究日益得到社会的广泛重视。物流管理学研究的内容在不断拓展和深化:从传统物流管理研究延伸到后勤管理研究,从保障性物流管理研究延伸到准时性物流管理研究,从企业物流管理研究延伸到供应链物流管理研究,从绩效考核的财务标准型物流管理研究延伸到以平衡记分卡考核绩效的物流管理研究,从强调经济效益型物流管理研究延伸到强调社会效益型物流管理研究,从国内物流管理研究延伸到国际物流管理研究,从微观物流管理研究延伸到宏观物流管理研究,从局部的物流系统管理研究延伸到全局性的物流系统管理研究,等等。至此,物流管理学已成为一门内容丰富、发展比较成熟的管理学科。

延伸阅读

物流产生的根源

人类社会自开始商品生产之后,生产和消费便逐渐分离,这就产生了连接生产和消费的中间环节——流通。随着工业文明的崛起,社会生产和消费水平及规模的扩大和发展,大生产和专业化分工方式的采用,使现代的生产和消费在空间、时间以及人这三个要素上都表现为分离的形式。将生产和消费在空间上连接起来,就必须进行物资的输送;在时间上连接起来,就需要进行物资的储存;将生产和消费的人进行连接,就需要进行商品的买卖与交换。商品的输送、储存以及与此相联系的包装、装卸等物资实现流动的众多环节联系在一起即形成物流。物流产生的根源就在于生产与消费在时间和空间上的分离。

二、物流管理学的研究对象

任何一门科学都有自己的研究对象,物流管理学主要是研究物流活动的管理问题。由于物流活动过程包括运输、储存、装卸、搬运、包装、流通加工、配送等基本环节,管理主要包括计划、组织与控制职能,所以物流管理学的研究对象就是研究物流基本环节和由物流基本环节构成的物流系统的计划、组织与控制等管理问题。物流基本环节需要人、财、物、设备、方法、信息、环境等诸要素的支撑,物流管理学还要研究这些要素的具体管理问题。

从物流属性和形态来看,现代物流分为企业物流和社会物流。企业物流是一种微观物流,是企业这一特定社会主体的物流活动;社会物流是宏观物流,是全社会物流活动的整体。既然物流存在两种不同形态,物流管理学实际上也就可以分为微观物流管理学和宏观物流管理学两种形态。微观物流管理学以企业为对象,主要研究企业物流战略、物流作业、物流组织、物流控制等管理问题;宏观物流管理学主要从整个国民经济角度研究物流在国民经济中的地位、物流产业政策与法规的制定、社会物流资源的配置、社会物流网络的构建、社会物流活动的整体效益提升等管理问题。

三、物流管理学的性质

尽管物流管理学发展很快,但毕竟还是一门新兴学科,学科体系还在不断完善之中,从物流管理学的学科特性和发展趋势考察,该学科主要表现出以下几项基本特点:

(一)综合性

物流活动跨越许多领域,认识物流活动需要综合性知识,解决物流问题也不是靠单一的专业管理所能完成的,这就决定了物流管理学必然属于综合性学科。物流管理需要与生产管理、营销管理、财务管理、信息管理、系统管理、环境管理、战略管理等问题相协调,在相关方面相互配合的基础上才能取得整体优化的效果。因此,物流管理学的视野是广阔的、综合的。

(二)集成性

现代物流系统由许多要素和子系统构成,要素和子系统要按照系统论的思想形成有机整体,传统地将物流过程分割和过度分工的方式已经制约了物流系统质量和物流效率的提升。集成性特点意味着物流、商流、信息流是统一的,要求利用更先进的物流管理系统理论解决物流问题,实现系统的优化。

(三)交叉性

物流管理学通过多学科的交叉、渗透,从而发展为一门多学科交叉的综合学科。传统物流活动主要是技术问题和工程问题,物流管理主要侧重于工学领域,以研究物流技术和工程措施为主,物流技术管理所占比重较大。现代物流活动已经远远超越了技术和工程领域,它涉及企业运作和管理的各个方面,企业与企业之间的关系,企业与用户之间的关系,企业与社会之间的关系,它需要研究物流战略、物流服务方式和市场竞争等问题。在这种情况下,单纯的工学是无法胜任的,于是出现了管理学、社会学、经济学等学科向物流学渗透的趋势,物流管理学本身就是物流学与管理学相结合的产物,从而使之成为物流学和管理学的分支学科。

（四）应用性

物流活动是人类最基本的实践活动之一,随着物流的规模的发展,物流实践活动不断得以拓展,物流管理学就是以物流实践为对象,运用科学分析的方式为人类的物流实践活动提供科学的依据、手段和方法,借以提高物流实践的效果。随着物流服务要求的提高,企业、用户、社会对物流管理的要求也越来越高,在技术进步和需求变化的情况下,物流管理面临着大量新的课题,在实践中遇到的问题也越来越多。鉴于此,物流管理学与实践的结合更加紧密,应用性不断提高。

延伸阅读

物流的后进性

物流技术的发展落后于生产技术；物流科学的产生落后于加工科学。物流学家把这种现象叫作"物流的后进性"。物流的后进性主要成因是：

（1）物流科学是在生产力发展到一定阶段,适应社会经济的需要而产生的,这是物流后进性的根本原因。在人类历史上,物流活动长期从属于生产活动并且彼此孤立存在,各种物流活动之间没有发生联系。只有在生产力发展到一定阶段,流通成本凸现的情况下,物流科学的重要性才被人们所认识,才会促进物流科学的研究和产生。

（2）物流科学是在融合了许多相邻学科的成果以后才逐步产生的。如运筹学、计算机科学、系统工程等都是物流科学产生的重要基础。现代物流科学对实践的指导作用,以及对社会经济和生产发展的价值体现,也必须依赖于电子计算机技术才能得以实现。因此,物流科学只有在这些科学与技术出现之后才得以诞生和发展。

四、物流管理学与相关学科之间的关系

物流管理学由于以企业物流为研究对象,这就意味着物流管理学是企业管理学的分支学科。企业管理包括十分广泛的领域,物流管理学作为企业管理子学科与企业管理其他子学科,特别是与生产管理学和市场营销学之间关系密切(见图1-1)。

（一）物流管理学与生产管理学的关系

企业物流从大的方面看,包括企业内部物流和企业外部物流。

企业内部物流,是指货物在企业系统内部从上游工序向下游工序的空间位移。这种位

移的特点是不发生货物所有权的转移(没有商流)、受生产工艺等方面的技术制约、属于产品物质转换(加工制造过程)过程的一部分等。这些特点说明企业内部物流大多数与生产作业活动有紧密关系,物流管理与生产管理是一个事物的两个方面,难以分割。因此,在物流管理学尚未独立之前,物流管理问题一般都纳入生产管理学研究的范畴。

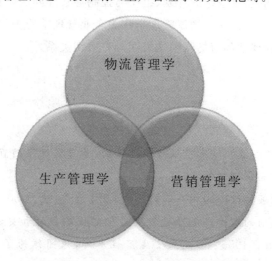

图1-1 物流管理与企业管理相关学科之间的关系

尽管生产管理学可以研究物流管理问题,但物流管理学还是需要从生产管理学中独立出来,原因有三点:其一,物流管理不是生产管理学所能完全囊括的,许多物流活动,特别是企业边界外的物流活动,已经超越了生产管理系统;其二,将物流管理学从生产管理学中独立出来,可以摆脱生产管理的局限,提高物流管理和生产管理的专业化水平和精度,促进物流管理学的发展;其三,物流管理学的指导思想与生产管理学的指导思想有很大的差别,前者需要开放意识。

(二)物流管理学与营销管理学的关系

企业外部物流,是指企业与交易企业、用户和其他关系者之间所发生的物流活动。现代企业是一个开放系统,需要与原材料供应商、零部件供应商、能源动力供应商、经销商、用户等利益相关者之间发生交易,在交易过程中伴随着大量的物流活动。其中,典型形态是采购物流和销售物流。这些物流问题通常被纳入企业市场营销渠道中加以解决。因此,在市场营销学中,对营销过程中的实体流通(物流)问题也十分关注。

营销管理学与物流管理学之间具有紧密联系,营销管理学为物流管理学提供了先进的观念、原则和指导思想。比如,营销管理中强调的以客户为中心和满足客户需求的思想和方法,对物流管理学的建设是非常重要的。但是,营销管理学不能代替物流管理学,因为两者研究的范围和重点是不同的,物流管理学侧重于研究物流活动本身的客观规律,营销管理学则侧重于研究商流活动本身的客观规律,两者的研究方法与手段也是不同的。

◇ **本章小结**

物流活动和人类历史一样久远。物流管理学萌芽于第二次世界大战后期,初步形成于20世纪50年代,大发展于20世纪80年代以后。物流管理学主要是研究物流基本环节和由物流基本环节所构成的物流系统的计划、组织与控制等管理问题。物流管理学具有综合性、交叉性、集成性、应用性等特点。物流管理学作为企业管理学的子学科与企业管理学相关子学科,特别是与生产管理学和市场营销学之间具有密切关系。

案例分析

"物流"的由来

我们现在所讲的"物流",实际是从日本传入的,是日文汉字的直接引用。那么日文汉字中的"物流"又是从何而来的呢?

根据日本物流管理协议会的相关资料记载,日本在20世纪50年代以后,经济已基本恢复到第二次世界大战前的水平。企业进行大规模的设备投资和更新改造,技术水平不断提高,生产力大幅度上升。1955年,成立了生产性本部,该团体为了改进流通领域的生产效率,确保经济的顺畅运行和发展,组织了一个大型考察团,并于1956年秋季考察了美国的物流。当时日本还没有"物流"这个词,考察团的名称为"流通技术专业考察团"。

日本考察团在美国考察期间,美国著名教授肯巴斯先生讲到,美国30年来国民经济之所以顺利发展,重要原因之一就是既重视生产效率又重视流通效率。美国产业界真正认识到物流的重要性在1950年前后,在此之前一直只重视销售,仅把运输、保管、包装、装卸等物流活动作为销售的辅助性活动。考察团在美国还发现,原来在日本被称为流通技术的运输、包装等活动,美国人则称之为 Physical Distribution(PD)。

日本考察团回国后便向政府提出了重视物流的建议,并在产业界掀起了PD启蒙运动。在日本能率协会内设立了PD研究会,并邀请平原直先生(被誉为日本"物流之父")担任会长,每个月举办PD研讨会;在流通经济研究所,日本的权威物流学者林周二教授等也组织起PD研究会,积极开展各种形式的启蒙教育活动。经过8年的努力,1964年,日本政府终于开始对PD关注。通产省几次邀请平原直先生去政府机关说明PD的重要性,为政府官员们讲课。同年7月,在通产省决定讨论物流预算案时,担心新闻媒体在报道中讲PD日本人听不懂,于是邀请平原直先生同内山九万先生(日本通运株式会社专务董事)商议。内山专务认为,PD中的"P",即 Physical 在这里并不是"物质"的意思,而是"物理"的意思,Distribution是"流通"的意思,所以应把PD译为"物理性流通",但又觉得作为一个名词,"物理性流通"字数过多、过长,只好缩为"物的流通"。于是,"物的流通"这一新词在全日本媒体上发表了。

此后,"物的流通"在日本逐渐家喻户晓、人人皆知。日本产业构造委员会内设立了"物的流通分会";1970年成立的日本最大的物流团体之一就叫"日本物的流通协会"。同年成立的另一个日本类似的物流团体,日本物流管理协议会每年举行的物流会议也都叫"全国物的流通会议"。1970年以后,很多人又觉得"物的流通"也有点长,于是就干脆简称为"物流"了。"物流"这个词在日本至今仍在使用。

1978年11月,中国物资工作考察团赴日本考察生产资料的管理和流通现状,考察团一行听到了一个新词,这就是从来没有听说过的"物流"。在回国后写出的考察报告中,专门介绍了"商流"和"物流"的含义及日本物流合理化的管理经验,"物流"一词从此引起中国实践界和理论界的重视。

（资料来源：靳伟."物流"一词的由来及物流概念的引入[J].中国物资流通,2002(2).）

问题讨论

1. 查阅资料,了解我国物流发展的历史进程。
2. 为什么20世纪50年代后日本人才开始重视物流？

◇ 复习思考题

1. 物流管理学的研究对象是什么？
2. 物流管理学有哪些基本性质？
3. 物流管理学与生产管理学、市场营销学之间有什么关系？

第二章 物流的内涵与效用创造

学习目标

通过本章学习,要求掌握物流的定义与要素,理解物流与商流之间的关系,理解物流创造效用机理,掌握有关物流价值的重要学说,了解物流在经济社会发展中的作用。

开篇案例

物流科学的生命力来源于"商"和"物"的分离

现代社会流通领域出现了"商物分离"的发展势态,这使我们看到了物流科学的独特生命力。商流与物流的区别可归纳为以下五点:一是工作对象形态不同。商流主要针对价值形态,而物流则主要针对实物形态。二是劳动方法不同。商流主要依靠脑力劳动、少量投入活劳动和物化劳动,而物流则主要依靠装备和人力,需要大量投入活劳动和物化劳动。三是支持方式不同。商流主要依靠商情信息的支持,而物流不仅需要信息的支持,还需要科技装备的支持。四是成本、费用不同。商流成本较低、消耗较小,而物流成本高、消耗大。五是优化的标准不同。判断商流和物流优化的标准有时候截然相反。

商流优化的特点是多环节、频繁交易。美国人称,频繁的商业交易是商业发达的重要标志。在商品经济高度发达的社会中,商流是讲究多渠道、多边、多层次的。只有这样,才能最终找到最优的商流,才能无孔不入地渗透到每一个领域中。之所以如此,是因为商流主要是交涉谈判过程,商流的投入和成本较低,即使频繁的交易,从获得的最优结果所取得的效益来看,也远高于这种频繁交易的支出,其增加的成本远低于所实现的价值。

而物流优化的特点则是少环节、简单、直距、短距,这是高水平现代物流的标志。其原因在于,物流的对象是大量实物,不付出巨大的物化劳动和活劳动就不可能实现物流,如果也像商流那样频繁流动,则其费用必然会大大增加,从而严重降低甚至抵消其经济效益。

因此,物流及商流两个领域的科学有着非常不同的特点,不能混为一体。只有在商流、物流分离的前提下,才能够追求各自不同的优化途径。

(资料来源:王之泰.关于物流科学的若干思考[J].中国流通经济,2003(9).)

问题思考:为什么"商物分离"是物流科学的生命力之源?

随着物流产业和物流服务的发展,物流已成为人们关注的重要领域,在经济社会发展中扮演着越来越重要的角色。尽管物流活动多种多样、物流系统结构复杂,但人们对物流内涵的认识越来越深入,对物流价值的认识越来越深化。

第一节 物流的基本内涵

一、物流的定义

《中华人民共和国标准物流术语》(GB/T18354—2006)中将"物流"定义为:"物品从供应地向接收地的实体流动过程。根据实际需要,将运输、储存、装卸、搬运、包装、流通加工、配送、信息处理等基本功能实施有机结合。"

理解"物流"定义需要把握几点:

(1)物流中的"物"是一切可以进行物理位置移动的实体物质资料。不仅包括有形的物,也包括无形的物,如管道煤气;不仅包括有用的物,如原材料,也包括无用的物,如废弃物;不仅包括最终产品,也包括各种中间产品,如半成品。

(2)物流的起点是"供应地",终点是"接受地",只要符合这个条件的实体流动过程都是物流,物流具有广泛性。

(3)物流中的"流"泛指一切运动形态,具有移动、运动、流动的含义,物流环节中的"静止"(如储存)可以看成是物流中"流"的一种特殊形态。

(4)物流的基本功能要素之间不是彼此孤立的,而是有机结合的,物流是系统化的产物。

延伸阅读

国外对物流的定义

由于对物流问题认识的层次和视角上的差别,加之研究和应用的目的不同,所以目前对"物流"的定义还存在许多不同的界定。

美国供应链管理专业协会认为:物流是供应链过程的一部分,是为了满足客户需求而对商品、服务及相关信息从原产地到消费地的高效率、高效益的正向和反向流动及储存进行的计划、实施与控制过程。

美国后勤管理协会认为:物流是有计划地对原材料、半成品及成品由其生产地到消费地的高效流通活动,这种流通活动的内容包括用户服务、需求预测、情报信息联络、物料搬运、订单处理、选址、采购、包装、运输、装卸、废物处理及仓库管理等。

美国学者查尔斯·塔夫认为:物流是对到达以及离开生产线的原料,在制品和产成品的运动、存储和保护活动的管理。它包括运输、物料搬运、包装、仓储、库存控制、订货销售、选址分析和有效管理所必需的通讯网络等。

日本工业标准(JIS)认为:物流是将实物从供给者物理性地移动到用户这一过程的活动,一般包括输送、保管、装卸、包装以及与其有关的情报等各种活动。

日本早稻田大学教授西泽修认为：物流是指包装、输送、保管、装卸工作，主要以有形物资为中心，所以称之为"物资流通"。在物资流通中加进情报流通，于是称之为"物流"。

欧洲物流协会认为：物流是在一个系统内对人员和商品的运输、安排及与此相关的支持活动进行计划、执行和控制，以达到特定的目的。

二、物流三要素

物流包括许多具体活动，人们进行物流活动的方式多种多样，不管用什么样的方式进行什么样的具体物流活动，都要具备以下三个基本要素，即流体、载体和流向。

（一）流体

流体指物流中的"物"，这里的"物"是处于不断流动状态的。

流体具有自然属性和社会属性。自然属性指其物理、化学、生物属性。物流管理的任务之一是要保护好流体，使其自然属性不受损坏。因而，要对流体进行检验、养护，在物流活动过程中，需根据自然属性合理安排运输、保管、包装等物流作业。社会属性指其所体现的价值，以及生产者、采购者、物流作业者与销售者之间的各种关系，有些关系国计民生的重要商品作为物流的流体还肩负国家宏观调控的重要使命。因此，在物流活动过程中，要保护流体的社会属性不受任何影响。

根据流体的自然属性和社会属性，可以计算流体的价值系数，即每立方米体积商品的价值。该系数可以反映商品的贵贱，对物流部门确定物流作业方案有重要参考价值。价值系数越大的商品，物流过程越要精心。一方面，可采取商品保险措施；另一方面，运输、保管、包装、装卸等各个环节的组织与作业均要精心安排，以防损坏。

（二）载体

载体指流体借以流动的设施与设备。载体分成两类：一类是指基础设施，如铁路、公路、水路、码头、车站、机场等基础设施；另一类是直接盛载并运送物品的设备和容器，如车辆、船舶、飞机、装卸搬运设备和集装箱等。物流载体的状况，尤其是物流基础设施的状况，直接决定物流活动的质量、效率和效益。

（三）流向

流向指流体从起点到止点的流动方向。物流的流向有 4 种：

1. 自然流向

自然流向指根据产销关系所决定的商品的流向，这表明一种客观需要，即商品要从产地流向销地。

2. 计划流向

计划流向指根据政府部门的商品调拨计划而形成的商品流向，即商品从调出地流向调入地。

3. 市场流向

市场流向指根据市场供求规律，由市场确定的商品流向。

4. 实际流向

实际流向指在物流活动过程中实际发生的流向。

对某种商品而言，可能会同时存在以上几种流向。如根据市场供求关系确定的商品流向是市场流向，这种流向反映了产销之间的必然联系，是自然流向。实际发生物流时还需根据具体情况来确定运输路线和调运方案，这才是最终确定的流向，这种流向是实际流向。在确定物流流向时，理想的状况是商品的自然流向与商品的实际流向相一致，但由于计划流向与市场流向都有其存在的前提，以及载体的原因，所以导致商品的实际流向经常偏离自然流向。

物流的流体、载体和流向三要素之间存在极强的内在联系。如流体的自然属性决定了载体的类型和规模，流体的社会属性决定了流向，载体对流向有制约作用，载体的状况对流体的自然属性和社会属性均会产生影响。进行物流活动要注意处理好流体、载体和流向三要素之间的关系，这有利于降低物流成本，提高物流服务水平。

三、商流与物流

（一）商流

"商流"是商品所有权的转让，流动的是"商品所有权证书"。在商流中的物品也被称为"商品"，商流活动一般称为"交易"或"贸易"。商品通过交易活动由供给方转让给需求方，这种转让是按价值规律进行的。商流研究的内容是商品交换的全过程，具体包括市场需求预测、计划分配与供应、货源组织、订货、采购调拨、销售等。

商流与物流是商品流通的两个方面。从马克思主义政治经济学角度看，在流通这一统一体中，商流明显偏重于经济关系、分配关系、权力关系，因而属于生产关系范畴，是流通的社会属性。"物流"是物体位置移动的全过程，物流是空间行为，即马克思讲的"实际流通"，是商品实体的流通。物流偏重于工具、装备、设施及技术，因而属于生产力范畴，是流通的自然属性。

（二）商流与物流的关系

商流与物流之间的关系密切，只有二者有机结合，才能最终实现商品由供方向需方的转移过程，商品流通才能最终结束。

一般在商流发生之后，即所有权的转移达成交易后，商品必然要根据新货主的要求进行转移，这就导致了物流活动的发生。需要指出的是，只有在有物流需求的情况下，才能发生商流的契机。也就是说，只有在有商品购买实际需求的情况下，商品交易行为才能发生。因此，物流是产生商流的物质基础，在发生次序的先后上，商流则是物流的先导。商流和物流是商品流通的"两条腿"，两者相辅相成、缺一不可。只有在流通的局部环节、在特殊情况下,商流与物流才可能独立发生。一般而言,从全局来看,商流和物流总是相伴发生的。

(三)"商物分离"原则

尽管商流和物流相辅相成,但是它们各自具有不同的活动内容和规律。商流是商品的所有权转移,是一种权力流;物流是商品的空间转移,是一种实体流。商流一般要经过一定的经营环节来进行业务活动;物流则不受经营环节的限制,它可以根据商品的种类、数量、交货要求、运输条件等使商品尽可能地由产地通过最少环节、以最短的物流路线、按时保质地送到用户手中,以达到降低物流费用、提高经济效益的目的。在现实经济生活中,进行商品交易活动的地点往往不是商品实物流动的最佳路线必经之处。如果商品的交易过程和实物的运动过程路线完全一致,那么往往会发生实物物流路线的迂回、倒流、重复等不合理现象,造成资源和运力的浪费。由此可见,"商物分离"不仅有可能性,而且实行"商物分离"的原则有利于提高物流效率、降低物流成本。图2-1是"商物分离"示意图。

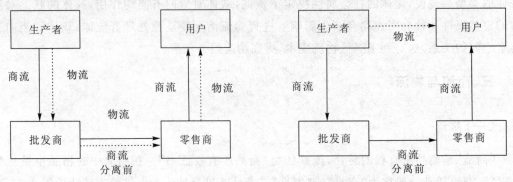

图2-1 商物分离示意图

当然,"商物分离"也是需要一定条件的:

(1)"商物分离"的经济基础是社会分工的发展。没有社会分工,就很难有发达的"商物分离"。社会分工的深化不仅使得商流和物流出现渠道上的分离,而且使商流和物流的承担主体也发生了分离。

(2)"商物分离"的社会基础是社会信用的发展。没有完善的社会信用体系,"商物分离"就会给商品交易者带来很大的经营风险,因为物流毕竟是一种服务性活动。

(3)"商物分离"的技术基础是信息系统的完善。商流主体对物流主体的选择、物流主体对物流渠道的选择都需要一系列信息进行支撑,需要有很好的信息处理能力。在信息系统不完善的情况下,"商物分离"是有限的。

第二节 有关物流价值的学说

一、"黑大陆"说

这一学说是由世界著名管理学家德鲁克首先提出来的。1962年,德鲁克在美国《财富》杂志发表题为《经济的黑暗大陆》一文,在文中他指出:"流通是经济领域里的黑暗大陆。"这里德鲁克泛指的是流通,但是,由于流通领域中物流活动的模糊性尤其突出,是流通领域中人们更加认识不清的领域,所以,"黑大陆"说法现在转向主要针对物流。

"黑大陆"主要是指尚未认识、尚未理解、尚未开发的领域。在"黑大陆"中,如果理论研究和实践探索照亮了这块黑大陆,那么摆在人们面前的可能是一片不毛之地,也可能是一片宝藏之地。"黑大陆"说法是指德鲁克那个时代和文化背景下的人的一种共同的说法。这和我们常说的"未被开垦的处女地"说法含义一样,只是表达不同而已。

在20世纪60年代以前,整个世界经济还处于一种短缺状态,人们关注的焦点还是如何开足马力扩大生产规模,流通问题并没有引起社会的广泛重视。"黑大陆"说也是对当时物流本身的正确评价,这个领域未知的东西还很多,理论和实践都不成熟。

从某种意义上说,"黑大陆"说是一种未来学的研究结论,是战略分析的结论,带有较强的哲学抽象。但这一学说对推动这一领域的研究起到了很好的启迪作用。

二、"冰山"说

"冰山"说是日本早稻田大学西泽修教授提出来的。它的含义是指人们对物流成本的总体内容并不掌握,提起物流成本往往只看到露出海水面上的冰山一角,而没有看见潜藏在海水里的部分冰山,海水中的冰山才是物流成本的主体部分。西泽修教授用一个简单、明确的图形表示了这个学说的观念(见图2-2)。

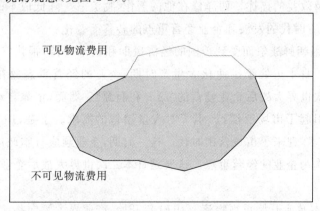

图2-2 物流冰山示意图

一般情况下,在企业财务统计数据中,只把支付给外部运输企业、仓库企业的费用列入物流成本,实际上这些费用在整个物流成本中犹如冰山的一角。因为物流基础设施折旧费,企业利用自己的车辆运输、利用自己的仓库保管货物,由自己的工人进行包装、装卸等自家物流费用都计入了原材料、生产成本、管理费用和销售费用等科目中,没有列入物流成本中。一般来说,企业向外部支付的物流费是实际物流成本的很小一部分,真正的大头是企业内部发生的各种物流费用。美国、日本的实践表明,企业实际物流成本支出往往要超过企业对外部支付的物流成本额的5倍以上。

物流冰山说之所以成立,除了会计核算制度没有考虑到物流成本外,还有以下3个方面原因:

(1)物流成本的计算范围太大。它包括:原材料物流、工厂内物流、从工厂到仓库和配送中心的物流、从配送中心到商店的物流等。这么大的范围,涉及的单位非常多,牵涉的面也特别广,很容易漏掉其中的某一部分。漏掉哪部分、计算哪部分,其物流费用的大小相距甚远。

(2)在运输、保管、包装、装卸、流通加工以及信息等各物流环节中,以哪几个环节作为物流成本的计算对象问题。如果只计算运输和保管费用不计算其他费用,那么与运输、保管、装卸、包装、流通加工以及信息等全部费用的计算,两者的费用计算结果差别相当大。

(3)把哪几种费用列入物流成本中去的问题。比如,向外部支付的运输费、保管费、装卸费等费用一般都容易列入物流成本。可是,本企业内部发生的物流费用,如与物流相关的人工费、物流设施建设费、设备购置费,以及折旧费、维修费、电费、燃料费等是否也列入物流成本?此类问题与物流成本大小直接相关。因而,物流费用确实犹如一座海里的冰山,露出水面的仅是冰山的一角。

三、"第三利润源"说

"第三利润源"说是由日本早稻田大学的教授西泽修先生于1970年提出的,"第三利润源"是对物流潜力及效益的描述。西泽修在他的著作《物流——降低成本的关键》中谈到,企业的利润源泉会随着时代的发展和企业经营重点的转移而变化。

1950年,日本因朝鲜战争而受到美国的经济援助和技术支持,很快实现了企业机械化、自动化生产。当时,日本正处于工业化大生产时期,企业的经营重点放在了降低制造成本上,这便是日本二次世界大战后企业经营的"第一利润源"。然而,依靠自动化生产手段制造出来的大量产品,引起了市场泛滥,产生了对大量销售的需求。于是,1955年,日本从美国引进了市场营销技术,迎来了市场营销时代。这一时期,企业顺应日本政府经济高速增长政策,把增加销售额作为企业的经营重点。这便是日本二次世界大战后企业经营的"第二利润源"。

1965年起,日本政府开始重视物流。1970年开始,产业界大举向物流进军,日本又进入了物流发展时代。这一时期,制造成本降低空间不断萎缩,增加销售额也已经走到尽头,产业界期望寻求新的利润源,物流成本的降低使"第三利润源"的提法恰恰符合当时企业经营的需要。因而,"第三利润源"说一提出,就备受关注,并广为流传。

人们对"第三利润源"的理论最初认识应该是基于两个前提条件：第一，物流可以完全从流通中分化出来，自成独立运行的、有自身目标和管理的活动。因而，能对其进行独立的、总体的判断；第二，物流和其他独立的经营活动一样，它不仅仅是总体的成本构成因素，而且是单独盈利因素，物流可以成为"利润中心"型的独立系统。

延伸阅读

对"第三利润源"说的另一种解释

从历史发展来看，人类历史上曾经有过两个大量提供利润的领域。第一个是自然资源领域，第二个是人力领域。自然资源领域起初是掠夺或获得廉价原材料、燃料，其后则是依靠科技进步、节约消耗、综合利用、回收利用乃至大量人工合成资源而获取高额利润，习惯称之为"第一利润源"。人力领域最初是廉价劳动，其后则是依靠科技进步提高劳动生产率，降低人力消耗或采用机械化、自动化来降低劳动耗用从而降低成本、增加利润，这个领域习惯称作"第二利润源"。在这两个利润源潜力越来越小、利润开拓越来越困难的情况下，物流领域的潜力被人所重视，按时间序列排为"第三利润源"。

这三个利润源关注于生产力的不同要素：第一利润源挖掘的是生产力中的劳动对象；第二利润源挖掘的是生产力中的劳动者；第三利润源主要挖掘生产力要素中的劳动工具的潜力，同时又挖掘劳动对象和劳动者的潜力。因而，"第三利润源"更具有全面性。

四、"效益背反"说

"效益背反"是物流领域中经常出现的普遍现象，是这一领域中内部矛盾的反映和表现。

"效益背反"指的是物流的若干功能要素之间存在着损益的矛盾，即某一个功能要素的优化和利益发生的同时，必然会存在另一个或另几个功能要素的利益损失，反之也如此。这是一种此涨彼消、此盈彼亏的现象，虽然在许多领域中这种现象都是存在的，但在物流领域中，这个问题似乎尤其严重。

"效益背反"有许多有力的实例予以支持。例如，为了降低库存成本，人们就会想办法减少仓库据点，并尽量减少库存量，但这样就会使库存补充变得频繁，这就必然要增加运输次数，从而无形中增加了运输费用；为了节约包装费用，人们就会想办法简化包装，降低包装强度，但这样势必降低仓库的保管效率，同时，也会使得在装卸搬运过程中容易出现破损现象，造成搬运效率低下，从而增加仓储与搬运的成本；为了能够保证货架上货物的连续性，人们就必然要提高安全库存量，这样势必会造成仓储费用的升高；为了追求运输的速度，将运输的方式由公路运输或铁路运输改为航空运输，这样就可以大幅度地提高运输速度，相应减少仓储费用，但这也会造成运输费用的大幅度提高；为了降低装卸搬运的费用，可能会选择费用相对较低的人工方式，但这也就肯定会造成装卸搬运效率的降低，从而影响物流系统的其他要素。

在认识了"效益背反"的规律之后，物流科学迈出了认识物流功能要素这一步，寻求解决和克服各功能要素"效益背反"现象。将运输、包装、仓储等功能要素的有机联系寻找出来，从而系统地认识物流,进而有效解决"效益背反"现象,追求总体的效果(见图2-3),这是物流科学的一大发展。

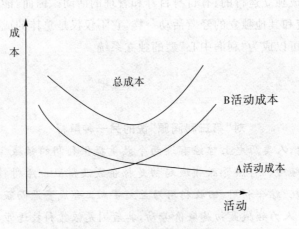

图 2-3 效益背反与总体效果

第三节 物流的效用创造

一、时间效用

"物"从供给者手中到需要者手中之间有一段时间差,由改变这一时间差所创造的效用,称作"时间效用"。

(一)缩短时间创造效用

缩短物流时间,可减少物的损失、降低物的消耗、加速物的周转、及时满足市场需要、节约资金。马克思从资本的角度早就指出过:"流通时间越等于零或近于零,资本的职能就越大,资本的生产效率就越高,它的自行增值就越大。"这里马克思所讲的流通时间完全可以理解为物流时间,因为物流周期的结束是资本周转的前提条件。这个时间越短,资本周转越快,从而表现出资本的较高增值速度。

现代物流管理学着重研究的一个课题就是如何采取技术的、管理的、系统的方法尽量缩短宏观物流时间和有针对性地缩短物流的微观时间,从而取得较高的时间效用。从全社会物流的总体来看,加快物流速度、缩短物流时间是物流必须遵循的一条经济规律。物流运动和一般力学运动的一个重大区别就是它不是简单地按自然科学规律发生运动,而是按照经济规律,能动地取得时间效用的运动形式。

(二)弥补时间差创造效用

由于需要和供给的不对称性和不均衡性的存在,所以在经济社会中,普遍存在着需要和供给之间的时间差。

粮食生产有严格的季节性和周期性，即使人类已有了改造自然的能力，可以人工创造条件使粮食种植不受季节影响，但粮食的生产周期性仍是改变不了的，这就决定了粮食的集中产出。但是，人们对粮食的消费是一年365天，天天有需求。因而，这种集中产出所形成的供给和分散的需求之间必然会出现时间差。

水泥工厂一旦点火，生产就必须连续进行，每时、每天都在生产产品。但是，其消耗却带有一定时间间隔的集中性。建筑施工有很强的季节性，存在着适合施工季节的集中需求，这也出现了时间差。

如果没有合适的办法弥补这种时间差，供给和需求之间就会存在尖锐矛盾。例如，如果没有有效的方法，集中生产出的粮食除了当时的少量消耗外，就会损坏掉、腐烂掉，而在非产出时间，人们就会找不到粮食吃；如果没有有效的方法，集中生产季节就会出现水泥供应不足，造成停工待料，而在其他施工季节生产出来的水泥便要长期存放，这既增加了库存成本，又会使水泥水化、变质，甚至彻底失效。

物流通过仓储等手段能够以科学系统的方法弥补乃至改变时间差，以保持和充分实现物品的效用。

（三）延长时间差创造效用

第一个问题讲的是物流总体和不少具体物流应该遵循"加快物流速度，缩短物流时间"这一规律，以尽量缩小时间差来创造效用，尤其是物流的总体，讲规律主要是从这一总体地位出发。但是，在某些具体物流中，也经常会存在人为、能动地延长物流时间来创造效用的情况。例如，商品的待机销售，在储存中寻找进入市场的最理想时间；备战、备荒所形成的战略性储备等等。在这种情况下采用的物流方式便是一种有意识地延长物流时间、有意识地增加时间差，从而创造效用的方式。当然，一般来讲，这是一种特例，不是普遍的现象。

二、空间效用

供给者和需求者之间往往处于不同的场所。也就是说，供给者和需求者所处的空间位置不同，"物"从供给者到需求者之间有一段空间差。由改变场所的位置创造的效用称作"空间效用"。

物流创造空间效用是由现代社会产业结构、社会分工所决定的，主要原因是供给和需求之间的空间差。商品在不同地理位置会有不同的效用，通过物流将商品由低效用区转到高效用区，便可由于不同空间的效用差获得利益，从而取得"空间效用"。

（一）从集中生产场所流入分散需求场所创造效用

现代化大生产的特点之一往往是通过集中的、大规模的生产来提高生产效率，从而降低生产成本。在一个小范围集中生产的产品可以覆盖大面积的需求地区，有时甚至可覆盖一个国家乃至若干个国家。通过物流将产品从集中生产的低价位区转移到分散于各处的高价位区，有时可以获得很高的利益。例如，在现代生产中，钢铁、水泥、煤炭等原材料生产往往以几百万吨甚至几千万吨的大量生产密集在一个地区,汽车生产有时在一个地区也可达百万辆以上,这些产品都需要通过物流流入分散的需求地区,物流的"空间效用"也依此决定。

（二）从分散生产场所流入集中需求场所创造效用

和上面第一种情况相反的情况在现代社会中并不少见。例如,粮食是在一亩地一亩地上分散生产出来的,而一个大城市的需求却相对集中;一个大汽车生产系统的零配件生产也分布得非常广,但却集中在一个大厂中进行装配。这也形成了分散生产和集中需求,物流便依此取得了空间效用。

（三）从甲地生产者流入乙地需求者创造空间效用

在现代社会中,供应与需求的空间差比比皆是、十分普遍,除了由大生产所决定之外,有不少是由自然地理和社会发展因素决定的。例如,农村生产粮食、蔬菜而异地于城市消费;南方生产荔枝而异地于各地消费;北方生产高粱而异地于各地消费等等。现代人每日消费的物品几乎都是相隔一定距离甚至十分遥远的地方生产的。这么复杂交错的供给与需求的空间差都是靠物流来弥补的,物流也从中取得了利益。这就是物流这种经济活动与一般力学运动的不同之处,因为物流是取得"空间效用"的运动。

三、形质效用

有时,物流也可以创造形质效用。加工是生产领域常用的手段,而不是物流的本来职能。但是,现代物流的一个重要特点是根据自己的优势和现代市场需求变化的一些新特点从事一定的补充性的加工活动,这种加工活动不是创造商品主要实体、形成商品主要功能和使用价值,而是带有完善、补充、增加商品功能性质的加工活动。这种活动必然会赋予劳动对象以附加的形质效用。

虽然在创造形质效用方面,物流不是主要责任者,其所创造的效用也不能与时间效用和空间效用相比拟,但这毕竟是现代物流有别于传统物流的重要方面,也更是有别于简单力学运动的重要方面。

物流可以创造效用,这是流通理论的一个创新,这个创新改变了长期以来许多经济学家乃至权威人士对于流通的传统理论的认识,也就是改变了对流通仅作为"桥梁和纽带"作用的认识,赋予了流通能动性与积极的意义。

第四节　物流的经济社会作用

一、物流的宏观国民经济作用

物流对整个宏观国民经济发展的作用表现是多方面的,物流是国民经济发展的动脉、助推器、效益源。

（一）物流是国民经济发展的动脉

物流通过不断输送各种物质产品，使生产者不断获得原材料、燃料以保证生产过程的正常进行；又不断将产品运送给不同的需求者，以使这些需求者的生产、生活得以正常进行。这些互相依赖的存在是靠物流这条动脉来维系的，国民经济因此才得以成为一个有内在联系的整体。

之所以讲物流是"动脉"而不讲它是"器官"，这是因为，假如人体一个器官坏了，也许还会生存下去，而动脉停止运送血液，人体就必然死亡。

（二）物流是国民经济发展的助推器

物流不仅是国民经济发展的动脉，而且对国民经济发展具有重要的促进作用。

1. 物流的发展是社会生产规模经济实现的基础

一个企业要上规模，既需要庞大而又广阔的原材料来源市场，又要有庞大而又广阔的产成品销售市场，这在物流发展水平低下的情况下是很难满足的。例如，最初在英国的波特兰地区已经建立了水泥工业，但是，生产出水泥之后，由于无法大量远运，所以产业发展不起来，直到铁道出现后，创造了物流条件，能够把水泥从波特兰地区运到英国各地，水泥生产这种专业化、大批量的生产方式才得以形成。

2. 物流的发展是社会生产分工深化的基础

社会分工越发达，越能实现专业化生产，越能促进生产力的发展。社会分工受交易费用限制，交易费用越低，社会分工越发达。交易费用不仅包括商流费用，也包括物流费用。物流的发展能够带来物流费用的下降，从而带来社会分工的深化。现代国际贸易的发展也是建立在现代物流大发展的基础上的。

3. 物流的发展是社会资源优化配置的基础

社会资源的优化配置能够提高全社会的生产力。资源配置是经济体制的核心问题，资源配置不仅要解决生产关系问题，而且必须解决资源的空间布局问题。有时候，并不是某种体制不成功，而是物流发展滞后不能保证资源优化配置的最终实现。

（三）物流是国民经济发展的效益源

关于这一点可以从以下两方面理解：

1. 物流业已成为国民经济的重要产业

2013年，我国物流业所创造的增加值为3.9万亿元左右，占GDP比重为6.8%，占服务业全部增加值比重为14.8%，物流业在国民经济、服务业中已经占有重要地位。目前，荷兰、新加坡、巴拿马、日本和中国香港等国家和地区，物流在国民经济中已经起到了支柱作用。

2. 物流费用的下降还有巨大的空间

物流费用一般具有非生产性质，降低物流费用能够降低社会资源纯消耗，提高GDP的质量,带来经济效益和社会效益增量。2013年,我国物流费用为10.2万亿元,占到GDP的比率为18.0%。而近年的研究数据显示,欧美、日本等国家物流成本仅占到GDP的8%~10%。我国的物流成本为发达国家的2~3倍,甚至高于一些发展中国家,物流费用下降还有巨大空间。

延伸阅读

中国物流业景气指数

中国物流业景气指数主要由业务总量、新订单、从业人员、库存周转次数、设备利用率、平均库存量、资金周转率、主营业务成本、主营业务利润、物流服务价格、固定资产投资完成额、业务活动预期等12个分项指数和1个合成指数构成。其中,合成指数由业务总量、新订单、从业人员、库存周转次数、设备利用率5项指数加权合成,称为"中国物流业景气指数",英文缩写为LPI。物流业景气指数LPI反映物流业经济发展的总体变化情况,以50%作为经济强弱的分界点。当高于50%时,反映物流业经济扩张;当低于50%时,则反映物流业经济收缩。

二、物流的微观企业经济作用

从企业这一微观角度来看,物流对企业的作用体现在以下几个方面:

(一)物流是企业的生存环境

一个企业的正常运转,必须有这样一个外部条件:一方面,要保证按企业生产计划和生产节奏提供和运达原材料、燃料、零部件;另一方面,要将产品和制成品不断运离企业。这个最基本的外部环境正是要依靠物流及有关的其他活动创造和提供来保证的。

(二)物流是企业生产运行的保证

企业生产过程的连续性和衔接性要靠生产工艺中不断的物流活动,有时候生产过程本身便和物流活动结合在一起,物流的支持保证作用是不可缺少的。

(三)物流是企业发展的重要支撑力量

物流作为全面质量管理的一环,是接近用户阶段的质量保证手段;用户越来越重视物流服务,物流成为用户选择企业、维持交易关系的重要条件;物流成本占产品最终价格的比重通常在20%以上,节约物流成本是企业的"第三个利润源";对物流系统的改善有利于提高企业管理水平。例如,库存的改善可以使企业管理中一些隐性矛盾显性化,使人们能及时发现管理中存在的问题并予以改进。

三、物流的社会进步作用

物流对经济发展的促进作用是物流与社会进步关系的一个方面:物流的畅通促进了经

济发展从而促进了社会进步。但是,物流与社会进步还有更广泛的关系,这主要表现在以下几方面:

(一)通畅的物流会促进人们的思想开放

物流是促进交往的重要手段,通畅的物流会使地区经济与外界之间的交往变得活跃,会增加人们的交往,因而极有利于人们开阔视野、启迪思维,从而促进观念的更新,而这又是社会进步的非常重要的标志。

(二)通畅的物流会促进科学技术的进步

通畅的物流会促进科学、技术、教育的交流。科技的引进、教育的发达,其本身也是发展科学技术的动力。18世纪以蒸汽机为标志的技术革命和19世纪以电力为标志的技术革命都以交通运输为起始环节之一,反过来又促进了物流的发展。技术革命的新技术首先是在物流发达地区出现的。通畅的物流促进科学技术的交流,这也是提高科技水平,进而促进社会进步的原因。

(三)通畅的物流促进生活质量的提高

一方面,随着物流技术水平的提高和物流方式的创新,大大降低了消费者的负担,增加了消费者福利;另一方面,它极大地满足了消费者准时、便利的物流需求。例如,低温冷藏物流系统以及快速、安全、方便的配送体系,不仅保证了商品的新鲜度与质量,而且大大节约了消费者时间,方便了消费者生活。物流活动成为现代消费者不可缺少的生活内容。

延伸阅读

物流成本消减的乘法效应

物流成本消减的乘法效应,是指物流成本下降后引起销售额的成倍增长。当一个企业的销售额是1000万元时,物流成本约占销售额的10%,即100万元。这意味着,只要降低10%的物流成本,就可以增加10万元的利润。如果该企业的销售利润率为2%,则创造10万元的利润需要增加500万元的销售额。也就是说,降低10%的物流成本所起的作用,相当于增加50%的销售额。这个理论类似于物理学中的杠杆原理,物流成本的下降通过一定的支点可以使销售额获得成倍的增长。

(四)通畅的物流会促进落后地区的开发

落后地区之所以落后在某种意义上与"两头"不畅关系密切。一是缺乏先进的生产资料和生产要素的"进口";二是缺乏地方产品和地方资源的"出口"。落后地区很多地方都有孤岛性经济特征。"要想富,先修路",这句话生动地表明了重视物流基础设施建设对落后地区开发的重要性。

在现代社会中,虽然计算机、远程通信、大量高速物流手段都已广泛应用,从而使物流的地区因素的作用相对降低。但是,比较发达的地区、发展较快的地区依然是物流条件好、物流通畅的地区,如沿海、沿江、沿铁道线、城市地区的经济发展就是物流促进社会进步的证明。

◇ 本章小结

物流是物品从供应地向接收地的实体流动过程。流体、载体和流向是物流的三个基本要素。商流与物流既相辅相成,又有各自不同的活动内容和规律。商流是商品的所有权转移,是一种权力流;物流是商品的空间转移,是一种实体流。物流与商流可以分离。"黑大陆"、"冰山"、"第三利润源"、"效益背反"等学说是目前关于物流价值的富有影响的几种学说。物流可以创造时间效用、空间效用和部分形质效用。物流不仅是国民经济发展的动脉、助推器、效益源,而且是微观企业生存的前提、运行的保证、发展的支撑,并且对人类社会进步也发挥着重要的积极作用。

案例分析

我国经济转型升级对物流业提出了新要求

今后一个时期,我国经济将进入一个相对平稳的增长阶段。要通过稳增长、调结构、促改革,打造中国经济"升级版",这就对物流业发展提出了新要求。

第一,提高经济增长质量和效益的新要求。随着经济增速稳中趋缓,我国经济发展重心从追求速度和规模向质量和效益转变。当前,物流成本过高仍然是制约我国经济发展的重要因素。我国社会物流总费用与GDP的比率长期维持在18%,比发达国家高出1倍左右。企业物流成本平均占企业总成本的30%。通过降低物流成本,可以促进国民经济提高效益,减少对GDP增长的依赖。我们也要看到,降低物流成本是一个系统工程,要跳出物流行业看物流。不仅要降低物流企业成本,更要降低制造和流通企业物流环节的成本。要从整个产业链的角度,统筹协调、整合优化,推动物流业与其他产业的联动融合,降低产业链物流成本,全面提高发展的质量和效益。

第二,发展现代服务业的新要求。加快现代服务业发展是推动经济结构调整、产业结构优化升级的战略重点。国际经验表明,当人均GDP超过4000美元时,将迎来服务业快速发展时期。今后一个时期,是我国全面建设小康社会的关键时期,也是服务业大发展的重要时期。2012年,我国物流业增加值占服务业增加值的比重为15.3%,物流业已经成为现代服务业的支柱产业。我们要看到,我国物流业与现代服务业的发展要求还有较大差距,突出表现在专业化和社会化水平不高,难以满足日益上升的社会物流需求,发展现代物流业还有很大潜力。

第三,扩大内需的新要求。随着我国经济规模的扩大和人民生活水平的提高,国内消费市场蓬勃发展。国际经验表明,消费需求升级是推动物流业转型的助推器。20世纪七八十年代,美、日、欧等发达国家受消费需求驱动进入物流配送快速发展阶段,迎来了物流业发展方式的转型升级。当前,我国物流服务体系对消费市场和商贸流通业的快速发展准备还不充分。近年来,电子商务的爆发式增长,带动了快递快运、城市配送等新兴业态的快速发展,也暴露出了物流服务与电商需求不匹配的矛盾。随着区域结构优化和城镇化的快速推进，中西部地区和二三级市场消费需求明显加速，这就对物流服务的深度和广度提出了挑战。我国物流业亟须向消费型发展模式转变，以适应扩大内需的战略要求。

第四，创新驱动的新要求。创新驱动是中国经济稳增长的重要依靠力量。我国经济要实现成功转型，就要加快从资源投入驱动转向创新驱动，全面推进科技创新，更多地依靠科技进步、劳动者素质提高、管理创新驱动，逐步向价值链高端延伸，优化产业结构，提升产业竞争力。当前，国际物流产业正在加快向技术密集型、知识密集型转变。我国物流业的信息化和自动化水平还落后于国际先进水平。全面推进创新驱动带来了缩小差距、实现赶超发展的战略机遇。可以看到，物流信息化和自动化正在成为越来越多物流企业的核心竞争力。

第五，推进生态文明建设的新要求。经过30多年的高速增长，我国面临的资源环境瓶颈问题更加明显，这对经济可持续发展提出了严峻挑战。预计国家还会有更严格的节能、环保等政策出台，资源环境成本不容忽视。未来我国经济的发展要更多依靠节约资源和保护环境推动，绝不允许以资源环境为代价换取经济片面增长。物流业是继工业和生活消费后的第三大能耗产业，也是温室气体排放的主要行业，那种以破坏资源环境为代价的物流发展模式必须改变。当前，我国物流业绿色化发展才刚刚起步，这为我国物流业可持续发展开辟了一条新的道路。

第六，发展开放型经济的新要求。"十二五"时期，适应经济全球化新形势，要加快发展开放型经济，充分利用国内、国际两种资源、两个市场，创造国际竞争新格局。当前，我国已经成为全球第一大贸易体，但是国际物流服务还处于较低水平，缺乏国际竞争力，特别是以海运、空运为主的服务贸易长期存在大量逆差。2012年，我国服务贸易逆差额为896亿美元，其中，国际运输服务占52.3%。随着我国企业加快"走出去"的发展步伐，国际物流短板的制约因素日益突出，这严重影响了我国对国际产业链的战略重构。我国开放型经济的健康发展必须要有坚实的物流保障。

问题讨论

1. 认真研读案例材料，谈谈你对物流业发展的认识。
2. 你认为我国物流业发展中还存在哪些突出问题？

◇复习思考题

1. 物流定义要注意哪些问题？
2. 简述商流与物流的关系。
3. 简述"第三利润源"说。
4. 怎样正确理解"效益背反"说？
5. 物流能创造哪些效用？
6. 简述物流在国民经济和社会发展中的作用。

第三章
物流的基本类型

学习目标

通过本章学习,要求了解物流的基本类型,掌握供应物流、生产物流、销售物流、回收与废弃物物流的概念与这些类型物流改进的基本方法,理解城市物流、区域物流和国际物流的含义与特点。

开篇案例

"全球拼"最多能省下一半物流成本

这几天,上海巨帆国际货运代理有限公司绍兴分公司迎来了该公司首笔"全球拼"业务。绍兴20多家外贸企业的货物运到仓库后,这些货物就将被抱团"拼箱",由上海口岸运输到中东地区了。

"全球拼"业务是绍兴海关今年2月推出的,旨在方便我市中小微企业出口。"全球拼"的操作流程一般是这样的,绍兴企业在家门口申报后,货物将在海关监管下,用货车集中运输至上海港完成"拼箱",然后出口到世界各地。这种创新型的服务模式在国内处于领先地位。

绍兴海关的相关负责人介绍说,眼下外贸形势严峻,企业小订单居多,"全球拼"最大的好处是大大降低企业的物流成本和时间。与之前相比,企业再也无需自行将货物拉至上海港,预计成本最多能省去一半。

(资料来源:2013年6月8日《天天商报》,记者:汤帆。)

问题思考:"全球拼"对一个外贸企业有哪些价值?

在社会经济领域中,物流活动无处不在。对于各个领域的物流,虽然其基本要素大致相同,但由于物流对象不同、物流目的不同、物流范围和范畴不同,所以形成了不同类型的物流。既然有不同类型的物流,必然需要与之相适应的分类,这样才能更好地认识和研究物流问题,提高物流管理的科学性和针对性。

第一节 物流的基本分类

一、按照物流研究对象分类

按照物流研究对象不同,可以把物流划分为宏观物流和微观物流两大部分。

(一)宏观物流

宏观物流,是指社会生产和消费领域中全部物流活动的总和,是从社会再生产的总体角度认识和研究的物流活动。宏观物流还可以从空间范畴进行理解,它是指在很大的空间范围内进行的物流活动。另外,还可以这样理解宏观物流,即宏观物流考察的是物流活动的全部内容,或者是从总体上对物流活动的把握,是从总体上考察物流,而不是对物流活动的某一个具体环节进行考察。宏观物流包括社会物流、地区物流、国内物流、国际物流等。

宏观物流研究具有全局性和综合性的特点,研究的内容主要包括:物流总体构成、物流与社会的关系、物流在国民经济发展中的地位、社会物流系统的建立和运作等。

(二)微观物流

微观物流是相对于宏观物流而言的,是各类企业和经济组织实施的具体物流活动,以及在整个物流活动中局部的、某一环节的物流活动,还包括地区性的物流活动和针对某一种产品所进行的具体的物流活动。微观物流包括:企业物流、生产物流、供应物流、销售物流、回收物流、废弃物物流、生活物流等。

微观物流研究具有具体性和局部性以及贴近企业的特点,研究的内容主要包括:企业物流规划和管理、物流企业经营管理、物流系统合理化、供应链物流、配送和配送中心合理化等。

二、按照物流系统性质分类

按照物流系统性质不同,可以把物流分为社会物流、行业物流和企业物流。

(一)社会物流

社会物流是全社会物流的整体,是一种宏观物流。社会物流伴随商业活动的发生而发生,与商品所有权的更迭密切相关。

社会物流的流通网络是国民经济发展的命脉。社会物流的网络分布是否合理、渠道是否畅通,对国民经济的发展至关重要。因而,必须对社会物流进行科学的管理和有效的控制,尽量采用先进的物流技术和手段,以保证社会物流的高效能和低成本运行。对社会物流的优化,不仅可以带来良好的经济效益,更重要的是可以产生巨大的社会效益。

（二）行业物流

同一行业的不同企业，虽然在产品市场上是竞争对手，但是在物流领域内却常常可以相互协作，共同促进行业物流的合理化。因为行业物流合理化可以使所有参与企业都得到相应好处，以实现真正意义上的"共赢"。

例如，在日本的建筑机械行业内，行业物流合理化的具体措施就包括：各种运输工具的有效利用；建设共同的零部件仓库，实行共同集配送；建立新旧车辆、设备及零部件的共同流通中心和技术中心；共同培训设备操作和维修人员；统一机械设计标准和规格等。又如，在大量消费品方面，采用统一的发票、统一的商品规格、统一的法规政策、统一的托盘规格、统一的陈列柜与包装数等。

（三）企业物流

企业物流属于微观物流的范畴，是指企业这一特定社会主体的物流活动。企业按照经营性质不同，可以细分为制造企业与流通企业两大类。制造企业的主要任务是购进原材料，经过若干道工序的加工，形成特定产品，再通过销售渠道销售出去，收回投入并赚取相应的利润。流通企业的主要任务则是要根据客户的要求和供应商的条件，有针对性地组织商流和物流，并赚取相应的利润。基于任务上的区别，制造企业和流通企业在物流的具体内容和重点方面存在一定的区别。

三、按照物流服务提供主体分类

按照提供物流服务的主体不同，可以将物流分为企业自营物流、专业子公司物流、第三方物流。这三种物流形态目前在市场上共同存在，它们的成长变化过程反映了现代物流社会化发展的一种变化趋势。

（一）企业自营物流

企业自营物流，是指企业自备车队、仓库、场地、人员，自给自足地满足物流服务需求的经营方式。在物流活动出现的早期，绝大多数都是由需求者自己完成的，即使在今天自营物流方式在社会分工比较低、生产力比较落后的地区依然相当盛行。

随着小批量、多品种、快速性和准时供货等市场需求的出现，一些企业明显地感到灵活多变的物流运送需求和居高不下的物流成本正在逐渐成为企业竞争中的压力，为了从物流成本和速度需求的双重枷锁下解放出来，它们纷纷开始寻求更好的解决途径。

（二）专业子公司物流

物流专业子公司一般是指从企业传统物流运作功能中剥离出来，成为一个独立运作的专业化实体。它与母公司（或集团）之间的关系是服务与被服务的关系，它以专业化的工具、人员、管理流程和服务手段为母公司提供专业化的物流服务。与传统的企业自营物流相比，专业化子公司更加注重对物流过程一体化的管理和物流资源的合理化配置,能使物流效率最大化,并能有效地控制总成本达到最低水平。一些规模较大的专业化子公司还可利用自身的专业化优势为同行业的其他企业提供第三方物流服务。

（三）第三方物流

第三方物流,是指企业为了更好地提高物流运作效率以及降低物流成本而将物流业务外包给专业的物流公司的做法。按照供应链理论,将非核心业务外包给在该领域具有专长或核心竞争力的专业公司互相协调和配合来完成,这样所形成的供应链具有更大的竞争力。

四、按照物流的性质分类

按照物流的性质,可以把物流划分为一般物流和特殊物流。

（一）一般物流

一般物流,是指适用于社会经济需要的、具有普遍性的物流活动及其系统。一般物流研究的出发点是物流的一般规律和共同特点。例如：研究具有普遍适用性的物流系统的建立和发展,研究物流的共同功能,研究物流管理的一般规律,以及研究物流与社会其他系统的协调发展,研究物流信息系统及管理体制等。

（二）特殊物流

专门范围、专门领域、特殊行业,在遵循一般物流规律基础上,带有特殊制约因素、特殊应用领域、特殊管理方式、特殊劳动对象、特殊机械装备特点的物流属于特殊物流。

特殊物流进一步可细分为：按物流对象划分,可分为水泥物流、汽车物流、煤炭物流、农产品物流、原油物流、化学品物流、危险品物流等；按物流对象的数量、物理形态划分,可分为多品种小批量物流、少品种大批量物流、长件物品物流和重(大)件物品物流等；按物流服务方式划分,可分为配送物流、快递物流、电子商务物流、物流网物流等；按物流的装备技术划分,可分为集装箱物流、托盘物流等；其他物流,如军事物流、废弃物流、回收物流、流通加工物流、冷链物流等。

延伸阅读

物流产业的构成

物流产业是物流资源产业化而形成的一种复合型或聚合型产业。物流资源包括运输、仓储、装卸、搬运、包装、流通加工、配送、信息平台等。运输又包括铁路、公路、水运、航空、管道五种资源。这些资源产业化就形成了运输业、仓储业、装卸业、包装业、加工配送业、物流信息业等等。这些物流资源也分散在多个领域,包括制造业、农业、流通业等等。把产业化的物流资源加以整合就形成了一种新的服务业,即物流服务业。它是一种复合型产业,也可以叫"聚合型产业"。因为,所有产业的物流资源都不是简单的累加,而是一种整合,从而可以起到 1+1>2 的功效。

第二节　企业物流

企业物流是生产和流通企业在经营活动过程中所发生的物流活动,具体包括供应物流、生产物流、销售物流、回收物流和废弃物流。

一、供应物流

(一)供应物流的概念

供应物流是提供原材料、零部件或其他物料时所发生的物流活动。供应物流是企业物流活动的起始阶段,包括原材料、燃料、半成品等一切生产资料的采购、进货、运输、仓储、库存管理、用料管理和供料输送等。

供应物流是保证企业生产经营活动正常进行的前提。在实际生产中,企业生产活动要素的投入首先是生产资料的投入。因而,能否适时、适量、齐备、成套地完成供应活动是企业能否正常进行生产活动的基础。

(二)供应物流的构成

供应物流包括采购、供应、库存管理和仓储管理等。

1. 采购

采购是供应物流与社会物流的衔接点,它是依据制造企业生产、供应、采购计划进行原材料外购的作业过程,负责市场资源、供货厂家、市场变化等信息的采集、评价和反馈。

2. 供应

供应是供应物流与生产物流的衔接点,是依据供应计划、消耗定额进行生产资料供给的作业过程,负责原材料消耗的计划和控制。厂内物流供应有两种基本形式:一种是用料单位到供应部门领料;另一种是供应部门按时、按量送料。

3. 库存管理

库存管理是供应物流的核心部分。它依据企业生产计划制定供应计划和采购计划,并负责制定库存控制策略。此外,还要定期和不定期地对计划的执行情况进行分析、评价和反馈。

4. 仓储管理

仓储管理它是供应物流的转换点,负责生产资料的接货和发货,以及物料的日常保管和养护工作。

(三)供应物流的改善

企业供应物流不仅要保证供应任务的完成,而且还要以最低成本、最少消耗、最高的可靠性为前提。因此,供应物流管理有很大的难度。供应物流的改善需要高度重视需求预测、库存控制、采购决策制定和物料供应保证等问题。

1. 准确预测需求

生产计划是根据市场对该产品的需求状况来确定的,供应要围绕生产转。因而,供应计划要根据生产计划确定的产品品种、结构、数量的要求,各种材料的消耗定额和生产工艺时序来制定。供应计划要保证对各种原材料正常供应,以利于企业降低成本、加速资金周转、提高经济效益。因此,准确预测市场需求是制定切实可行的生产计划和供应计划、确定合理的物资消耗定额的关键,所以做好供应工作一定要尽可能准确预测市场需求。

2. 加强库存控制

供应物流中断将使生产陷入停顿,因此必须有一定数量的库存,才能保证生产的正常进行。这种库存包括两个方面:一是正常库存。因为采购是批量进行的,然而生产却是连续进行的,这种节奏的不一致要求要保证生产就必须有正常的库存。二是安全库存。为了防止发生意外事故和不可知因素导致供应活动中断,需要有安全库存,以保证生产的正常进行。如何把库存控制到最佳数量,尽量少用人力、物力、财力把库存管理好,获取最可靠的供给保障,是企业应该追求的目标。

3. 提高采购决策水平

企业的采购资金一般占到产品销售额的 40%~60%,这说明采购成本对企业的利润水平存在显著影响。要作出科学的采购决策,企业在采购时,不仅要考虑到内部生产经营系统优化问题,而且还要考虑外部复杂多变的市场环境。提高采购决策水平,企业应该善于利用和开发计算机辅助采购决策系统。为此,企业不仅要建立市场资源价格、供货商以及交通运输等信息档案,同时也要建立正确的采购决策模型。计算机辅助决策系统所提供的结论不仅可以作为采购、业务人员的参考,而且也可以作为有关领导检查和评价采购工作的依据。

4. 切实保证物料供应

供应保证包括供应商管理、运输管理、仓储管理、服务保障等内容。应重视供应商管理,积极与供应商进行沟通和协作,建立一种良好互动的竞合关系;应采用合理的运输方案,做到运输线路短、环节少、时间快、费用省、运输工具选择合理;应采取先进合理的仓储管理方法。比如,利用计算机进行物料的购进、库存、消耗的动态管理,利用机械化、自动化的仓储作业设备等;应选用适当的供应模式和供应手段,做到方便生产和节约成本。

二、生产物流

(一)生产物流的概念

生产物流,是指企业生产过程中发生的涉及原材料、在制品、半成品、产成品等所进行的物流活动。这种物流活动伴随着整个生产工艺过程,实际上已成为生产工艺过程的一部分。企业生产物流的过程大体为:原料、零部件、燃料等辅助材料从企业仓库或企业的"门口"开始,进入生产线的开始端,再进一步随生产加工过程一个一个环节地"流",在"流"的过程中,材料本身被加工，同时产生一些废料、余料，直到生产加工终结，再"流"至成品仓库，便终结了企业的生产物流过程。

生产物流是企业物流的主体。在企业生产系统中，物料流转贯穿加工制造过程的始终。无论是在厂区内、库区内、车间内、车间之间、工序之间、机台之间都存在原材料、零部件、半成品和成品的流转运动，都离不开物料的装、卸、运等活动，这也就必然会产生费用支出。生产物流管理的目标应该是提供畅通无阻的物料流转，以保证生产过程顺利地、高效率地进行；减少物料搬运的数量、频率和距离，减少搬运费用，降低成本；防止物料损坏、丢失，防止人身和设备事故。

（二）生产物流的内容

生产物流是企业物流的主体，生产物流活动在许多方面不同于社会物流，生产物流的活动主要有以下四项内容：

1. 工厂布置

它是指在工厂范围内，各生产手段的位置确定，各生产手段之间的衔接和以何种方式实现这些生产手段。具体来讲，就是机械、装备、仓库、厂房等生产手段和实现生产手段的建筑设施的位置确定。

2. 工艺流程

工厂的工艺流程既是生产流程，对于加工类型的工厂又是加工流程。它是工业生产从原材料投入，通过设备、机械、传送带、管道的不同加工、反应、变化过程直到生产出产品的全过程。

3. 装卸搬运

在生产物流中，装卸搬运是其中一种发生最广泛、发生频度最高的物流活动，这种物流活动甚至会决定整个生产方式和生产水平。例如，用转送带式工艺取代"岛式"工艺，大大缩短了工艺时间、提高了工艺水平、提高了产品质量。"科学管理"理论的一个重要组成部分——作业研究，是研究工人搬运作业的时间、方法和定额。在整个生产过程中，装卸搬运耗费巨大。所以，它是在生产领域中物流功能要素的主要体现，是生产领域中物流挖掘的主要"利润源"。

4. 生产物流的物流结点

生产物流中结点的作用也是很重要的，几乎所有的工厂都必须设置这种结点，在生产物流系统中没有物流结点的是极为罕见的。生产物流结点主要以仓库形式存在，虽然都名为"仓库"，但生产物流中各仓库的功能、作用乃至设计、技术都是有区别的。

（三）生产物流的改进

生产物流主要取决于生产的工艺流程，配合生产计划的物流计划是否科学，对于生产工艺各个环节的衔接和缩短生产周期有直接影响。而工厂相关车间、仓库的配置，以及车间内流水线、作业点的布置，都会影响生产物流的路线距离和装卸搬运的作业次数，从而影响生产物流的效率。

1. 综合考虑工厂布置

在确定工厂布置时,不仅要考虑生产工艺,还必须考虑整个物流过程。这一过程包含物料在车间之间的运动,物料在车间内部的运动,各种储存、搬运装卸设施的选择和位置的确定以及搬运路线、储存方式的设计等。

延伸阅读

工厂布置的目标与要求

工厂布置的主要任务是把整个企业作为一个系统,根据厂区地形和生产工艺流程的要求统筹兼顾,全面安排企业内各建筑物和生产装备的位置。工厂布置总目标是单一的流向,最短的距离,最大限度地利用空间,满足生产、运输、动力、环保、安全及建筑工程的经济、美观和适用等多方面要求。

合理的布置要满足以下几点:其一,生产过程的要求。将辅助车间、材料库尽可能布置在接近其所服务的主要车间;按照生产性质、工艺流程、动力需要、货运方向和人行线路等要求,把一些同类车间和设施布置在一个地段内。其二,运输的要求。使货物运转线路尽可能为直线、运输距离最短,并减少运输线路和工程管道的交叉点。其三,动力供应和上下水连接的要求。其四,地形、地质、气候等自然条件的要求。其五,建筑经济的要求。尽可能避免建筑大量小型厂房。其六,防火、通风、采光、绿化、卫生和环境保护等要求。其七,企业远景发展的要求。

2. 重视生产物流计划的制定

生产物流计划是以生产作业计划为核心而编制的,即根据计划期内规定的出产产品、品种、数量、期限,以及发展了的客观实际,具体安排产品及其部件在各工艺阶段的生产进度。科学的生产物流计划既是生产计划顺利完成的前提,也是生产物流的经济、安全、适时、顺畅的基础。

3. 努力实现均衡生产

均衡生产,是指企业及企业内的车间、工段、工作地等各种生产环节,在相等的时间阶段内完成等量或均增数量的产品。均衡生产的实现不仅有利于生产能力的均衡发挥,还可以较好地避免生产过程中的在产品的储存。同时,还能够及时暴露生产物流中存在的瓶颈问题。

4. 加强工序管理

一方面,要实行各个独立工序的无缝衔接,消除生产物流中那些完全不创造价值的停顿之处。另一方面,要尽量减少工序。工序越多,工序间物流就越多,物流成本就越大。因而,每减少一道工序,生产物流合理化就会提高一步。

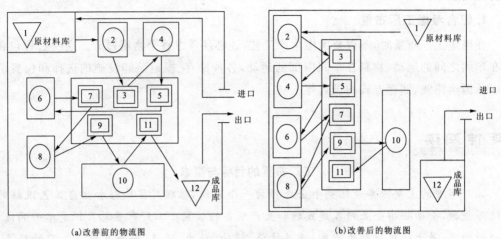

图 3-1 某企业厂内生产物流改进的示意图

三、销售物流

（一）销售物流的概念

销售物流是企业在出售商品过程中所发生的物流活动,是企业物流系统的最后一个环节,是企业物流与社会物流的又一个衔接点。它与企业销售系统相配合共同完成产品的销售任务。

（二）销售物流的功能

销售活动的主要作用是通过一系列的营销手段来出售产品、满足消费者的需求,最终实现产品的价值和使用价值。销售物流的功能与整个销售系统一样,主要包括如下几个方面：

1. 市场调研与预测

通过市场调研与预测,可以为企业的产品开发和生产技术系统提供准确的市场信息。调研与预测的对象包括国内外的传统市场、新兴市场和潜在市场等。

2. 开拓市场并制定销售产品的方针和策略

其主要内容包括销售渠道、营销组合、产品定价等。

3. 编制销售计划

它是指正确确定产品销售量和销售收入的计划,其目的是为了既满足社会需要,又保证生产和销售之间的平稳衔接。

4. 管理订货合同

它包括签订合同、检查合同和处理执行合同中的问题。

5. 组织产品销售

它包括产品的广告宣传、试销展销、营业推广、人员推销、公共关系以及市场信息反馈等。

6. 售前、售中和售后服务

它包括产品的安装调试、使用与维修指导、产品的三包服务、配件提供,及售前和售后的意见征询等。

7. 经济性分析

对销售费用与销售成本进行分析,不断提高销售的经济效益和销售管理的工作水平。

(三) 销售物流改进环节

现代市场经济的特征是买方市场,企业销售已经从推销发展到以客户为中心的市场营销。因此,销售物流不仅仅是以最低的成本单纯地送货上门,而且应成为为客户提供最佳服务,赢得客户信赖,提高企业竞争力的有力手段。

1. 产成品的包装

包装是生产企业生产物流系统的终点,也是销售物流系统的起点。产品的包装具有保护功能、便利功能和促销功能,尤其是产成品的运输包装在销售物流过程中将起到便于保护、仓储、运输、装卸搬运的作用。因此,在包装材料、包装形式上一定要考虑运输、仓储环节的需要,当然也要顾及材料和工艺的成本费用。

2. 产成品的储存

保持合理库存水平,及时满足客户需求,是产成品仓储管理最重要的内容。客户对企业产成品的可得性非常敏感,缺货不仅使客户需求得不到满足,而且还会提高企业进行销售服务的物流成本。产成品的可得性是衡量企业销售物流系统服务水平的一个重要参数。

3. 发送运输

运输方式的确定需要参考产成品的批量、运送距离、地理等条件。运输方面的服务包括:运输速度快、及时满足客户需要;运输手段先进,减少运输途中的商品损坏率;运输途径组织合理,尽可能缩短商品的运输里程;运输线路选择合理,减少重复装卸和中间环节;运输工具使用适当,根据商品的特性选择最佳运输工具;运输时间合理,保证按时将商品送到指定地点或客户手中;运输安全系数高,避免丢失、损坏等情况的发生。

4. 装卸搬运

客户希望在物料搬运设备方面的投资最少化。例如,客户可能要求以其使用的托盘或集装箱装货,也有可能要求将特殊货物集中在一起装车,这样可以直接再装而不需要重新分类。这些要求应尽可能满足。

四、回收物流与废弃物物流

(一) 回收物流与废弃物物流的概念

回收物流,是指退货、返修物品和周转使用的包装容器等从需方返回供方所引发的物流活动。回收物流具体包括：供应物流过程和销售物流过程中产生的可再利用的包装物、衬垫物等的回收；生产过程中产生的可再利用的边角余料的回收；各种报废的生产工具、设备以及失去部分使用价值的辅助材料和低值易耗品的收集、分类、加工，从而转化为新的生产要素。

废弃物物流，是指将经济活动中失去原有使用价值的物品，根据实际需要进行收集、分类、加工、包装、搬运、储存等，并分送到专门处理场所的物流活动。废弃物物流的作用是无视对象物的价值或对象物已没有再利用价值，仅从环境保护出发，将其焚化、化学处理或运到特定地点堆放、掩埋。

延伸阅读

为分解而设计——增加回收产品与部件的机会

从白色家电厂商到汽车制造商的一大批厂商正在研究新的方法，用可分解的思想设计他们的产品。这项研究分为三个方面：如何实现为了分解目的的新品设计；现有产品如何分解；增加回收产品及部件的机会。

制造系统一般都是为了实现高效装配过程而设计的。但是，现在的要求却是产品的设计和制造能够适应处理和回收的要求，可以方便地进行产品分解工作。例如，重新设计装配件，减少装配过程中螺栓的使用数量，这样会加快产品的分解过程。当企业可以分解大多数产品时，产品设计的目标必须是使产品分解的成本低于部件带来的收入。还应注意，不同的分解部件有不同的获利机会。

BMW 已经宣布了一个战略目标：在 21 世纪设计出一种面向分解的汽车。当产品生命周期结束时，BMW 的经销商可以将汽车回收后分解，然后把分解后的部件投入到新车的生产线中。

（二）回收与废弃物物流的价值

环境和资源问题是人们普遍关心的问题，回收物流和废弃物物流的管理既具有经济价值，也具有社会价值。

回收物流是社会物资大循环的组成部分。自然界的物资不是无限的，在资源日益枯竭的今天，人类社会正越来越重视回收物流，希望能将可以利用的废弃物重新补充到生产消费系统中去。

回收与废弃物物流合理化的经济价值。废弃物物流同样也是一种资源，但和自然资源相比却有所不同，它们曾有若干加工过程，本身凝聚着能量和劳动力的价值。因而，常被称为"载能资源"。回收物资重新进入生产领域作为原材料会带来很高的经济效益。

回收与废弃物物流的社会价值。由于废弃物的大量产生，严重影响人类赖以生存的环境，所以必须有效组织回收与废弃物物流，使废弃物物流得以重新进入生产、生活循环或得到妥善的处理。

(三)回收与废弃物物流系统功能

尽管不同的回收与废弃物物流系统所涉及的具体活动可能不一样,但一般都包括以下 5 种功能(图 3-2 是回收物流与废弃物物流流向图)。

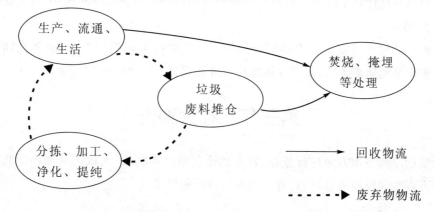

图 3-2　回收物流与废弃物物流流向图

1. 收集

通过有偿或无偿的方式,将分散在各地的废旧物品收集起来,运往处理地点。该步骤可能包括收购、运输和仓储等环节。由于从分散的消费者处收集废旧物品涉及大量的小批量运输,所以导致收集费用很高,并在回收与废弃物物流总成本中占据相当大的比重。此外,该过程的运输也是回收与废弃物物流中引起环境污染的关键因素之一。因此,废旧物品收集过程应该尽量采用合并运输策略,如利用正向物流中的回程运输,以减少不必要的运输支出。

2. 检测和分类

对回收产品的质量进行检测,以确定合适的处理方案,并据此进行分类。该步骤可能包括拆卸、破碎、检测、分类和仓储等环节。早期检测和分类可以及早识别没有回收价值的废品,节省对无用废弃物的运输成本,但检测和分类需要昂贵的设备,只能在有限的地方设置。因而,必须在两者之间进行权衡。

3. 再处理

对回收产品或其零部件进行处理,以重新获取价值。该步骤可能包括清洗、零部件替换和重新组装等环节。其中,再处理方式主要有再使用、再制造和再循环。再使用针对只需清洗或少量维修工作即可直接再使用的包装、产品或零部件,如玻璃瓶、塑料瓶、罐、箱、托盘等包装容器,复印机和打印机的墨盒,一次性相机,二手家具,服装和书等;再制造,是指保留废旧零部件的结构和功能特性,通过必要的拆卸、检修和替换,使其恢复到同新的一样的程度,如飞机和汽车的发动机、计算机、复印机和打印机部件等;再循环,是指循环利用废旧物品中的原材料,如废旧金属、纸、玻璃、塑料等。专业的再处理设备需要高昂的投资,因而,在很大程度上决定着整个回收物流系统的经济可行性。因此,一般要求回收品数量较大且集中处理,以形成规模经济效应。

4. 废弃物处置

对那些毫无价值的废弃物进行销毁处理,对那些出于经济或技术上的原因无法再利用的废旧产品或零部件也进行销毁处理。该步骤可能包括运输、填埋、焚毁、净化等环节。

5. 再分销

将处理后的再生产品运往市场进行销售。该步骤可能包括销售、运输和仓储等环节。该过程与正向分销物流类似,需要在运输的合并和快速反应之间进行权衡。

第三节 社会物流

从物流的空间范围方面进行分类,社会物流包括城市物流、区域物流和国际物流等,这三种物流存在空间范围的差异,具有一些不同特征和要求。

一、城市的物流

(一)城市物流的含义

城市物流是以城市为主体,围绕城市需求所发生的物流活动。城市物流相对于国际物流和区域物流,城市物流的空间范围比较小。

城市物流要研究的问题有很多。例如,一个城市的发展规划,不但要直接规划物流设施及物流项目(例如建公路、桥梁,建物流基地,建仓库等),而且需要以物流为约束条件来规划整个市区(如工厂、住宅、车站、机场等)。物流已成为世界上各大城市规划和城市建设要研究的一项重点课题。

在城市形成之后,整个城市的经济活动、政治活动、生活活动等也是以物流为依托的,所以城市物流还要研究城市生产、生活所需物资应如何流入,如何以更有效的形式供应给每个工厂、每个机关、每个学校和每个家庭,城市巨大的耗费所形成的废物又是如何进行物流的等等。可以说,城市物流内涵十分丰富。

(二)城市物流的特点

1. 城市主体的一元性

城市物流的主要特点是城市主体的一元性,所有的城市都有统一的政府行政组织,城市行政组织可以统筹和管理物流。因此,城市物流有非常强的可控性。

2. 城市物流以短程物流为主

受城市范围的制约,城市物流的短程性非常突出。再大的城市,城市的最大直径无非在百多公里。城市中心物流密度最大的部位,还要远远低于这个数字。因此,城市物流有非常明显的短程物流特征和短程物流派生的特征。

3. 城市物流是高密集型物流

国际物流、区域物流的始发点和最终目的地基本都是城市。因此，在广泛区域运作的物流，最后都归结到城市之中，这是造成城市物流高密度的重要原因。另外，城市本身的产业高密度及人口高密度也带来了高密度的物流需求。

4. 城市物流存在着严重的人、物混流现象

城市的物流平台不仅支持物流。而且支持人流。虽然现代化城市已经开始建立单独的人流平台，但是人流和物流混杂的现象依然非常突出。同时，城市的物流系统存在于城市的人居环境之中，物流环境与人居环境也是混杂在一起的。

人、物混流和环境混杂现象带来三个直接的后果：一是影响效率，人和物的实体流动共同使用一个平台，争夺物流资源，而物流资源缺乏专用性，因此效率不高；二是容易出现混乱，后果之一是容易造成交通混乱和交通阻塞，尤其当物流影响了城市中人的流动时，会影响人们的生活和工作，扰乱正常的城市秩序；三是恶化生存环境，人类生存需要良好的生存环境，而物流又是对环境造成严重影响的重要源头，这是不可调和的矛盾，而这种矛盾的结果又经常是物流破坏了人居环境。

5. 配送物流是城市重要的特征物流

由于物流的最终用户（例如，企业、商店、个人等）都集中在城市，所以，配送这种物流形态和服务方式主要集中在城市，成了支持城市运行的、有特点的物流形态。

6. 精益化是城市物流的运行模式

城市是一个国家经济发展水平最高的地区，有进行精益化运作的需求和条件。更重要的是，城市交通条件的制约和生态的脆弱性不允许进行粗放的物流活动。因此，低噪音、低排放、小吨位、封闭型的物流车辆是城市物流的主要工具，执行的是准时、准确的物流方式。这种精益的运作是城市物流的重要特点。

二、区域物流

（一）区域物流的含义

区域物流是特定区域范围内的经济区、城市群、城市、农村等区域范围的物流活动以及它们相互之间的物流活动。任何生产都是在一定的区域内进行的。由于自然、技术、经济、社会等因素的制约，所以客观上形成了一定的生产和经济协作区域，这些区域又构成了国民经济产业结构的地区和空间布局。

（二）区域物流的特点

1. 主体的多元性

区域物流涉及多个地区、多个城市，区域物流的重要特点是多元化主体下的物流。因此，除了国际、国内统一的规则约束，缺乏由行政力量对物流活动统一的管理和制衡，协作和整合成了促进区域物流活动的重要手段。显然,这会给区域物流管理带来难度。

2. 以中、远程物流为主

区域物流中、远程的属性,使其具有以下特点:

(1)可以构筑理想的物流平台。区域物流平台是采用多种实物物流网络构筑的综合性物流平台,而不是单一的物流平台。区域物流平台的结构特点是各种物流方式可以互补,可以为用户提供多种选择形式,以利于优化。

(2)可选择大规模、低成本、高速度的物流方式。例如,大量物流方式、集装箱物流方式、专线直达物流方式等等,可以充分挖掘降低物流成本的潜力。

(3)物流的各个功能要素在区域物流中的地位发生变化。主要是运输无论在物流时间的比重上还是在物流成本的比重上,地位都有所上升,且变成了主要功能要素。

(4)风险大。区域物流由于是中、远程物流,又有大量物流的特点,货值较高。因此,一旦出现计划不周、计划失误、事故、灾难等风险,就会造成严重的损失。

3. 需要完善的信息系统支持力度

区域物流由于区域范围广大,往往是跨省、跨市、跨越若干不同的自然环境和人文环境,影响因素既多又复杂,所以,情况往往是多变的。情况一旦变化,就会使原来的计划受到冲击,这是造成失误、事故等问题的重要原因。要有效地应对这个问题,必须要有更强的信息支持能力。因此,区域物流需要有一个有效的信息平台,以保证物流信息在区域内的贯通,保证管理和经营所需要的信息支持。同时,需要有多种信息技术手段。例如,远程通信、移动通信、无线上网、定位技术、搜救技术等等。

三、国际物流

(一)国际物流的含义

国际物流是跨越不同国家或地区之间的物流活动。国际物流具有涉外、规模大、要求高、环节多和距离远的特点。随着国际分工和世界经济一体化进程的快速发展,以及国际贸易的急剧扩大,国际物流活动的规模也在飞速发展,成为现代物流研究的重点课题之一。图3-3是国际物流与国内物流关系示意图。

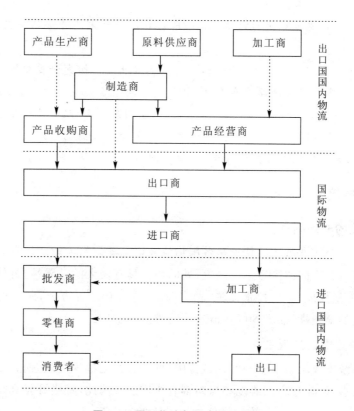

图 3-3 国际物流与国内物流关系

延伸阅读

国际物流发展阶段划分

国际物流是不同国家之间的物流,这种物流是国际贸易的一个必然组成部分,各国之间的相互贸易最终通过国际物流来实现。国际物流是现代物流系统中重要的物流领域,近十几年有很大发展,也是一种新的物流形态。总体来讲,国际物流发展主要经历了下面三个阶段。

第一阶段,20 世纪 50 年代至 80 年代初。这一阶段物流设施和物流技术得到了极大的发展,建立了配送中心,广泛运用电子计算机进行管理,出现了立体无人仓库,一些国家建立了本国的物流标准化体系等。物流系统的改善促进了国际贸易的发展,物流活动已经超出了一国范围,但物流国际化的趋势还没有得到人们的重视。

第二阶段,20 世纪 80 年代初至 90 年代初。随着经济技术的发展和国际经济往来的日益扩大,物流国际化趋势开始成为世界性的共同国际物流问题。美国密歇根州立大学教授波索克斯认为,进入 80 年代,美国经济已经失去了兴旺发展的势头,陷入长期倒退的危机之中。因此,必须改善国际性物流管理,降低产品成本,并且要改善服务、扩大销售,从而在激烈的国际竞争中获得胜利。与此同时,日本正处于成熟的经济发展期,以贸易立国,要实现与其对外贸易相适应的物流国际化,并采取了建立物流信息网络、加强物流全面质量管理等一系列措施,以提高物流国际化的效率。这一阶段物流国际化的趋势局限在美、日和欧洲一些发达国家。

第三阶段,20世纪90年代初至今。这一阶段国际物流的概念和重要性已为各国政府和外贸部门所普遍接受。贸易伙伴遍布全球,必然要求物流国际化,即物流设施国际化、物流技术国际化、物流服务国际化、货物运输国际化、包装国际化和流通加工国际化等。世界各国广泛开展国际物流方面的理论和实践方面的大胆探索。人们已经形成共识:只有广泛开展国际物流合作,才能促进世界经济繁荣,物流无国界。

(二)国际物流的特征

1. 物流环境的非均衡性

国际物流的一个非常重要的特点是各国物流环境尤其是物流软环境存在差异。由于国际物流系统运行是在不同的国家进行的,所处的环境具有极大的差异性,具体表现在人文环境、法律、法规、经济发展程度、技术设施、物流标准、物流管理等方面,所以这一切无疑会大大提升物流系统的复杂性,加大国际物流运作的难度。

2. 物流系统范围的广泛性

国际物流系统不仅辐射的空间和地域范围更广大、物流过程更长,而且在整个物流过程中涉及的因素较多,操作过程的难度和风险都有所增加。因此,积极开发和推广国际物流系统中的现代化技术,不仅可以有效地降低物流过程的复杂性,缩小风险,而且对提高物流系统的效益将产生直接的影响。

3. 对物流信息化程度要求高

国际化信息系统是国际物流尤其是国际多式联运的非常重要的支持手段。建立技术先进的信息网络系统已成为发展国际物流的关键,国际上的物流中心城市其本身就是一个发达的信息枢纽港。在国际物流领域,EDI以电子化传输取代纸面单证,不仅极大地便利了贸易,提高了物流速度,而且在强大的国际货运需求面前,增强了对运输方式、线路、时间等的优化选择,加快了商流、物流与资金流。国际物流必须有国际化的信息系统作支撑。

4. 对物流的标准化要求高

要使国际物流通畅起来,统一标准是非常重要的。可以说,没有统一的标准,国际物流效率就很难得到提高。在国际物流系统中,应进一步推行国际基础标准、安全标准、卫生标准、环保标准及贸易标准。在此基础上制定并推行运输、包装、配送、装卸、储存等技术标准,因为物流管理和作业标准是服从于物流技术标准的。

5. 需要更高的物流管理水平

国际物流属于远程物流系统,物流的远程化必然会使不可控因素大幅度增加,从而带来管理上的"失控"。这首先表现在计划上会出现时间延迟、回程货物衔接不准、事故和货损频出,以及对物流工具和人员的管理控制困难甚至失控的问题。

（三）国际物流方式及其选择

国际物流所采用的运输方式有远洋运输、铁路运输、航空运输、公路运输、"大陆桥"运输、邮包运输、国际多式联运和国际复合运输。国际物流运输方式的选择和组合模式不仅关系国际物流交货周期的长短，而且还关系国际物流总成本的大小。运输方式的选择和组合的多样性是国际物流经营的一个重要原则。

海运是国际运输中的最常见方式，远洋运输是国际物流的最重要手段。谁能提高远洋运输的效率、降低远洋运输的成本，谁就能在国际物流竞争中占据优势地位。海运的特点是运量大、速度慢，但运输费用较低。空运是近年来国际运输中发展最快的方式之一，其特点是迅速及时，但运费昂贵。

在国际物流活动中，由于"门到门"的服务方式越来越受到顾客的欢迎，所以国际多式联运得到快速发展，并逐渐成为国际物流系统中的主流运输模式。组织国际物流，必须正确选择运输方式和管理组织方式。

国际物流对运输方式的选择主要应从以下几个方面来考虑：运输成本；运行速度；货物的特点及性质；货物数量；物流基础设施条件。在国际物流业务中，可供选择的运输方式往往并不太多，而运输方式选择不当所造成的危害又远甚于一般物流。这无疑会大大增加物流决策的难度和风险。

◎ 本章小结

物流按照不同的标准可划分为不同的类型。按照物流研究对象不同，可划分为宏观物流和微观物流；按照物流系统性质不同，可划分为社会物流、行业物流和企业物流；按照提供物流服务的主体不同，可划分为企业自营物流、专业子公司物流、第三方物流；按照物流的性质不同，可划分为一般物流和特殊物流。企业物流是企业生产经营过程各个阶段物质资料的流转，可分为供应物流、生产物流、销售物流、回收物流和废弃物物流等不同形式。社会物流是全社会物流的整体，依物流的空间不同可分为城市物流、区域物流和国际物流几个层次。不同类型的物流有不同的特点和管理要求。

案例分析

汽车制造企业的物流思考

一般情况下，汽车企业在建厂时，应该考虑是以原材料及零部件采购为出发点来选址，还是以产品销售为出发点来选址的问题。如果是前者，就要在钢铁厂、轮胎厂、塑料厂等原材料工厂和汽车配件厂附近建厂，这样可以节约运输费、包装费、装卸搬运费等物流费用；如果是后者，就要在消费者集中的大中城市附近建厂，这样有利于销售，方便售后服务，也可节省送货成本。因此，这就要算一笔账，把促进销售、节约物流费用、保证原材料和零部件供应等各种相关环节进行比较，然后得出选址结论。

汽车制造企业需要大量的钢材、油漆、发动机、轮胎、电线、塑料和玻璃等原材料、零配件，生产绝不能停工待料，搞"无米之炊"。这中间既有采购问题，又有运输、库存保管和装卸搬运等物流问题。如何节省物流成本？是自己运输，还是委托运输公司？采购进来的原材料和零部件在厂内保持几天的用量等一系列问题都属于供应物流的问题。

供应物流解决了，便进入生产物流。生产物流的范围基本局限在企业内，包括原材料和零部件多大比例直接进生产车间，多大比例进工厂仓库，在厂内仓库存放数量和时间等。原则上讲，运输距离应该尽量短，流向应该尽量合理，产品下生产线后到运出工厂大门的距离应该最近。原材料、零部件运输不能与产品运输交叉，这些内容都应在工厂整体设计布局时考虑在前。另外，每一个生产工序之间、机床与机床之间也应该距离最短（前提是安全生产）。工厂内物品的搬运形式如何保持省能、省力、顺畅、快速、安全等，这也属于企业生产物流的内容。这里面窍门很多，潜力很大。我们可以试想一下，每个机床之间如果距离多一米，那么每天加工件搬运的距离、耗费的能量等，每年累计起来的浪费可能就是一笔不小的成本。

再来谈企业的销售物流。在现代经济社会，销售物流已变为企业物流中的重点环节并受到高度重视。许多企业为了急夺市场或者为了保持市场份额、促进销售、提高为用户的服务水平，经常是牺牲物流利益，维护销售成果。有时，为了多销售商品或为了保住某个客户，哪怕是一件货也要专门派车送去。这样，空车返回、人工搬运等方面的浪费，均增加了物流成本，以丢弃物流为代价，确保销售利益。这里，我们暂不谈这种做法的合理与否，而应该强调两点：一是销售部门不应只强调销售，不顾物流成本；二是物流部门要理解市场竞争的利害关系，支持销售部门的工作，通过改善物流管理，提高物流技术来消化销售方面的非合理性成本。而作为汽车制造厂的决策者，则应该全面考虑、合理规划、科学管理和协调企业方方面面的环节。单以销售物流为例也有相当多的文章可做。比如，销售物流是单独做还是与供应物流一并考虑？物流部门如何与销售部门协调，即商流与物流怎样相互合拍、咬合？销售网络与配送网络是否衔接、统一，最佳结点在哪里等等。

最后，我们再谈谈回收物流和废弃物物流问题。在市场销售困难、消费者要求苛刻的现代社会，商品的退货数量大幅增加，退货处理工作量加大，致使周转变慢、投资回收期变长。所以，如何加强退货管理，减少回收物流费用变得越来越重要。比如，报废汽车的回收、运输、拆解和废物再生利用，工业垃圾和生活垃圾的回收、分选、填埋、焚烧等都有个物流活动过程。随着环保问题的日益突出以及人们对环境标准要求的不断提高，废弃物的及时回收和无污染、无公害处理逐渐成为社会主题。日本已于2001年制定了法律，要求家电等企业负责本企业产品的废弃物回收，在成本中增加产品的废弃物回收及处理成本，以确保环境污染和环境公害的零发生。

（资料来源：靳伟.宏观物流与微观物流[J].中国物流采购，2003(2).）

问题讨论

1. 研读本案例，谈谈你对汽车制造企业物流活动安排的思考。
2. 企业销售部门和物流部门在物流活动安排上往往有矛盾，你认为这一矛盾应该怎样解决？

◇ **复习思考题**

1. 对物流进行分类有什么意义？
2. 简述供应物流概念及供应物流改进。
3. 简述生产物流概念及生产物流改进。
4. 简述销售物流概念及销售物流改进。
5. 回收物流与废弃物物流有什么区别？
6. 试述国际的物流含义及其特点。

第四章 物流系统

学习目标

通过本章学习,要求理解系统的内涵与性质,掌握物流系统的目的、特征与构成,理解物流系统的要素,掌握物流系统的分析原则与步骤,了解物流系统分析的常用方法与应用领域。

开篇案例

系统论的核心思想

系统论的核心思想是系统的整体观念。系统论创始人贝塔朗菲强调,任何系统都是一个有机的整体,它不是各个部分的机械组合或简单相加,系统的整体功能是各要素在孤立状态下所没有的性质。他用亚里士多德的"整体大于部分之和"的名言来说明系统的整体性,反对那种认为要素性能好,整体性能一定好,以局部说明整体的机械论的观点。同时他认为,系统中各要素不是孤立地存在着,每个要素在系统中都处于一定的位置上,起着特定的作用。要素之间相互关联构成了一个不可分割的整体。要素是整体中的要素,如果将要素从系统整体中割离出来,那么它将失去要素的作用。正像人手在人体中它是劳动的器官,一旦将手从人体中砍下来,它就不再是劳动的器官了一样。

问题思考:你是怎样认识物流系统的?

系统思想由来已久,系统论作为一种完整的理论成形于 20 世纪中叶,是一种应用广泛的科学方法论。用系统论的观点和方法来研究物流活动是现代物流管理学科中的核心问题,也是物流战略管理的首要问题。

第一节 物流系统的内涵与目标

一、系统与系统性质

(一)系统内涵

系统(System)是由两个或两个以上相互区别或相互作用的单元之间有机结合起来,完成某一个功能的综合体。一切事物都可以看作一个系统,大到太阳系、银河系、乃至整个宇宙,小到学校、班组、个人、乃至细胞,都可以看作一个整体、一个系统。系统无论大小,都具有以下基本特点:

(1)系统整体由两个或两个以上的要素组成。

(2)各要素之间是相互联系、相互作用的,要素之间的结合是为了达到特定的目标。

(3)系统具有一定的结构,以保证系统的有序性,从而使系统具有特定的功能。

(4)系统与各要素之间存在对立统一的关系。系统与要素的概念是相对的。系统的性质要以要素的性质为基础,系统规律要通过要素之间的结构来体现,要素的功能可通过其结构转化为系统的功能。

(5)系统是相对于环境的,环境是系统形成和存在的基本条件。

(二)系统的基本性质

1. 整体性

整体性是系统最基本和最重要的特性。系统整体是由其内部各要素构成的。当各要素纳入系统整体后,构成系统整体的各要素在相互联系、相互依赖、相互作用和相互制约的机制下,形成一个综合性有机系统,产生统一性的综合效应与功能。如其中某个要素不协调或没有统一目标时,就会出现要素间相互矛盾或制约的情况,从而削弱各要素的综合效应与功能,以至影响系统整体的功能与效应。

2. 层次性

层次性,是指系统内部由于整体与部分的无限对立所形成的一系列等级以及排列次序。任何系统都是有层次的,一个主系统可以包括若干子系统,子系统下又有下一级子系统,而主系统本身又可能包含在更高一级的系统中。图4-1是系统构成示意图。

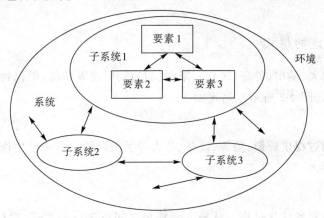

图4-1　系统构成示意图

3. 相关性

相关性,是指组成系统的各单元要素并不是简单地、杂乱无章地堆砌在一起的,而是在一个系统整体中相互联系、相互作用、相互依存、相互制约的。系统内各单元要素间在相互紧密联系中形成一个有机整体。

4. 目的性

一切系统都具有某种特定的明确目标,系统的一切运动和行为都是为了实现这个目标。在一个多层次的系统中,大系统有总的目标,各个子系统不仅要服从总目标,其自身还有自己的分目标。要达到系统的目标,就必须使系统内的子系统和组成要素相互协调配合,朝着共同的目标努力。

5. 环境适应性

环境,是指系统整体存在和发展的全部外界条件的总和。当环境发生变化时,系统的结构、性质、功能也会随之改变,只有这样才能适应环境,从而继续存在和发展下去。人们在分析系统要素时,要注意系统整体同环境的相互联系和相互作用。

系统的五个基本性质不是孤立的,而是相互联系、相互配合的。在分析系统要素时,要同时兼顾系统的这些基本性质及其相互联系,否则就破坏了系统方法的有序完整性。

二、物流系统的概念与模式

(一)物流系统的概念

物流系统是由物流各要素构成的,要素之间存在有机联系并具有使物流总体功能合理化的综合体。物流系统是整个社会经济大系统的一个子系统或组成部分。

物流贯穿于社会物质的生产、分配、交换、流通一直到消费、废弃的全过程,具有运输、储存、包装、搬运装卸、流通加工、配送、信息处理等诸环节,也称为"物流的各个子系统"。物流是由这些子系统构成的物流大系统。物流系统既有一般系统的条件,又具有自己的运动规律。

(二)物流系统的模式

物流系统的输入、输出、处理(转化)、限制(制约)、反馈等功能,根据物流系统的性质,具体内容有所不同(如图 4-2 所示),简述如下:

1. 输入

输入也就是通过提供资源、能源、设备、劳力等手段对某一系统发生作用,统称为外部环境对物流系统的输入。

2. 处理(转化)

它是指物流本身的转化过程。从输入到输出之间所进行的生产、供应、销售、服务等活动中的物流业务活动称为物流系统的处理或转化。具体内容有:物流设施设备的建设;物流业务活动,如运输、仓储、装卸搬运、包装、流通加工;信息处理及管理工作等。

3. 输出

物流系统与其本身所具有的各种手段和功能对环境的输入进行各种处理后所提供的物

流服务称为"系统的输出"。具体内容有:产品位置与场所的转移;各种劳务,如合同的履行及其他服务等。

4. 限制或制约

外部环境对物流系统施加一定的约束称之为外部环境对物流系统的限制或制约。具体有:资源条件,能源限制,资金与生产能力的限制;价格影响,需求变化;仓库容量;装卸与运输的能力;政策的变化等。

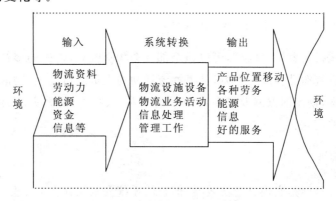

图 4-2 物流系统基本模式

5. 反馈

物流系统在把输入转化为输出的过程中,由于受系统各种因素的限制,不能按原计划实现,所以需要把输出结果返回给输入,进行调整。即使按原计划实现,也要把信息返回,以对工作进行评价,这称为"信息反馈"。信息反馈的活动包括:各种物流活动分析报告;各种统计报告数据;典型调查;国内外市场信息与有关动态等。

三、物流系统的特点

物流系统具有一般系统所共有的特点,即整体性、层次性、相关性、目的性、环境适应性。同时,还具有规模庞大、结构复杂、目标众多等大系统所具有的特征。

(一)大跨度性

在现代社会中,物流不但跨越不同地域,而且经常性跨越国界。物流系统通常采用存贮的方式解决产需之间的时间矛盾,其时间跨度往往也很大。物流系统的跨度越大,则其管理方面的难度越大,对信息的依赖程度也越高。

(二)动态性

物流系统一般联系多个生产企业和用户,随需求、供应、渠道、价格的变化,系统内的要素及系统的运行也经常发生变化。物流系统受社会生产和社会需求的广泛制约,所以其必须是具有环境适应能力的动态系统。为适应经常变化的社会环境,物流系统必须是灵活、可变的。当社会环境发生较大变化时,物流系统甚至需要进行重新设计。

(三)可分性

无论规模多大的物流系统都可以分解成若干个相互联系的子系统。这些子系统的多少和层次的阶数是随着人们对物流系统的认识和研究的深入而不断深入、不断扩充的。系统与子系统之间、子系统与子系统之间存在时间和空间上及资源利用方面的联系,也存在总目标、总费用及总运行结果等方面的相互联系。

(四)复杂性

物流系统的运行对象——"物",可以是全部社会物资资源,资源的多样化带来了物流系统的复杂化。物资资源品种成千上万,从事物流活动的人员队伍庞大,物流系统内的物资占用大量的流动资金,物流网点遍及城乡各地。这些人力、物力、财力资源的组织和合理利用是一个非常复杂的问题。

(五)多目标性

物流系统的总目标是实现其经济效益,但物流系统要素间存在非常强烈的"悖反"现象,这常被称之为"二律悖反"或"效益悖反"现象。要同时实现物流时间最短、服务质量最佳、物流成本最低这几个目标几乎是不可能的。物流系统又恰恰要在这些矛盾中运行,并尽可能满足人们的要求。显然需要建立物流多目标函数,并在多目标中求得物流最佳效果。

四、物流系统的目标

(一)服务性(Service)

物流系统的本质要以用户为中心,树立用户第一的观念。其利润的本质是"让渡"性的,不一定是以"利润为中心"的系统。物流系统采取送货、配送业务就是其服务性的表现。在技术方面,近年来出现的"准时供应方式"(JIT)、"柔性供货方式"等也是其服务性的表现。

(二)节约性(Saving)

节约是经济领域的重要规律。在物流领域内,除流通时间节约外,由于物流过程消耗大而又基本上不增加或不提高商品的使用价值,所以依靠节约来降低投入是提高相对产出的重要手段。

(三)及时性(Speed)

及时性是服务性的延伸,既是用户的要求,也是社会发展进步的要求。随着社会生产的大发展,对物流快速、及时性的要求更加强烈。在物流领域采用直达运输、联合一贯运输、时间表系统等管理和技术就是实现这一目标的体现。

第四章　物流系统

（四）规模适当化（Scale optimization）

尽管物流系统比生产系统的稳定性差，难以形成标准的规模化模式，但依然存在规模经济问题。物流系统的水平应根据需求来合理确定，如物流网点的布局、机械化与自动化程度、信息系统所要求的设备类型等。此项目标的设定对投资成本的影响极大。

（五）库存控制（Stock control）

必要的库存是为了保障需求、减少缺货风险，但库存过多则会占用更多的库存空间、占用更多的企业资金，从而造成库存成本的增加。因此，在物流组织过程中，需要合理确定库存的方式、数量、结构及其分布。

（六）安全性（Safety）

尽量保持货物运输中的安全，装卸、搬运中的安全，保管中的安全，尽可能减少客户的订货断档问题。同时，也要十分重视物流工作人员的安全。

延伸阅读

物流管理的 7R 目标

美国密西根大学斯麦基教授认为，物流管理追求的目标可以概括为"7R"：将适当数量（Right quantity）的适当产品（Right product），在适当的时间（Right time）和适当的地点（Right place），以适当的条件（Right condition）、适当的质量（Right quality）和适当的成本（Right cost）交付给客户。

第二节　物流系统的构成要素

一、物流系统的一般要素

物流系统的一般要素由人、财、物三方面构成。

（一）人的要素

人是所有系统中占主导地位、起决定作用的要素，在物流系统中也不例外，它是保证物流活动得以顺利进行的关键因素。随着经济全球化的发展，企业的竞争越来越多地表现为人才的竞争。培养人才、招揽人才、留住人才、用好人才是物流企业提高竞争力、建立有效物流系统的根本要求。

（二）资金要素

流通本身实际上也是以货币为媒介的、实现交换的物流过程；企业生产过程中的物流活动,本质上也是资金运动过程;物流服务的提供需要以货币为媒介;物流系统建设更是需要大量资金。资金是物流系统中不可缺少的一个要素。离开资金要素,物流系统就不可能存在,更谈不上发展。

(三)物的要素

物流系统中的"物",是指物流系统中所必需的原材料、半成品、产成品、能源、动力以及设施、工具等物质资料的总称。物的要素是物流系统存在和发展的物质基础。

二、物流系统的物质要素

物流系统的建立和运行需要有大量的技术装备手段,这些手段的有机联系对物流系统的运行有决定意义。这些要素对实现物流的某一方面的功能也是必不可少的。物流系统的物质基础要素主要有以下几点:

(一)物流设施要素

物流设施是组织物流系统运行的基础物质条件,包括物流站、场,物流中心、仓库,物流线路,建筑、公路、铁路、港口等。

(二)物流装备要素

物流装备是保证物流系统开动的条件,包括仓库货架、进出库设备、加工设备、运输设备、装卸机械等。

(三)物流工具要素

物流工具也是物流系统运行的物质条件,包括包装工具、维护保养工具、办公设备等。

(四)信息技术及网络要素

信息技术及网络是掌握和传递物流信息的手段,在现代物流系统中发挥着日益重要的作用。不同的物流系统需要选择不同的信息水平和技术。根据所需信息水平不同来决定包括通讯设备、传真设备、计算机及网络设备等的水平。

三、物流系统的支撑要素

物流系统的建立需要有许多支撑手段,尤其是处于复杂的社会经济系统中,要确定物流系统的地位,要协调与其他系统的关系,这些要素必不可少。

(一)体制、制度

物流系统的体制、制度决定物流系统的结构、组织、领导、管理方式。国家对其控制、指挥、管理方式以及这个系统的地位、范畴是物流系统的重要保障。有了这个支撑条件,物流系统才能确立其在国民经济中的地位。

(二)法律、规章

物流系统的运行不可避免地会涉及企业或人的权益问题。法律、规章一方面限制和规范物流系统的运动,使之与更大的系统协调一致,另一方面是保障物流系统的有效运行。合同的执行、权益的划分、责任的确定等都靠法律、规章来维系。

(三)行政、命令

物流系统和一般系统的不同之处在于物流系统关系国家军事、经济命脉和经济发展基础,所以,国家和政府的行政、命令等手段也常常是支持物流系统正常运转的重要力量。

(四)标准化系统

标准化系统是保证物流各环节协调运行,保证物流系统与其他系统在技术上实现平滑联结的重要支撑条件。

(五)组织及管理要素

组织及管理是物流系统的"软件",起着连接、调运、运筹、协调、指挥其他各要素以保障物流系统目的实现的作用。

> **延伸阅读**
>
> **物流标准化**
>
> 物流标准化,是指在运输、配送、包装、装卸、保管、流通加工、资源回收及信息管理等环节中,对重复性事物和概念通过制定发布和实施各类标准,以达到协调统一,从而获得最佳秩序和社会效益。根据物流系统的构成要素及功能,物流标准大致可分为三大类:
>
> (1)物流作为一个整体系统,其间的配合应有统一的标准。这些标准主要有:专业计量单位标准;物流基础模数尺寸标准;物流建筑基础模数尺寸;集装模数尺寸;物流专业名词标准;物流核算、统计标准等。
>
> (2)大的物流系统又可分为许多子系统,子系统中也要制定一定的技术标准。这主要有:运输车船标准;作业车辆(指叉车、台车、手车等)标准;传输机具(如起重机、传送机、提升机等)标准;仓库技术标准;站场技术标准;包装、托盘、集装箱标准;货架、储罐标准等。
>
> (3)工作标准及作业规范,是指对各项工作制定的统一要求及规范化规定。其内容很多,如岗位责任及权限范围,岗位交接程序及作业流程,车船运行时刻表,物流设施、建筑等的检查验收规范等等。

四、物流系统的功能要素

物流系统的功能要素指的是物流系统所具有的基本能力,这些基本能力有效地组合、联结在一起,便成了物流的总功能,总功能的构成便能合理、有效地实现物流系统的总目的。物流系统的功能要素一般认为有运输、储存保管、包装、装卸搬运、流通加工、配送、物流信息等(图 4-3 是物流系统的功能要素示意图),具体可划分为以下几个层次:

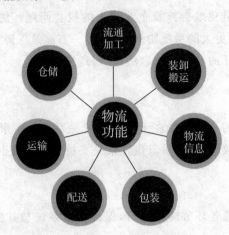

图 4-3　构成物流系统的七大功能要素

(一)基本物流环节

如门到门运输、储存保管、配送等这些要素分别解决了供给者与需求者之间场所和时间的分离,其主要功能是创造空间效用和时间效用,在物流系统中处于主要功能要素地位。

(二)商务附加价值

伴随物流而发生的订货、结算、单证处理、财务服务等,如有一些物流中心或配送中心兼具一些商流功能,这些功能就会为企业带来了商务附加价值。

(三)劳动服务价值

如包装、装卸搬运、流动加工、分拨等,这些功能追加了商品价值。

(四)信息服务价值

信息服务价值,是指对内、对外的各种物流信息服务,这些信息同样会给企业带来价值。

(五)物流控制系统

物流控制系统指对物流的动态管理和控制,通过管理和控制为物流总成本的降低和物流服务水平的提高创造条件。

五、物流系统设计要素

好的物流系统需要进行科学设计,以实现最佳的结构、最好的配合,充分发挥其系统功

能,实现整体物流合理化。在进行设计时,需要以下几方面的基本数据:

(一)商品(Products)的种类、品目

种类、品目的数目对物流系统的复杂程度有很大的影响。

(二)商品的数量(Quantity)

按种类、品目分别统计的商品数量多少,经营或生产年度目标的规模、价格和价值。

(三)商品的流向(Route)

起始点(如生产厂)和终点(如配送中心、消费者),单向输送与多点配送,直接送达与巡回送货等。

(四)服务(Service)水平

送货的快速性、即时性、正确性。商品质量的保持,如不损伤、不变质、不丢失等。信息查询的可能性、便捷性等。

(五)时间(Time)

不同的季度、月、周、日、时业务量的波动、特点,淡季与旺季、月初与月末业务量的波动,配送中心上午的发货高峰、下午的进货高峰等。业务量波动大的物流系统运作难度较大,有时要调整业务流程与作业时间以减少波动值。

(六)物流成本(Cost)

成本一直是物流系统设计与改善过程中人们最关心的问题之一,也是物流系统的规模与水平的主要约束条件。

以上P、Q、R、S、T、C称为物流系统设计有关基本数据的六个要素,系统设计中必须具备这几个方面的有关资料。

第三节 物流系统分析

一、物流系统分析的含义

物流系统分析是从物流系统的最优出发,在选定系统目标和准则的基础上,利用科学的分析工具和方法,分析构成系统的各级子系统的功能和相互关系,以及系统和环境的相互影响,并对解决问题的各种可行方案进行优化分析和综合评价的过程。

理解物流系统分析内涵,需要把握以下几个方面问题:

(1)物流系统分析是从物流系统的最优化出发,目的是找出解决问题的最佳方案,为决

策者提供决策服务。

(2)物流系统分析要善于运用科学的分析方法和工具,特别是数理分析工具和模型,调研、收集、比较、分析和处理数据,发掘系统运行不良的关键问题。

(3)物流系统分析的出发点主要是成本、效率、安全、环保等重点问题。没有明确的问题所指,系统分析就没有显在的着眼点。

物流系统分析的目的可以用图 4-4 表示。

图 4-4 物流系统分析的目的

物流系统分析所涉及的问题范围很广,如搬运物流系统、系统布置、物流预测、生产与库存等各种信息,要应用多种数理方法和计算机技术,这样才能分析比较实现不同物流系统目标和采用不同方案的效果,为系统评价和系统设计提供足够的信息和依据。

二、物流系统分析的原则

任何系统都是由多个因素构成的,是具有一定结构和功能,既受外部环境影响,又受内部因素制约的整体。因此,在对物流系统进行分析时,要注意好以下几个方面的结合:

(一)外部条件与内部条件相结合

物流系统是流通领域的一个子系统,它不是孤立的封闭系统,而是与社会环境紧密联系的开放性系统,受外部社会经济、政策以及科学技术等多方面的制约,并随需求、供应、价格等因素的变化而变化。从内部来看,物流系统也会受物流各功能要素的影响和制约。因此,在进行物流系统分析时,既要注意对外部环境进行分析,也要注意对系统内部各环节的协调,对系统内外的关联因素综合进行考虑,以使物流系统在一定的环境中高效运行。

(二)当前利益与长远利益相结合

所选择的方案,既要考虑目前的利益,又要兼顾长远利益。只顾当前不顾长远,就会影响企业和社会的发展后劲;只顾长远不顾当前,就会挫伤企业的发展积极性。只有方案对当前和将来都有利,才能使系统具有生命力。

(三)子系统与整个系统相结合

物流系统由多个子系统组成,但并不是所有子系统都是最好的整个系统才是最好的,而应是以整体系统最好作为评价标准。只有当它们以能发挥最大功能组合在一起并且使整个系统最佳才为最好。就像一辆汽车,整车的年限为十年,而轮胎的年限即使有二十年,其作用也只有十年,而当所有的汽车零配件的使用年限都最为接近时,使整个汽车(相当于整体系统)年限达到最佳才是最佳。

（四）定量分析和定性分析相结合

当分析系统的一些数量指标时，采用定量分析的方法有利于使系统量化，便于根据实际确定对策（例如车辆发车的时间间隔、仓库的大小适宜度等）；而当分析那些不能用数字量化的指标时（如政策因素、环境污染对人体的影响等），则采用定性分析的方法，这可以少走弯路、节省成本。

三、物流系统分析的地位与步骤

（一）物流系统分析的地位

为了了解系统分析在物流系统建立过程中的地位，首先看一下系统开发程序图（见图 4-5）中系统分析所处的位置是十分必要的。由图 4-5 可知，整个系统建立过程可分为系统规划、系统设计和系统实施三个阶段。

第一阶段为系统规划阶段，该阶段的主要任务是定义系统的概念，明确建立系统的必要性，在此基础上明确目的和确定目标。同时，提出系统应具备的环境条件和约束条件。

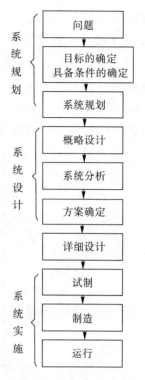

图 4-5　系统开发的程序

第二阶段为系统设计阶段。在此阶段中，首先是对系统进行概略设计，其内容主要是制定各种替代方案；然后进行系统分析，分析的内容包括目的、替代方案、费用、效益、模型和评价标准等；在系统分析的基础上，确定系统设计方案，据此对系统进行详细设计，也就是提出模式和解决方案。

第三阶段为系统实施阶段。首先是对系统设计中一些与系统有关的关键项目进行试验，在此基础上进行必要的改进，然后正式投入运行。

由此可见，系统分析在整体系统建立过程中处于非常重要的地位，它起到承上启下的作用，特别当系统中存在着不确定因素或相互矛盾的因素时，更需要通过系统分析来保证。只有这样，才能避免技术上的大量返工和经济上的重大损失。

（二）物流系统分析的步骤

系统分析首先要对现有系统进行详细调查，包括调查现有系统的工作方法、业务流程、信息数量和频率、各业务部门之间的相互联系，在对现有系统从时间和空间上对信息的状态作详细调查基础上，分析现有系统的优缺点，并了解其功能。一般来说，对物流系统分析需要回答下面几个问题：

(1)我们为什么要进行这项工作？

(2)进行该项工作能增加什么价值？

(3)为什么要按照现有程序进行该项工作?
(4)为了提高效率,能否改变作业步骤的次序?
(5)为什么要由某一个小组或个人来完成这些工作?
(6)其他人可以完成这项工作吗?
(7)还有更好的系统运行方式吗?

通过对上述问题的回答,可以归纳出物流系统分析的步骤(见图4-6)。

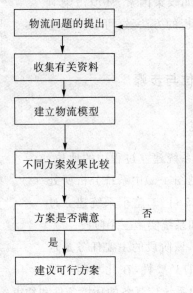

图4-6 物流系统分析步骤框架图

四、物流系统分析常用的方法

(一)数学规划法

这是一种对系统进行统筹规划,寻求最优方案的数学方法。其具体理论与方法包括线性规划、动态规划、排队论和库存论等。线性规划、动态规划和库存论等是解决物流系统中物料储存的时间与数量的。

(二)统筹法

运用网络来统筹安排,合理规划系统的各个环节。它用网络图来描述活动流程的线路,把事件作为结点。在保证关键线路的前提下,安排其他活动,调整相互关系,以保证按期完成整个计划。

(三)系统优化法

在一定约束条件下,求出使目标函数最优的解。物流系统包括许多参数,这些参数相互制约、互为条件,同时受外界环境的影响。系统优化研究,在不可控参数变化时,根据系统的目标如何来确定可控参数的值,从而使系统达到最优状态。

(四)系统仿真

系统仿真,是指借助计算机仿真技术,对物流系统建模并进行实验,从而得到各种动态活动及其过程的瞬间仿效记录,进而研究物流系统性能的方法。

上述方法各有特点,在实际工作中都得到了广泛的应用。其中,系统仿真技术近年来应用最普遍。系统仿真技术的发展及应用依赖于计算机软硬件技术的飞速发展。今天,随着计算机科学与技术的巨大发展,系统仿真技术的研究也在不断完善,应用不断扩大。

五、物流系统分析的应用领域

物流系统分析贯穿于系统构思、技术开发到制造安装、运输的全过程,其重点放在物流系统发展规划和系统设计阶段。具体包括:指定系统规划方案;生产力布局;厂址选择、库址选择、物流网点的设置、交通运输网络设置等;工厂内(或库内、货场内)的合理布局;库存管理,对原材料、在制品、产成品进行数量控制;成本(费用)控制等。

◎ **本章小结**

物流系统由有机联系的物流要素组成,具有大跨度性、动态性、可分性、复杂性、多目标性等特征。对物流系统的科学设计是实现整体物流合理化的必要基础。所谓"物流系统的5S目标"是指服务、节约、及时、规模化、库存控制。物流系统有7个功能要素,分别是运输、仓储、包装、装卸搬运、流通加工、配送、物流信息处理。物流系统分析的目的在于获得最优的物流系统方案。在分析物流系统时,要坚持做到外部条件与内部条件相结合、当前利益与长远利益相结合、子系统与整个系统相结合、定量分析和定性分析相结合。

案例分析

青岛啤酒:厂内物流的提升策略

"喝啤酒就喝新鲜的青岛啤酒",这不是一句空洞的广告词,背后支撑它的是青岛啤酒内部高效的物流运作。作为快销行业,产销之间的平衡是最重要的问题。为此,青岛总部定制信息系统,根据瓶装厂最大产能及区域历史销售和预测数据进行供求匹配,希望在充分利用产能的同时使得物流成本最低。

青岛啤酒的前身是日耳曼啤酒股份有限公司,它是中国第一座以欧洲技术建造的啤酒厂。截至2013年,青岛啤酒已经在国内18个省拥有55座工厂。深圳青岛啤酒朝日有限公司(以下简称深圳青啤)主要生产纯生品牌,属于较少几家能生产纯生品牌的工厂,其产品辐射区域为全国。青岛啤酒在物流信息化、搬运装卸集装化、储位精细化、设施布局科学化等方面形成了一条符合自身特色的物流管理之路。

走进工厂内部,首先看到的是整整齐齐堆放成一板一板的直立空瓶(青岛纯生必须用新瓶）。据介绍，这是深圳青啤2013年下半年对供应商的新要求，之前全用麻袋运输和装卸，不仅物流效率低下，而且上灌装线（生产线）时，需按上线的要求进行人工转换。这就增加了物流环节，使得成本高、效率低下。如今通过托盘化运作，最小流通单位由袋改为板，整个物流过程中的搬运、装卸、储存、运输、上线等均以集装化方式运作，效率得到提高，可以直接到生产线边。

深圳青啤的成品仓有3个，与成品罐装线形成"凸"字格局，总面积24000平方米的仓库相当于3个足球场面积的空间，库存能力达16000吨，但仅由13人管理，平均每人管理面积为1800平方米。而在此之前的管理比较粗放，对仓容利用率不高，见空就放使得库内通道堵塞及查找耽误，常出现发货延迟的现象。随着产量持续走高，仓储资源显得严重不足。2011年，物流管理系统被全面引入，通过精细测量，整体规划出储位和通道使得仓储能力提高20%以上。

由于啤酒是重货，堆放高度和空间利用率之间易形成矛盾，所以深圳青啤人从平面到空间进行了各方面的优化与挖潜。为充分利用仓库高度，深圳青啤经过优化托盘码放，加强了底层的承受力，将托盘定为三层标准。在考虑充分利用面积的前提下，深圳青啤先后选用过1200毫米×1000毫米和1000毫米×1000毫米规格的托盘，但最终选定为1100毫米×1100毫米的规格，一方面是因为与啤酒小箱包装吻合度最高，另一方面与集装箱或箱式货车的230毫米宽度形成匹配。

要将1100毫米×1100毫米的托盘一层层叠起来，自然少不了叉车司机的驾驶技术。为帮助司机提高技术，在白天操作过程中，深圳青啤安排专人拍摄叉车行驶路径及货叉取货、入位的全过程，晚上进行放映，让大家集中讨论需要改善的操作动作。

因生产批次数量有多有少，所以对储位能力的需求大小不一。为了提高仓容利用率，更好地实现先进先出，管理者将仓库储位分为标准的大储位（比如某区60板为一个储位）和随机的小储位来实现仓储能力的柔性，从而满足多样化的需求。

为满足客户差异化的需求，青啤的库存SKU达80多种。如何将合适的产品放在合适的地方，并能快速拣出来？这曾经是一个难题，而青岛啤酒通过自行开发的仓储管理信息系统（WMS）使得这一问题得到了有效解决。

首先，WMS系统会进行数据分析，统计比较出不同品类的进出库频率。对于大进大出的品类，则将其储位规划在靠近进出货口的地方，流量低、周转慢的品类的储位则离出入口稍微远些。其次，每支瓶装啤酒在灌装后，由专用激光机在瓶盖上打上具有唯一性的条码。在装箱后，每支啤酒瓶上的条码与纸箱上的条码建立集装关联；接着装上托盘，纸箱条码又与托盘的板条码建立关联。等叉车来取货入库时，车载终端使板条码与库位条码之间建立关联。这一系列关联最终形成了数据库，为WMS系统提供数据分析的依据，从而支持了物料在厂内的流动距离最短，并将客户交付的内部前置期缩到最短。最后，叉车司机按照包含产品批号的出货指令从储位取出货物，装上提货车辆，物流承运商车辆又通过自带车载终端与货物建立关联（青啤对物流承运商车辆信息化有要求）。

通过信息化系统，青岛啤酒将厂内物流延伸到厂外，可追溯到产品运到下游的中央物流中心、区域物流中心、终端物流中心以及经销商的全过程。这与当今IT数码产品的追溯理论如出一辙。

（资料来源：中国仓储设备网。）

问题讨论

1. 查阅资料，了解啤酒制造企业的物流特点。
2. 青岛啤酒是如何改进厂内物流的？

◎复习思考题

1. 系统具有什么特性？为什么可以用系统的概念来整合各项物流活动？
2. 举例（不少于3个）说明物流子系统之间的相互制约关系。
3. 物流系统有哪些特点？
4. 说明物流系统的设计要素和优化目标。
5. 物流系统分析的含义、原则和步骤各是什么？
6. 物流系统分析在物流系统建立过程中处于什么地位？

第五章 物流组织与控制

学习目标

通过本章学习,要求了解物流企业的基本形态及其特点,掌握物流战略的基本内涵及影响物流战略选择的基本因素,理解物流服务的特征和物流服务水平的度量方法,掌握物流成本的构成内容和物流成本控制的基本方法。

开篇案例

整合与创新助推物流业转型升级

物流业的核心价值就在于整合,这也是现代物流业区别于传统的运输、仓储行业的主要特征。领先企业通过流程再造、兼并重组、联盟合作等多种方式,加快功能整合、组织整合、信息整合和平台整合,挖掘物流整合潜力,发挥资源的利用效率,从而有效提升发展的质量和效益。近年来,在公路货运市场出现了传化公路港、林安物流、卡行天下等一批平台整合型企业,通过集中分散的货运资源提升了市场的集约化水平。当前,创新驱动已经成为我国物流业发展的重要支撑,领先物流企业通过技术创新、管理创新、模式创新、集成创新、制度创新等,打造战略竞争新优势。顺丰速运推出"快递+电商"协同发展模式,加速与电商渗透融合,线上线下资源实现战略共享。海尔日日顺物流推出"送装一体化"服务模式,打造四网融合核心竞争力。淮矿物流推出"平台+基地"供应链管理模式,提升大宗商品流通组织化程度。此外,大数据、云计算、物联网等新的信息技术给物流业带来了重大变革和新的挑战。专业化、一体化、个性化的物流模式创新,引领企业抢占产业竞争制高点。

(资料来源:何黎明 2014 年 6 月 18 日在《物流供应链整合与创新论坛》上的讲话。)
问题思考:为什么物流业的核心价值在于整合?

物流企业是随着物流市场的发展而产生的。随着物流企业的增长,物流市场的竞争不断加剧,这使得物流企业要想生存和发展就必须合理选择企业组织形态、重视物流战略管理、提供优质物流服务、强化物流成本控制。

第一节　物流企业组织形态

一、物流企业的概念

物流企业指从事运输(含运输代理、货运快递)或仓储等业务,并能够按照客户物流需求对运输、储存、装卸、搬运、包装、流通加工、配送等进行组织和管理,具有与自身业务相适应的信息管理系统,实行独立核算、独立承担民事责任的经济组织。

二、物流企业的类型

物流企业的类型多种多样,如果从物流企业要尽可能服务市场、服务顾客的角度出发,则可选用物流服务的范围大小和物流功能的整合程度这两个标准来确定物流企业的类型。

这里的物流服务的范围主要是指业务服务区域的广度、运送方式的多样性、保管和流通加工等附加服务的广度。物流功能的整合性,是指企业自身所拥有的提供物流服务所必要的物流功能的多少。必要的物流功能,是指包括基本的运输功能在内的经营管理、集配、流通加工、信息、企划等功能。按照上述两个标准,可以将物流企业分成以下四种类型(如图5-1所示):

(一)综合型物流企业

综合型物流企业的业务范围往往是全国或世界规模的,它能应对货主企业的全球化经营对物流的需求,如中远集团、中外运集团等。这类物流企业具有功能整合度高、物流服务范围广、综合实力强大、能为客户提供全方位综合物流服务的特点。

(二)功能整合型物流企业

功能整合型物流企业是以货物对象、功能或市场为核心,导入系统化的物流,通过推进货物分拣,追踪提供输送服务,如中国邮政速递服务公司(EMS)、中铁快运有限公司(CRE)、中国航空快递有限责任公司(CAE)及众多码头堆场、机场公司等。这类企业能自身承担从集货到配送等物流活动,可以调度实现功能整合。由于企业服务的是特定的货物、功能或市场,所以其服务的范围受到限制。

(三)运输代理型物流企业

这类物流企业功能整合度低,但服务范围广,通常自身不拥有运送手段,而是以综合运用铁路、航空、船舶、汽车等各种运输手段,靠经营网络的优势,开展货物混载代理业务。它们有把不同的物流服务项目组合以满足客户需求的能力。目前,运输代理型物流企业正在向第三方物流企业发展,即迈向提供物流交易双方的部分或全部物流功能的外部提供者。

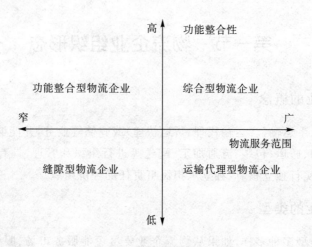

图 5-1 物流企业分类

(四)缝隙型物流企业

这种类型的物流企业功能整合度低,物流服务范围窄。它通常以局部市场为对象,在特定市场从事特定功能的物流活动。这方面比较突出的物流服务主要有搬家综合服务、代收商品服务、仓储租赁服务以及摩托车急送服务等形式。

三、物流企业组织形式

(一)直线职能式组织形式

直线职能式组织形式的主要特点是设置两套系统,一套是直接参与和负责组织物流经营业务的业务执行机构,它包括从事物流活动的各个业务经营机构,担负着整个物流活动过程的作业实现。例如,直接从事商品物资的购销、仓储、运输、整理加工、品质检验、配送等部门。另一套是按专业管理的职责和权限设置的职能管理机构,它是专门为物流经营业务活动服务的管理工作机构,直接担负着物流活动的计划、指导、信息服务、监督调节及其他配套管理服务,如计划统计、财务会计、劳动工资、信息支持、市场开发等部门。

物流运营的业务执行机构是物流组织机构的主体,它们的主要任务、职责和权限是直接从事物流的运营作业,其机构的规模和分工程度直接影响着其他部门的设置以及职能的划分。而物流运营的职能管理机构则可以不直接参与物流作业,而作为物流运营的参谋和保障机构。典型的直线职能式物流组织机构模型如图 5-2 所示。

直线职能式组织机构设置的优点在于既能保证集中统一的指挥管理,又能充分发挥专业人员的才能、智慧和积极性,比较适应现代企业生产经营管理的特点和要求。

直线职能式组织模式的缺点是过于正规化、权力集中于高层、机构不够灵活、横向协调性较差,特别是物流运营的业务执行部门缺乏自主性,很难有效地调动业务执行部门的主观能动性。因此,这种形式在企业规模相对不是很大、物流服务业务范围相对稳定,以及在市场不确定性相对较小的情况下更加能够显示出其优点。随着企业规模的扩大,业务范围的拓展,市场不确定性的增加,这种组织形式有时不能完全适应。

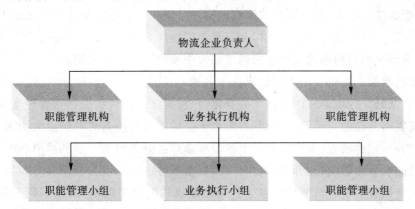

图 5-2　直线职能式物流组织机构模型

(二)事业部制组织形式

事业部制组织形式的特点是"集中政策,分散经营"。一般是按物流服务类别分别成立若干个事业部。这些事业部具有相对独立的市场、相对独立的利益和相对独立的自主权。各事业部在公司的统一领导下,实行独立经营、单独核算、自负盈亏。各事业部具有相对独立的充分自主权,高层管理部门则实行有限的控制,以便摆脱行政管理事务,集中力量研究和制定经营方针,并通过规定的经营方针,控制绩效和统一调度资金,对各事业部进行协调管理。事业部制物流组织机构模式如图 5-3 所示。

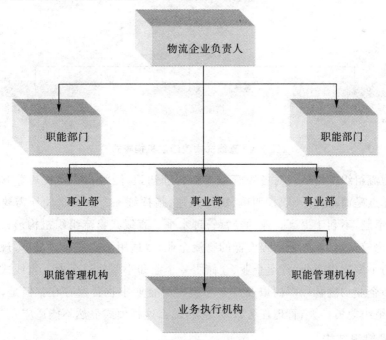

图 5-3　事业部制物流组织机构模式

事业部制物流组织机构的设置是直线职能式组织机构中分权趋势的一种体现。实际上,随着企业规模的扩大,直线职能式组织机构过分集权的劣势就会体现出来。事业部制组织机构显然可以弥补这种缺陷。同时,又有利于提高各个事业部门(分公司)的主观能动性。因此,事业部制组织机构模式正被越来越多的大中型物流企业所采用。

事业部制组织机构模式的主要优点在于各事业部或分公司职权分明,拥有相当的自主权,可以有权及时应对市场或内部环境的变化,积极灵活地开展物流经营管理业务。公司总部也可以摆脱事务性的行政管理,而专心致力于公司重大的经营方针和重大决策。但是,这种方式也存在一定的缺点,主要体现在当各个事业部或分公司是一个利益中心时,往往会只考虑到自己的利益而影响相互间的协作。同时,由于各事业部或分公司权力的加大,如果经理不适当地运用权力就有可能导致整个公司职能机构的作用削弱,所以不利于公司的统一决策和领导。

(三)其他组织形式

除了直线职能式和事业部式组织形式,物流企业的组织机构设置模式还有很多种。

1. 直线式组织形式

直线式组织形式又称为"单线制或军队式结构",这是一种早期的组织结构形式,如图5-4所示。这种组织形式的特点是组织的各级行政单位从上到下进行垂直领导,各级领导者直接行使对下级的统一指挥与管理职能,对所属单位的一切问题负责。一般由一人承担或者配备若干职能管理人员协助工作,不另设单独的职能管理机构。

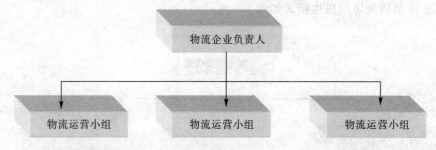

图 5-4　直线式物流组织机构模式

直线式物流组织机构形式对各级管理者在管理知识、能力及专业技巧等方面都有较高的要求。其优点是简单灵活、职权明确、决策迅速、指挥统一。缺点是领导需要处理的事情太多,精力受牵制,不利于提高企业的经营管理水平。直线式物流组织机构形式适用于经营规模小、服务比较简单、业务复杂程度低的物流企业,也适用于业务相对简单、规模相对较小或者新创建的小型货代企业、货运企业、仓储服务企业和小型物流企业。直线式物流组织机构形式在许多企业物流管理部门以及许多小型物流企业中也普遍存在。但是,这种结构比较脆弱,如果组织规模扩大、管理任务繁重复杂,那么这种模式显然不能适应。

2. 矩阵式组织结构

这种结构一般是为了达到一定的目标或完成一个项目,在已有的直线职能结构中,从各个职能部门中抽调专业人员,组成临时的或者长期的专门机构,这种专门机构领导人有权指挥参与机构的成员,并同有关部门进行横向联系和协调,如图5-5所示。参与专门机构的成员同自己原来的部门保持隶属关系,即各部门既同垂直的指挥系统保持联系,又与按服务项目划分的小组保持横向联系,形成一个矩阵形式。借用数学上的术语,称之为"矩阵式组织形式"。

矩阵式组织结构的优点在于把不同部门、不同专业的人员汇集在一起,密切协作、互相配合,从而有利于解决问题,同时也是集权和分权的很好结合,机动性和适用性强,能适应市场竞争所带来的服务市场的不稳定性,以及组织规模庞大、服务复杂、技术要求高的物流服务业务。其缺点是如果纵、横向关系处理不当,就会造成意见分歧,工作上出现问题也难以分清责任,并且工作人员的不断流动使得管理上出现困难。

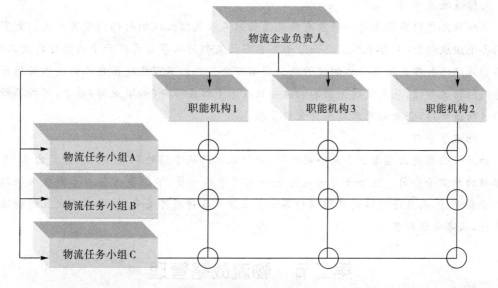

图 5-5 矩阵式物流组织形式

在物流运营中,矩阵式组织结构形式往往适用于货代企业承接大型货代服务业务、物流企业承接临时性重要物流业务的运营组织,以及工商企业物流部门组织临时性的重大采购供应或销售物流业务。如果物流企业的业务受市场变化的影响而不确定,则可以采用这种结构的组织形式。

以上介绍的几种物流机构组织形式是在实践中逐步形成发展起来的,也是比较典型的形态。在实际应用中,它们也常常是相互交叉的。如在一个物流系统中,可能同时存在事业部制和职能制或职能制与矩阵制等。各种组织结构形式各有优缺点,不存在适应一切环境条件的最佳组织模式。为了适应复杂多变的企业内外部环境,应根据需要组织自身的物流运营组织体系,也可以在这些基本模式的基础上,创造出更好的适合自身需求的组织形式。当然,物流组织的形式一旦确定,也并不是一成不变的,随着市场环境的变化以及内部运营的发展,要对已有的组织结构进行适时的调整,这对于物流的运营管理也是非常重要的。

> **延伸阅读**

非物流企业的物流部门设置

1. 临时性物流部门

临时性物流部门是企业从内部不同部门临时抽调人员组成的,为完成某项物流任务而设置部门。当这项任务结束后,临时性物流部门解散,人员一般回到原有岗位。

2. 专门性物流部门

专门性物流部门也称"专业性物流部门",这是大多数企业最常用的物流部门设置方式。专门性物流部门具有独立开展业务和管理的能力,是企业中的主要部门之一。它在企业中直接向总经理或主管总经理负责。

3. 隐性物流部门

隐性物流部门实际上是一种虽有物流活动但不形成独立机构的部门设置方式。大型企业的各个组成部分,如各个事业部一般都各自有物流部门从事自己经营中的实际物流工作,这些物流部门和各自所属主体的经营活动密不可分。它们不可能脱离自己的主体而独自结成专门的物流部门,从而使得企业的物流分散在各个组成部分(如事业部)当中,形成了所谓的隐性物流部门,企业对此只能实行分散管理。

4. 物流子公司

物流子公司是大型企业在总公司之下,将物流部门从专门的职能部门中分离出来,并成立单独的物流子公司。这个子公司成为企业集团中的一员,不但在该企业集团中承担物流的任务和责任,而且还可以同集团以外其他企业建立各种经济关系,接受其他企业的物流活动委托,从事物流经营业务活动。

第二节 物流战略管理

一、物流战略管理的内涵

在不断变化的环境中,要在市场竞争中不断发展壮大,任何一个企业都需要运筹帷幄,制定科学的发展战略。同样,面对激烈的行业竞争,物流企业的发展也需要科学的发展战略来支撑。物流战略是物流企业为寻求物流的可持续发展,就物流发展目标以及达成目标的途径与手段而制定的长远性、全局性的规划与谋略。而物流战略管理是通过物流战略设计、战略实施、战略评价与控制等环节调节物流资源、组织结构等最终实现物流系统宗旨和战略目标的一系列动态过程的总和。

二、物流企业的战略环境

物流战略的制定总是在一定的环境下进行的,而物流战略的实施应该使企业能更好地适应环境。因此,有必要了解和分析物流企业的战略环境。

物流企业的战略环境包括三个层次:一是物流战略宏观环境;二是物流战略中观环境;

三是物流战略微观环境。图 5-6 是物流战略环境层次示意图。

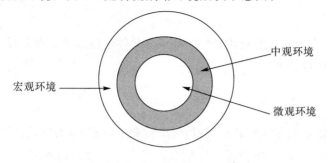

图 5-6　物流战略环境

（一）物流战略宏观环境

宏观环境是物流企业面临的一般环境，其包括政治、经济、技术、社会、自然环境等，也称"间接环境"。宏观环境对物流企业来说是不可控的，物流企业要适应宏观环境。

1. 政治环境

政治环境，是指一个国家或地区的政治制度、体制、方针政策、法律、法规等方面。这些因素常常制约、影响物流企业的经营行为，尤其是影响物流企业的长期投资行为。国际物流活动的开展还会受到国际政治和国际物流法律、法规的影响。政治、法律环境对物流企业的影响具有直接性、难以预测性和不可逆转性等特点。

2. 经济环境

经济环境，是指一个国家的经济制度、经济结构、产业布局、资源状况、经济发展水平，以及未来经济走势等，涉及国家、社会、市场及自然等多个领域。经济环境对一个地区和国家的物流的流量、流向、流速和物流模式等有着直接乃至决定性影响。一个经济不发达的国家、一个社会分工缺乏的国家，社会物流总量规模必然也是很低的。

3. 技术环境

技术环境，是指科技水平、技术手段、技术队伍、技术发展速度及技术发展趋势。变革性的技术，一方面对物流企业创造了新的发展机遇，另一方面又可能带来严峻的挑战。对物流系统最具影响力的技术因素是信息、运输、物料管理及包装技术的革新，如计算机、卫星、扫描、条码和数据库等技术均对企业及时准确地掌握信息，监管物料运动、工作程序以及存货，改进实时控制及决策具有革命性的影响。

4. 社会环境

社会环境包括一个国家或地区的社会性质、人们共享的价值观、人口状况、教育程度、风俗习惯、宗教信仰等各个方面。社会文化是人们的价值观、思想、态度、社会行为等的综合体，影响着人们的购买决策和企业的经营行为。公众的价值观同人们的工作态度一起对企业的工作安排、作业组织、管理行为以及报酬制度等产生很大的影响。人口统计特征包括人口数量、密度、结构分布、地区分布、收入水平、教育程度等，影响着劳动力的供给以及市场的需求。

5. 自然环境

自然环境,是指一个国家自然资源和生态环境。具体包括自然资源禀赋、气候、能源、自然灾害、生态平衡、环境保护等。

(二)物流战略的中观环境

根据美国管理学家迈克尔·波特的观点,一个行业中的竞争,不仅是在原有竞争对手中进行,而是存在着五种基本的竞争力量。它们包括潜在的行业新进入者、替代品的竞争、买方讨价还价的能力、供应商讨价还价的能力以及现有竞争者之间的竞争。这五种基本竞争力量的状况及综合强度决定着行业的竞争激烈程度,从而决定着行业中最终的获利潜力以及资本向本行业的流向程度,如图5-7所示。物流企业作为一类企业,同样面临着这五种竞争力量,这五种竞争力量构成了物流战略的中观环境。

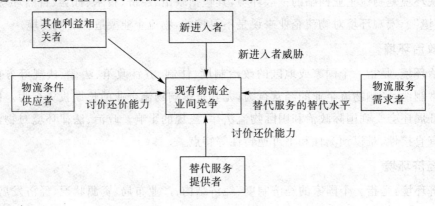

图 5-7 物流行业的五种竞争力

1. 行业新进入者的威胁

新进入者的加入会导致物流行业能力的扩大,在需求未见增长的情况下,必然引起与现有物流企业的激烈竞争,使物流服务产品价格下跌;新加入者要获得进行物流活动的资源必然导致对有限资源的竞争,使行业经营成本升高,二者都导致行业的获利能力下降。新加入者威胁的强度取决于进入障碍和原有企业的反击程度,如果进入障碍高、原有企业反击有力,潜在的加入者就难以进入该行业,新加入者构成的威胁就小。决定进入障碍大小的主要因素有规模经济、产品差异优势、资金需求、销售渠道、与规模经济无关的成本优势等。

2. 现有竞争者之间的竞争程度

在行业增长缓慢、行业具有非常高的固定成本或库存成本、行业的产品差别小或行业转换成本低、行业中的总体物流服务能力过剩、行业对企业兴衰至关重要而且取得成功的可能性大、有众多势均力敌的竞争者、退出行业的障碍很大等情况下,现有物流企业之间会进行激烈的竞争。一般来说,现有竞争者之间多采用价格战、广告战、提供增值服务等手段开展竞争。如果一个企业的行动对其对手有显著威胁,就会招致报复或抵制。如果竞争行动和

第五章 物流组织与控制

反击行动逐步升级,则行业中所有物流企业都可能受到伤害。

3. 替代物流服务产品的威胁

替代物流服务产品,是指那些与本行业的产品有同样功能的其他产品。较低的替代产品价格会压低本行业产品的价格水平,从而使本行业的收益受到限制。替代产品的价格越有吸引力,这种限制作用就越大,对本行业构成的压力也就越大。因此,本行业与替代产品提供行业的竞争常常需要本行业所有企业采取共同措施和集体行动。在物流服务中,铁路、公路、水路等运输方式彼此之间就有一定的替代性,并且有些还有很高的替代性,这些不同运输方式提供企业之间就存在比较激烈的竞争。

4. 物流服务需求者讨价还价的能力

物流服务需求者即购买商,可能要求较低的购买价格、高质量的物流服务,结果使得行业的竞争者们互相残杀,导致行业利润下降。在下列情况下,购买商有较强的讨价还价能力:购买商相对集中且大量购买;购买的服务产品占其全部费用或全部购买量中很大的比重;服务产品标准化或无差别;购买商的行业转换成本低;购买商有采用后向一体化的倾向;产品对购买商无关紧要;购买商掌握供应商的充分信息等。

5. 物流服务供应者讨价还价的能力

物流服务供应者即供应商,可以用提高供应价格或降低供应产品及服务的质量对下游行业进行威胁,从而使下游行业利润下降。在下列情况下,物流服务供应者有较强的讨价还价能力:供应行业集中化程度高于购买商行业;供应商无需与替代产品进行竞争;所供应的行业对供应商无关紧要;供应商的服务是买主重要的生产要素;供应商产品有较大差别并且购买者的转换成本很高;供应商对买主行业构成前向一体化的威胁。

"其他利益相关者"是管理学家弗雷曼建议加到波特的竞争模型中去的。这些利益相关者是政府、工会、地方社区、借贷人、贸易组织、股东、特殊利益集团。其中,政府的作用力最大。

(三) 物流战略微观环境

物流战略微观环境也就是物流企业的内部环境,它是指企业能够加以控制的内部因素,这是物流经营的基础,是制定物流战略的出发点和依据,是竞争取胜的根本。对内部环境进行分析的目的在于掌握企业目前的状况、明确企业具有的优势和劣势,以便有效利用资源,制定能够发挥企业优势的物流战略,实现确定的战略目标。

一般说来,企业内部环境分析包括九方面内容,对每一方面的分析和评价都需要回答一系列问题才能明确企业所具备的优势和劣势。

1. 财务状况

财务优势和劣势,财务指标的变化趋势,利润结构是否合理?是否有提高投资收益率的规划?有无筹措短期资金和长期资金的能力和渠道?财务管理制度是否完备?运行是否有效?成本控制是否有效?

2. 产品线及竞争地位

本企业服务的优势和劣势是什么？企业是否具有能够获得竞争优势的某些专利？本企业服务目前拥有多大的市场占有率？稳定程度如何？这个市场占有率集中还是分散？变化趋势如何？本企业的产品或服务是否容易受到经济周期变化的影响？现在的和潜在的客户怎样评价本企业的服务？

3. 物流设施与设备状况

物流设施与设备是否有效率？是否先进？构成怎样？有无过剩的能力和扩充的可能？

4. 市场营销能力

本企业市场营销人员是否充足？素质如何？营销工作是否有效？本企业的定价策略是什么？市场调研的能力及水平如何？是否充分了解顾客需求？是否具备开拓新市场的能力？本企业的促销及广告活动是否有效？客户对售前和售后服务如何评价？

5. 研究与开发能力

各类研发人员的数量、构成、知识结构如何？研究能力如何？是否已经开发出重要的新型物流服务？研究试验设备的数量、构成及装备程度如何？经费是否充足？能否满足市场需要？研发工作的组织管理能力如何？

6. 管理人员的数量及素质

高层管理人员的构成是什么？他们的知识结构和年龄结构是什么？采用怎样的管理模式？高层管理者中占统治地位的价值观是什么？在战略实施和控制方面，中层和基层管理人员的数量及素质如何？

7. 员工的数量及素质

员工的数量是否充足？员工的技能和熟练程度怎样？这些技能是否能充分满足当前和未来的需要？员工的工作态度如何？出勤率怎样？员工的激励水平如何？

8. 组织结构

现有组织结构有哪些类型？能否有效运转？组织中的责权关系是否明确？分权与集权关系处理是否得当？

9. 过去的目标和战略

企业过去几年中的主要目标是什么？是否都已达到？这些目标是否适合企业自身？企业已采用了什么战略？是否取得了成功？

三、物流战略分析和制定的常用工具——SWOT 分析法

SWOT 分析法是企业战略管理中最为常见的一种分析工具。我们可以通过分析现行物流系统的优势（Strengths）与劣势（Weakness），市场环境中蕴藏的机会（Opportunities）与威胁（Threats）来判断物流行业的竞争情况，利用优势瞄准机会、规避威胁，从而适时调整现行的物流系统。根据多年来中外物流界的管理和实践经验，物流的 SWOT 分析主要应考虑以下因素：

1. 潜在的内部优势

如企业在物流人才、物流成本、技术创新、物流管理、物流设备、物流规模、财务资源、物流策略和市场口碑等方面的优势。

2. 潜在的内部劣势

如没有明确的物流政策、物流设备老化、缺乏专业物流人才、技术创新乏力、竞争地位下降、管理不善、服务范围狭窄、营销能力低下、物流成本明显高于主要竞争者等。

3. 潜在的外部机会

如市场增长迅速、有进入新的市场或市场面的可能、能够争取到新的客户群、可以拓展服务空间满足客户其他需要、在同行业中业绩优良、对手企业的裹足不前等。

4. 潜在的外部威胁

如市场增长缓慢、不利的政府政策、竞争压力增大、成本较低的国外物流服务商的介入、主要竞争对手物流成本的大幅度下降、整个市场的不景气、客户需求和兴趣的改变等。

SWOT 分析法还可以作为选择和制定战略的一种方法,它提供了四种战略,即 SO 战略、WO 战略、ST 战略和 WT 战略,如图 5-8 所示。

		内部优势(S) 1.…… 2.…… 3.……	内部劣势(W) 1.…… 2.…… 3.……
外部机会(O)	1.…… 2.…… 3.……	SO 战略 依靠内部优势 利用外部机会	WO 战略 利用外部机会 克服内部劣势
外部威胁(T)	1.…… 2.…… 3.……	ST 战略 依靠内部优势 回避外部威胁	WT 战略 减少内部劣势 回避外部威胁

图 5-8　基于 SWOT 分析的物流战略选择

SO 战略就是依靠内部优势去抓住外部机会的战略。如一个资源雄厚(内在优势)的物流组织发现某一国际市场未曾饱和(外在机会),那么它就应该采取 SO 战略去开拓这一国际市场。

WO 战略就是利用外部机会来改进内部弱点的战略。如一个面对物流规划服务需求增长的物流组织(外在机会),却十分缺乏规划技术专家(内在劣势),那么就应该采用 WO 战略培养或外聘规划技术专家或购入一个提供物流规划服务的公司。

ST 战略就是利用物流组织的优势,避免或减轻外部威胁的打击。如一个物流组织的销售渠道（内在优势）有很多，但是由于各种限制又不允许它经营其他商品（外在威胁），所以就应该采取 ST 战略，走集中型、多样化的道路。

WT 战略就是直接克服内部弱点和避免外部威胁的战略。如一个物流服务质量差（内在劣势）、供应渠道不可靠（外在威胁）的物流组织应该采取 WT 战略，强化物流组织管理，提高服务质量、稳定供应渠道，或走联合、合并之路以谋生存和发展。

SWOT 方法的基本点就是物流组织战略的制定必须使其内部能力（强处和弱点）与外部环境（机遇和威胁）相适应，以获取经营的成功。

四、物流战略的制定

（一）物流企业宗旨与目标的确定

1. 物流企业的宗旨

物流企业的宗旨，是指物流企业在社会经济发展中所承担的责任或主要目的，即物流企业存在的理由和价值。制定物流企业的宗旨是明确物流企业战略目标的前提，是拟定物流战略的依据、配置物流资源的指南。

确定物流企业宗旨既要避免过于狭隘，又要避免过于空泛。狭隘的宗旨束缚管理人员的经营思路，从而可能丧失许多发展机会，而空泛的宗旨又使企业难以确定明确的目标。企业宗旨不仅要在系统建立之初加以明确，而且在遇到困难或机遇时，也需要经常地予以调整。竞争地位、高层管理者、新技术、资源供给、人口统计特征、政府法规以及消费者需求等方面的变化，都可能导致企业宗旨的改变。

2. 物流企业的目标

物流企业的目标是在企业宗旨的引导下，可在一定时期内实现的量化成果或期望值，主要包括服务水平目标、物流成本目标、经济效益目标、社会责任目标和技术应用目标等内容，它具有全面性、长期性、纲领性、竞争性、多元性、指导性、激励性、阶段性等基本特点。

制定物流企业的战略目标应依据企业的宗旨，在战略分析的基础上进行。在最高管理层制定系统的长期战略目标和短期战术目标后，各战略经营单位或职能部门也必须确立自己的分目标，进而将目标层层分解直到个人，从而构成一个系统、有机的目标网络。

物流企业在制定物流企业战略目标的过程中，应当注意突出关键性、全局性问题；既有可行性，又有先进性；目标必须定量化，具有可衡量性，以便检查和评价；目标组合中的各分目标之间、战略目标和战术目标之间以及战略经营单位和职能部门之间的目标应相互协调、相互支持、形成系统；目标必须相对稳定，不可朝令夕改。如果经营环境变化必须调整战略目标，则所有经营单位及职能部门的分目标也要及时作出相应调整。

（二）一般性物流战略

迈克尔·波特将企业竞争战略分为成本领先、差异化和专一经营三种一般性战略。与此相类似，物流战略可划分为成本最低、服务最优、利润最高、竞争力最强和资产占用最少五种一般性物流战略。

1. 成本最低战略

成本最低战略的核心是要设计一个固定成本与可变成本最低的物流系统。采用成本最低战略有利于形成行业进入障碍,增强物流企业的讨价还价能力,降低替代服务的威胁,保持自身领先的竞争地位。实施成本最低战略必须将目标确定为满足较为集中的客户需求,向客户集中的地区提供快速服务,通过储运资源和库存政策的合理搭配使物流成本达到最小化。物流系统的基本服务能力受到系统中的仓库数目、工作周期、运营速度或协调性、安全库存政策等诸多因素的影响。其中,安全库存政策和仓库与客户的距离决定了物流系统的基本能力。为满足客户的基本需求,要按照有效库存和系统目标对物流系统进行整合,以求在成本最低的条件下达到最佳的服务水平。

2. 服务最优战略

服务最优战略的核心在于追求最佳的物流服务水平,系统设计的重点要从成本优化转移到系统有效性和运输绩效上来。要为客户提供最优的服务就必须充分利用服务设施,认真规划线路布局,以尽量缩短运输的时间。提供最优服务的同时,也必须能够得到与之相适应的收益。否则,这种战略就得不偿失。同时,什么是最优的服务对不同的客户来说也是不同的,这就要求企业必须认真分析客户的需求,针对客户的不同需求提供差别化的优质服务,从而构筑起企业的差别竞争优势。

3. 利润最高战略

利润最高是大多数物流系统希望通过战略规划达到的最终目标。这种战略需要对每一种物流设施所带来的利润进行认真的分析,构建起能够以最低成本得到最高利润的物流系统。以仓库为例,每一个仓库的服务区域是由向距仓库不同距离的客户提供服务所得到的最小利润所决定的,客户距离服务区域中心越远,物流成本就越高。其原因不仅在于距离远,还在于距仓库越远的地区客户密度越低。如果在某一位置上,服务于周围客户的成本已是最小可接受的毛利,那么进一步延伸服务区域就无利可图,服务能力就达到了极限。如果为客户提供附加的服务可能使客户购买更多的产品进而带来更多的利润,就可以对附加服务进行成本和利润的分析;如果这将带来更多的收益,就可以为此增加服务设施。

4. 竞争力最强战略

竞争力最强战略是对以上几种战略的优化,它不单纯追求某一方面的最优,而是力争达到整体的竞争力最强,从而寻求最大的竞争优势,这种优势可以采用针对性的服务改进和合理的市场定位两种方法来获得。

成本最低战略的缺陷在于客户可能被竞争者抢走。因此,必须对服务进行改进。管理层必须保证最能为企业带来利润的客户能得到最好的服务,如果发现有重要的客户没有接受到卓越的服务,就必须改进服务水平或增加服务能力来适应这些客户。另外,确立更加合理的市场定位是获得竞争优势的方法,这特别适合于小企业。大公司僵化的运营机制和价格政策使它们易于忽视地域性市场上的个性化需求,也几乎不可能调整市场营销和物流系统去适应这些需要。但小公司的灵活性使它们能够调整市场定位,在物流服务能力上进行重要投资去占领本地市场,从而提供个性化的服务。

5. 资产占用最少战略

资产占用最少战略是追求以最少的资产投入物流系统,从而以此降低物流系统风险,增加总体的灵活性。这种战略更有利于企业集中优质资产开展主业经营,以此来提高运营效率和资产回报。

一个要保持最大灵活性的企业可能不愿自行投资建设物流设施或设立物流部门,因为这些资产一旦成为实物形态就难以灵活变现,这就使企业资产的灵活性大为下降。为此,企业经常利用外界的物流服务和资源,如公共仓库、运输、配送服务等。但同时企业也必须考虑自行满足关系企业正常运营的关键性物流需求,完全依赖外界服务有可能在环境急剧变化或竞争空前激烈时威胁企业的经营稳定性,从而造成竞争的被动或成本的上升。

(三)不同类型物流企业与物流战略的匹配

1. 综合型物流企业——一体化物流战略

随着货主企业活动范围的不断扩大,发货、入货范围逐渐延伸到全国或海外市场,综合型物流企业就必须采用一体化物流战略,联合使用铁路、航空、海运等各种运输手段从事国际物流服务,以此来适应货主企业全球化经营的需要。企业可以建设集商品周转、流通加工、保管功能于一体的综合物流设施或实现运输、保管等物流功能的单一化管理,以此实现物流服务供给中经营资源的共有化,以降低服务成本,从而达到效益的乘数效应。同时,综合型物流企业组织结构的巨大化也存在间接成本增加、费用高昂的风险,必须实施有效的成本控制。

2. 功能整合型企业——系统化物流战略

功能整合型物流企业应当采用系统化物流战略,其特征是通过系统化提高功能整合度来充分发挥竞争优势。一部分功能整合型物流企业通过再细分市场,突出物流服务的特色来追求效益。还有一部分企业通过采取多角化市场战略分散对特定市场依存的风险,在特定市场成熟以后再寻求新的市场。无论是细分化战略还是多角化战略,对于功能整合型企业,功能的内涵和服务质量是这类企业的基础和核心,功能的不断弱化和陈旧化将直接动摇企业在特定物流市场上的地位。所以,不断提高功能的整合度,发展系统化物流是企业发展的根本战略。

3. 运输代理型物流企业——柔性物流战略

运输代理型物流企业综合运用铁路、航空、船舶运输等手段开展货物混载代理业务。由于企业实际上并不拥有运输手段,所以它是一种特定经营管理型的物流企业。运输代理型物流企业的最大优点是企业经营具有柔性,可以根据货主企业的需求提供最适合的物流服务,由于不用在输送手段上进行投资,所以能够灵活适应市场环境的变化。

常见的运输代理型物流企业都是租用运输业者和仓储业者的设施来提供物流服务,同时也出现了用契约形式明确货主物流目标,全面承担货主物流的第三方物流业者。第三方物流业者中既有自己拥有物流资产的企业,也有采取租赁经营的企业。运输代理型物流企业应当向无资产的第三方物流业者发展,采用柔性物流战略,灵活、彻底地实现物流高效率。

4. 缝隙型物流企业——差别化、低成本物流战略

缝隙型物流企业通常是以局部市场为对象,从事特定物流服务的中小企业。由于进入障碍不高,所以从事单一物流服务的企业实现服务的差别化比较困难,只有不断降低物流费用,实现低价格竞争才能够得以生存、发展。缝隙型物流企业还可以通过为特定顾客层提供附加服务实现差别化,如提供搬家服务时可以替顾客从事清扫、整理、杀虫、垃圾处理等事务,仓储租赁服务通过出租仓储、安全保管顾客存放的任何货物(大宗商品、书籍、字画、金钱等高价商品或贵重物)来突出服务的差别化等,高效的商品多频度、少量共同配送也已成为物流服务差别化的有力武器。

第三节　物流服务管理

一、物流服务的内涵与特征

(一)物流服务的内涵

物流服务就是为满足客户需求所实施的一系列物流活动产生的结果。货主企业将物流业务活动的全部或部分委托给物流企业去承担的时候,物流企业便成为货主企业的物流服务提供者。站在物流活动委托方的角度看,物流企业提供的是一种服务,这种服务同时也构成了制造企业或商业企业物流服务的一部分。

物流企业受货主企业的委托完成物流业务,物流企业的服务对象既是货主企业,也是货主企业视为上帝、小心谨慎对待的顾客。因此,物流企业的经营应紧紧围绕货主企业的营销战略和物流服务承诺开展经营活动,以达到货主和顾客满意为目标。同时,物流企业应把握货主企业物流需求的特点,将物流服务融入货主企业的物流系统当中。根据需求分析,开发新的服务产品,做好物流服务产品的市场营销和客户服务。

延伸阅读

美国凯利伯物流公司的服务内容

美国较有影响的凯利伯物流公司,为了满足客户的需要,设立了专门为客户服务的公共型物流中心,提供的物流服务既有传统服务又有增值服务,提供的服务内容主要包括以下几项:

1. JIT 物流计划

该公司通过建立先进的信息系统,为供应商提供培训服务及分享管理经验,这就优化了运输路线和运输方式、降低了库存成本、减少了收货人员及成本,并且为货主提供了更多、更好的信息支持。

2. 合同制仓储服务

该公司推出的此项服务减少了货主建设仓库的投资。同时,通过在仓储过程中执行劳动标准、实行目标管理和作业监控来提高劳动生产率。

3. 全面运输管理

该公司开发了一套计算机系统专门用于为客户选择最好的承运人,客户使用该系统可以得到如下利益:使运输方式最经济,在选定的运输方式中选择最佳的承运人,可以获得凯利伯运输会员公司的服务,对零星分散的运输作业进行控制,减少回程车辆放空次数,可以进行电子运单处理,可以对运输过程进行监控等。

4. 生产支持服务

该公司可以进行如下加工作业:简单的组装、合并与加固;包装与再包装;JIT配送和粘贴标签等。

5. 业务流程重组

该公司使用一套专业化业务重组软件,可以对客户的业务运作过程进行诊断,并提出专业化的业务重组建议。

6. 专业化合同制运输

该公司的此项功能可以为客户提供的服务有:根据预先设定的成本提供可靠的运输服务;提供灵活的运输管理方案;提供从购车到聘请司机直至优化运输路线的"一揽子"服务,降低运输成本;提供一体化的、灵活的运输方案。

7. 回程集装箱管理

公司提供的服务包括:回程集装箱的跟踪、排队、清洗、储存等。这样可以降低集装箱的破损率,减少货主的集装箱管理成本,保证货物的安全,对环保也有好处。

(二)物流服务的特性

1. 从属性

由于货主企业的物流需求是以商流为基础的,并且伴随商流而发生,所以,物流服务从属于货主企业的物流系统,表现在流通货物的种类、流通时间、流通方式、提货配送方式都是由货主选择决定,物流企业只是按照货主的需求提供相应的物流服务。

2. 不可存储性

物流服务是属于非物质形态的劳动,它生产的不是有形的产品,而是一种伴随销售和消费而同时发生的即时服务,因此它具有不可储存性。

3. 移动性和分散性

物流服务是以分布广泛且大多数是不固定的客户为对象。所以,物流服务具有移动性以及面广、分散的特性,它的移动性和分散性会使产业出现局部的供需不平衡,也会给经营管理带来一定的难度。

4. 需求波动性

由于物流服务是以数量多而又不固定的顾客为对象,而且它们的需求在方式上和数量上是多变的,有较强的波动性,所以容易造成供需失衡,这就成为物流服务在经营上劳动效率低、费用高的重要原因。

5. 差异性

差异性,是指物流服务的构成成分及其质量水平会经常变化,很难统一界定。物流企业提供的服务不可能完全相同,物流企业难以制定和执行服务质量标准,不易保证服务质量。

6. 可替代性

站在物流活动承担主体的角度看,产生于货主企业生产经营的物流需求,既可以由货主企业自身采用自营运输、自营保管等自营物流的形式来完成,也可以委托给专业的物流企业来完成。因此,对于专业物流企业,不仅有来自行业内部的竞争,也有来自货主企业的竞争。在物流行业的服务水准难以达到货主要求的情况下,货主企业会以自营物流的形式来拒绝专业物流企业的服务,物流企业的市场空间的扩展就会面临困难。

二、物流服务水平的度量

物流服务水平可以从产品可得能力、作业完成能力以及服务可靠能力等方面进行衡量。

(一)产品可得能力

可得能力,是指当顾客需要存货时所拥有的库存能力。可得能力可以通过各种方式实现,最普通的做法就是按预期的顾客订货进行存货储备。于是,仓库的数目、地点和储存政策等便成了物流系统设计的基本问题之一。存货储备计划通常是建立在需求预测基础上的,而对特定产品的储备战略还要结合其是否畅销、该产品对整个产品线的重要性、收益率以及商品本身的价值等因素考虑。

显然,企业要实现高的库存可得能力,就需要做许多计划安排工作。事实上,对库存可得能力的思考关键是在尽量降低对库存和设施的总体投入的同时,有选择地对客户或核心客户保证高水平的产品可得性。

可得能力要考虑以下三个性能指标——缺货率、满足率以及订货完成率。

1. 缺货率

缺货率指的是缺货次数与客户订货次数的比率。例如,对超市的调查表明,在一周内的任一时刻,一般的超市都有8%的原计划上架的商品出现缺货。但需要注意的是,只有当客户需要的产品出现缺货时,才是真正意义上的缺货。

2. 满足率

满足率是用来衡量缺货的程度及其影响的指标。只有当客户急需购买的产品发生缺货时,缺货才会真正影响到服务水平。因此,判定某种产品是否发生了缺货以及客户的需求量有多少是非常重要的。例如,如果客户对某种产品的需求是100单位,而企业只有97单位的库存,这时产品的满足率就为97%。企业需要认真考虑满足率对运作的影响,通常的做法是对一些客户订单在一段时间内的满足率进行绩效评估。企业可以通过特定的客户、产品或客户、产品以及商业分区等几个方面的组合来评估满足率。

3. 订货完成率

对可得能力最准确的绩效衡量指标就是货主企业发出订货的完成状况。它把完成客户订购的所有产品看作可接受的绩效水平。如果订单中有一个产品未能及时有效到货，就只能说这张订单在订货运输完成方面记录为零。

应该清楚的是，要有高的可得能力，需要进行大量的精心策划，而不是在销售量预测的基础上给各个仓库分配存货。事实上，其关键是要实现对首选顾客或核心顾客高水准的存货可得性，同时使整个存货储备和仓库设施维持在最低限度。

（二）作业完成能力

作业完成能力涉及物流活动对所期望的完成时间和可接受的变化所承担的义务。作业完成能力都可以从运作速度、一致性、灵活性以及故障的补救等几个方面来衡量运作绩效。

1. 运作速度

运作速度，是指客户产生需求、下达采购订单、产品的送货直至把物料准备好供客户使用这一过程所需的时间。运作速度的大小取决于企业物流系统的设计构成。在交通和运输技术高度发达的情况下，订货、交货周期可以缩短至几个小时。在某些情况下，也可能需要几周甚至几个月的时间。

大多数的客户都希望订货、交货周期能以很高的速度完成，这一点是很自然的。由于高的运作速度可以降低客户对产品库存的要求，所以，许多即时制和快速响应机制的物流战略都将速度看作基本的因素。与运行速度相对应的是成本。提供快速的服务通常会造成成本的增加，因为快速服务会造成运作总成本的提高，所以，不是所有的客户都需要或希望这种最快速的服务运作。寻求恰当的服务速度与适宜的成本相协调才是具有积极意义的取舍。也就是说，拥有一套用以评估服务速度的相关价值体系才是客户的期望所在。

2. 一致性

一致性是物流作业最基本的问题，可用运行周期按计划所规定的时间运行完毕的次数来衡量。绝大多数企业的物流管理者们在重视服务速度的同时，更加强调运作一致性的重要性，因为它直接影响着客户对自身业务活动进行计划和实施的能力。例如，如果订货、交货周期发生变化，客户就需要建立安全库存来防止潜在的交货延误给自己造成的损失。这样，这种多变性就转变成了企业对安全库存的需求。实际上，在运行周期的运行过程中，许多环节都有产生运作不连贯的可能。

3. 灵活性

灵活性指的是企业是否具备应付特殊情况、满足始料未及的客户需求的能力。例如，一家企业的标准客户服务模式是将产品装满拖车发往客户仓库。可是，有时候客户希望企业能够以小批量的形式直接把产品运往各个零售店。一家企业的物流是否具有竞争力就是看其是否能灵活地应付这种突发的情况。通常，企业需要进行灵活操作的事件包括：基本服务协议内容的修改，如发送目的地的变更；对特殊促销或市场营销计划的支持；新产品的引进；产品的回收；供应的停滞；对特殊客户或市场分区进行的一次性客户化服务；对物流系统中的货物实行客户化服务运作,诸如标价、混合以及包装等等。从许多方面来讲,物流运作是否出色,取决于企业物流灵活应变能力的大小。

4. 故障的补救

不管物流运作是多么顺畅、良好,运作故障都在所难免。对企业来说,日复一日连续地提供服务是一项非常艰难的工作。最理想的情况是企业有能力采取调整措施应对特殊情况,从而防止运作故障的发生。例如,在企业的分销中心对订单进行处理时,如发现有某种关键物料出现了短缺,企业就可以从其他分销中心通过快运的方式将短缺的物料调配过来。在许多情况下,运作的故障会影响客户的正常运作。这时,就要求物流企业的客户服务系统能够预见可能出现的故障或者服务中断,并有相应的应急计划来实施补救。

(三)服务可靠能力

可靠能力反映在正常情况下物流企业提供稳定物流服务的能力。服务的可靠性体现了物流的综合特征,关系企业是否具备实施与交货相关的所有业务活动的能力,同时还涉及企业向客户提供有关物流运作和物流状态等重要信息的问题。除了存货可得能力和作业完成能力,服务可靠能力还表现为以下特征:完好无损的到货;结算准确无误;货物准确地运抵目的地;到货货物的数量完全符合订单的要求等等。另外,服务的可靠能力还包括企业是否有能力、是否愿意向客户提供有关实际运作以及订购货物的准确信息。研究表明,有越来越多的顾客表示有关订货内容和时间的事前信息比完美订货的履行更加重要。

三、物流服务的改进

(一)开展差别化服务经营

质量就是"适用性"。若货主企业不同,则其要求的服务内容就不同,对服务质量水平的要求也会不同。因此,物流企业应针对不同客户制定相应的服务水平。同时,针对客户对本企业的重要性,在服务质量水平的制定上也可能会有所区别。特别是在物流服务资源有限的情况下,应根据客户的需求,并依据客户对本公司的销售贡献的大小将客户分成不同的层次,从而确定不同的物流服务项目和不同的服务水平。

(二)提供物流增值服务

所谓"增值服务"就是在提供运输、仓储、配送等基本物流服务的基础上,满足客户的更多期望,为客户提供更多的利益和不同于其他企业的优质服务。增值物流服务的内容主要包括:增加便利性的服务;加快反应速度的服务;降低成本的服务以及延伸服务。

增值服务是竞争力强的物流企业区别于一般企业的重要方面。有时,在基本服务的基础上,也能够实现增值服务。例如,丰田汽车公司提出一个星期的交货期,在基本服务的基础上,为客户提供了其他公司无法做到的增值服务;摩托罗拉公司可以根据客户的要求生产出定做的产品,这也为客户提供了增值服务。

(三)努力提升物流服务质量

客户感觉中的服务质量是由物流企业员工和客户之间相互交往的结果决定的。员工的服务知识、服务技能、服务意识等服务行为对客户感觉中的物流服务质量有极大的影响。因此,物流企业要想提高外部物流服务质量,就不可忽视内部员工的服务质量管理。物流企业只有提高企业内部员工的服务质量、提高员工的满意度,才能更有效地激励员工为客户提供更优质的物流服务,从而保持企业、员工、客户之间呈三角关系的平衡状态。

(四)积极推行客户关系管理

物流企业与其货主企业之间存在着客户关系,可以将市场营销中的客户关系管理的知识应用到物流企业及其客户中。客户关系管理是企业基于"以客户为中心"理念的商业模式,为了实现企业的长期发展所运行的一整套管理机制。它指企业通过系统化的客户研究,优化企业的组织体系和业务流程,实现电子化、自动化运营,以改善企业与客户之间的关系,并鉴别、获得、留住和发展能为企业带来利润的客户。

第四节 物流成本管理

一、物流成本的概念与管理意义

(一)物流成本的概念

物流成本是物流企业物流活动中所消耗的物化劳动和活劳动的货币表现,即产品在实物运动过程中,如包装、运输、储存、流通加工、物流信息等各个环节所支出的人力、物力和财力的总和。

物流企业的物流成本大致分为物流作业环节成本、物流信息成本和物流管理成本。

1. 物流作业环节成本

物流作业环节成本,是指产品实体在空间位置转移过程中在所流经环节中发生的成本,包括包装费(运输包装费、集合包装与解体费等)、运输费(营业性运输费、自备运输费等)、保管费(物料保管费、养护费等)、装卸费(营业性装卸费、自备装卸费等)、加工费(自备加工费、营业性加工费等)。

2. 物流信息成本

物流信息成本,是指为实现产品价值变换、处理各种物流信息而发生的成本,包括与库存管理、订货处理、为客户服务等有关的成本,如入网费、线路租用费等。

3. 物流管理成本

物流管理成本,是指为了组织、计划、控制、调配物资活动而发生的各种管理费,包括现场物流管理费、机构物流管理费。

（二）物流成本管理的意义

1. 降低物流成本是企业获取利润的重要渠道

物流成本在产品成本中占有很大的比重。从企业流转的商品来看，一件普通商品的物流费用占最后成本价的 30%～50%，对时间、空间要求苛刻的商品，物流费用占到成本价的 70%～90%。因此，物流成本降低还具有广阔的空间，它是企业重要的利润源。

2. 降低物流成本是企业获取竞争优势的基本要求

一方面，降低物流成本，企业可以用相对低廉的价格在市场上出售自己的产品，以取得价格竞争优势；另一方面，降低物流成本，企业必须不断提高服务质量、不断改进物流管理的方法及技能，从而取得服务质量竞争优势。

延伸阅读

降低物流成本的宏观意义

降低物流成本可以提高宏观经济竞争力。如果全行业的物流效益普遍提高，物流费用水平会降低到一个新的最低点，那么，该行业在国际市场上的竞争力将会增强。对于一个地区行业，可以提高其在全国市场上的竞争力。

降低物流成本可以相对提高国民购买力。全行业物流成本的普遍下降，将会对产品的价格产生影响，从而导致物价相对下降，这有利于保持消费水平的稳定，相对提高国民购买力水平。

降低物流成本可以节约大量社会财富。物流成本虽然是一种必要的消费，但此种消费不创造任何使用价值。因此，物流成本是社会财富的一种扣除。物流成本的下降对于全社会，意味着创造同等数量的财富。在物流领域所消耗的物化劳动和活劳动得到节约，也就是以较少的资源投入创造了较多的物质财富。

降低物流成本可以促进社会分工的深化。社会分工的深化有利于提升整个社会的生产力水平。物流成本是企业分工外部化必须考虑的一个重要因素。如果社会物流成本很高，企业就会向一体化发展；反之，则相反。波音飞机的零部件能在世界各地组织生产，这应该与整个世界范围内的物流成本降低有十分密切的关系。

二、影响物流成本的因素

（一）进货方向的选择

进货方向决定了企业货物运输距离的远近，同时也影响着运输工具、进货批量等多个方面的选择。因此，进货方向是决定物流成本的一个重要因素。

（二）运输工具的选择

不同的运输工具，其成本高低不同、运输能力大小不等。运输工具的选择，一方面取决于所运货物的体积、重量及价值大小;另一方面又取决于企业对某种物品的需求程度及工艺要求。选择运输工具要综合考虑货物种类、运输量、运输距离、运输时间、运输成本等因素,既要保证生产与销售的需要,又要力求物流成本最低。

(三)存货的控制

无论是生产企业还是流通企业,对存货实行控制,严格掌握进货数量、次数和品种都可以减少资金占用,从而降低库存、保管、维护等成本。

延伸阅读

上海通用利用"牛奶取货"方式降低库存成本

上海通用目前有四种车型。不包括其中的一种刚刚上市的车型在内,另外三种车型零部件总量有5400多种。上海通用在国内外拥有180家供应商,还有北美和巴西两大进口零部件基地。上海通用是怎么提高供应链效率、减少新产品的导入和上市时间并降低库存成本的呢?

通用的部分零件(例如有些是本地供应商所生产的)会根据生产的要求,在指定的时间直接送到生产线上去生产。这样,因为不进入原材料库,所以保持了很低或接近于"零"的库存,从而省去了大量的资金占用。有些用量很少的零部件,为了不浪费运输车辆的运能、充分节约运输成本,上海通用使用了叫作"牛奶圈"的小小技巧。每天早晨,上海通用的汽车从厂家出发,到第一个供应商那里装上准备的原材料,然后到第二家、第三家,依次类推,直到装上所有的材料,然后再返回。这样做的好处是,省去了所有供应商空车返回的浪费。

汽车厂以前传统的做法是要么有自己的运输队,要么找运输公司把零件送到公司,这种方式并不是根据需要来供给,它们有以下几个方面的缺点:有的零件根据体积或数量的不同,并不一定正好能装满一卡车。但为了节省物流成本,他们经常装满一卡车才给你,这样就造成了库存高、占地面积大。而且,不同供应商的送货缺乏统一的标准化管理,在信息交流、运输安全等方面都会带来各种各样的问题。如果要想管好它,就必须花费很多的时间和很大的人力资源。所以,通用就改变了这种做法,聘请一家第三方物流供应商,由他们来设计配送路线,然后到不同的供应商处取货,再直接送到上海通用。利用"牛奶取货"或者叫"循环取货"的方式解决了这些难题。"通过循环取货,我们的零部件运输成本可以下降30%以上。"这种做法的优点是显而易见的,同时这也体现了上海通用的一贯思想:把低附加价值的东西外包出去,集中精力做好制造、销售汽车的主营业务,即精于主业。

(四)货物的保管制度

良好的货物保管、维护、发放制度可以减少物品的损耗、霉烂、丢失等事故,从而降低物流成本。相反,若在保管过程中出现物品的损耗、霉烂、丢失等,则物流成本必然会增加。

（五）产品废品率

影响物流成本的一个重要方面还在于产品的质量，也即产品废品率的高低。生产高质量的产品可杜绝因次品、废品等回收退货而发生的各种物流成本。

（六）管理成本的大小

管理成本与生产和流通没有直接的数量依存关系，但管理成本的大小直接影响着物流成本。节约办公费、水电费、差旅费等管理成本相应可以降低物流成本总水平。

（七）资金利用率

企业利用贷款进行物流活动，必然要支付一定的利息。如果是自有资金，则存在机会成本问题。资金利用率的高低影响着利息的大小，从而也影响着物流成本的高低。

三、物流成本管理的方法

进行物流成本管理，方法很重要。这里介绍几种常用方法。

（一）比较分析

1. 横向比较

横向比较把企业的供应物流、生产物流、销售物流、退货物流和废弃物物流（有时包括流通加工和配送）等各部分物流费用分别计算出来，然后进行横向比较，看哪部分发生的物流费用最多。如果是供应物流费用最多或者异常多，则再详细查明原因，堵住漏洞，改进管理方法，以便降低物流成本。

2. 纵向比较

纵向比较是把企业历年的各项物流费用与当年的物流费用加以比较，如果增加了，则分析为什么增加，在哪个地方增加了，增加的原因是什么？假若增加的是无效物流费，则立即改正。

3. 计划与实际比较

把企业当年实际开支的物流费用与原来编制的物流预算进行比较，如果超支了，则分析在什么地方超支？超支的原因是什么？这样便能掌握企业物流管理中的问题和薄弱环节。

（二）综合评价

采用集装箱运输，一是可以简化包装，节约包装费；二是可以防雨、防晒，保证运输途中物品质量；三是可以防盗、防火。但是，如果包装由于简化而降低了包装强度，则货物在仓库保管时不能往高堆码，这就会浪费库房空间、降低仓库保管能力。由于简化包装，所以可能还会影响货物的装卸搬运效率等等。那么，利用集装箱运输是好还是坏呢？这就要用物流成本计算这一统一的尺度来综合评价。分别算出上述各环节物流活动的费用，经过全面分析后得出结论,这就是物流成本管理,即通过物流成本的综合效益研究分析,发现问题、解决问题,从而加强物流管理。

（三）排除法

在物流成本管理中,有一种方法叫"活动标准管理"(Activity Based Management,英文简称 ABM)。其中,一种做法就是把与物流相关的活动划分为两类,一类是有附加价值的活动,如出入库、包装、装卸等与货主直接相关的活动;另一类是非附加价值的活动,如开会、改变工序、维修机械设备等与货主没有直接关系的活动。其实,在商品流通过程中,如果能采用直达送货,则不必设立仓库或配送中心,实现零库存,这就等于避免了物流中的非附加价值活动。如果将上述非附加价值的活动加以排除或尽量减少,就能节约物流费用,从而达到物流管理的目的。

（四）责任划分

在生产企业里,物流的责任究竟在哪个部门?是物流部门还是销售部门?客观地讲,物流本身的责任在物流部门,但责任的源头却是销售部门或生产部门。以销售物流为例,一般情况下,由销售部门制定销售物流计划,包括订货后几天之内送货,接受订货的最小批量是多少等均由企业的销售部门提出方案、定出原则。若该企业过于强调销售的重要性,则可能决定当天订货、次日送达。当订货批量大时,物流部门的送货成本少;当订货批量小时,送货成本就增大,甚至过分频繁、过少数量送货造成的物流费用增加会大大超过了扩大销售产生的价值,这种浪费和损失应由销售部门负责。分清类似的责任有利于控制物流总成本,防止销售部门随意改变配送计划,堵住无意义、不产生任何附加价值的物流活动。

四、物流成本管理的内容

物流成本管理的具体内容包括:成本核算、成本预测、成本决策、成本计划、成本控制、成本分析等。

（一）物流成本核算

物流成本核算是根据企业确定的成本计算对象,采用相适应的成本计算方法按规定的成本项目,通过一系列的物流费用汇集与分配,从而计算出各物流活动成本的实际总成本和单位成本。

（二）物流成本预测

物流成本预测是根据有关成本数据和企业具体的发展情况,运用一定的技术方法,对未来的成本水平及其变动趋势作出科学的估计。成本预测是为了提高物流成本管理的科学性和预见性。物流成本管理的许多环节都存在成本预测问题,如仓储环节的库存预测、流通环节的加工预测、运输环节的货物周转量预测等。

(三)物流成本决策

物流成本决策是在成本预测的基础上,结合其他有关资料,运用一定的科学方法,从若干个方案中选择一个满意的方案的过程。从物流整个流程来说,有配送中心新建、改建、扩建的决策,有装卸搬运设备、设施的决策,有流通加工合理下料的决策等。进行成本决策、确定目标成本是编制成本计划的前提,也是实现成本的事前控制,提高经济效益的重要途径。

(四)物流成本计划

物流成本计划是根据成本决策所确定的方案、计划期的生产任务、降低成本的要求以及有关资料。通过一定的程序、运用一定的方法以货币形式规定计划期物流各环节费用水平和成本水平,并提出保证成本计划顺利实现所采取的措施。通过成本计划管理,可以在降低物流各环节成本支出方面给企业提出明确的目标,推动企业加强成本管理责任制,增强企业的成本意识,控制物流环节费用,挖掘降低成本的潜力,保证企业降低物流成本目标的实现。

(五)物流成本控制

物流成本控制是根据计划目标,对成本发生和形成过程以及影响成本的各种因素和条件施加主动的影响,以保证实现物流成本计划的一种行为。从企业生产经营过程来看,成本控制包括成本的事前控制、事中控制和事后控制。通过成本控制,可以及时发现存在的问题,采取纠正措施,保证成本目标的实现。

(六)物流成本分析

物流成本分析是在成本核算及其他有关资料的基础上,运用一定的方法揭示物流成本水平的变动,进一步查明影响物流成本变动的各因素。通过物流成本分析,检查和考核物流成本计划的完成情况,总结经验,找出实际与计划差异的原因,揭露物流各环节之间的主要矛盾。

五、物流成本管理策略

降低物流成本是企业的"第三利润源泉",也是企业可以挖掘利润的一片新的绿地,降低物流成本已成为企业获得利润的重要方式。从长远的角度来看,降低物流成本可以通过以下几个途径加以实现。

(一)实现物流合理化

物流合理化就是使一切物流活动和物流设施趋于合理,以尽可能低的成本提供尽可能高效的物流服务。根据物流成本的"效益背反"理论,物流的各个活动的成本往往此消彼长,若不综合考虑则必然会造成物流成本的增加,造成物流成本的极大浪费。对于一个企业,物流合理化是降低企业物流成本的关键因素,它直接关系企业的效益,也关系物流管理追求的总目标。物流的合理化要根据实际的流程来设计、规划,不能单纯地强调某环节的合理、有效、节省成本,而更多的是要从整个系统上考虑。

(二)加强物流质量管理

加强物流质量管理也是降低物流成本的有效途径。这是因为只有不断提高物流质量,才能减少并最终消除各种差错事故,降低各种不必要的费用支出,降低物流过程的消耗,从而保持良好的信誉,吸引更多的客户,形成规模化的集约经营,提高物流效率,从根本上降低物流成本。

(三)提高物流速度

在其他条件相同的情况下,物流速度越快,则实现物流活动所需要的流动资金越少。因此,加快物流速度可以减少流动资金的需要量,减少利息支出;如果物流速度慢,商品在运输、储存、保管等环节时间就会越长,则必定会相应增加储运、保管等费用支出以及商品的自然损耗等,从而增加物流成本支出。因此,应该扩大物流量、加快物流速度,协调好货运枢纽与配送中心、不同部门间物流设施的运行,形成物流活动的经济规模,降低单位业务量的物流成本。

(四)重视物流技术选择

先进的物流技术和物流手段可以不断提高物流速度、增加物流量,而且可以大大减少物流损失。例如,先进、合理的机械设备、集装箱、托盘等技术的推广,可以降低物流成本;采用先进的物流技术能够使物流更合理、更具有科学性;选择合理运输路线、合理控制库存量等都可以使物流成本降低。而广泛采用电子信息技术则可以使物流各环节密切联系,减少或杜绝物流各环节之间因物流信息不畅造成的不必要停滞,从而加快物流速度。因此,物流企业应力求采用先进、适用的物流技术,协调各项物流作业,促进物流水平的提高,以大大降低物流成本。

(五)实施"全程供应链"管理

对于一个企业,控制物流成本不只是追求本企业物流的效率化,而应该考虑从产品制成到最终客户这整个供应链过程的物流成本效率化。为了进一步降低企业的物流成本,企业物流管理应从过去关注企业"内部供应链"的管理转向关注从客户到供应商的"全程供应链"管理。生产企业对从原材料采购到产品销售的全过程应实施一体化管理,企业与供应商和顾客发展良好的合作关系,建立比较完善的供应链,尽量减少"中间层次",直接将货物送达最终顾客,以减少开支,更有效地管理资源。

◇ 本章小结

物流企业是各种物流服务的提供商,按照物流服务的范围和功能的整合程度不同,物流企业可分为综合型、功能整合型、运输代理型及缝隙型物流企业四种基本类型。物流战略是物流企业为了实现长期经营目标,对自身发展所作的整体性、长期性、基本性的谋略,物流战略可划分为成本最低、服务最优、利润最高、竞争力最强和资产占用最少五种一般性物流战略,不同类型物流企业需要选择不同的物流战略。物流服务就是物流企业提供给货主企业的各种服务活动,物流服务水平可以从存货可得能力、作业完成能力以及服务可靠能力等方面进行衡量。物流成本是物流企业物流活动中所消耗的物化劳动和活劳动的货币表现,降低物流成本是企业可以挖掘利润的一片新的绿地。

案例分析

我国企业物流成本高在哪?

1. 油价上涨,直接拉升运输成本

谈起高物流成本,节节攀升的油价是企业首要的吐槽对象。襄阳风神物流有限公司管理部负责人王某说,燃油作为一种刚性需求是物流企业最大的运营成本,占总成本比重近35%。自2009年以来,柴油价格共经历了30次调整,其中16次上调,14次下调,每升油价总体上浮1.5元左右,直接拉升了企业的物流成本。

除了油费,路桥费和罚款也是物流企业的重要开支,约占运营成本的1/3。据武汉华亨物流有限公司经理沈某介绍,公路运输是湖北省最主要的运输方式,长江、汉江的路桥多是湖北省交通的一大特点,在相同情况下,运输同样货物支付的运输费用要高于其他省份,该公司每天有8辆9.6米的卡车往返于武汉、荆州、宜昌、襄阳4地,运输五金建材、生活日用等物资,平均每2天就要掏约500元的罚款。"现在搞物流,不超载、不超高,赚不到钱,这已是公开的秘密。"沈某说,9.6米的货车限重27吨,限高4.2米,货车超限走高速要多交过路费,如武汉到宜昌正常交500元,超限交800元左右,走国道就面临罚款危险,少则100元,多则1000元,就看要不要发票。

2. 配套不足,增加转运成本

"花期测产报告显示,今年秭归脐橙预计增产30%,只怕增产不增收啊!"秭归县农业局特产中心主任吴某坦言,该县销售脐橙平均物流成本为0.4元/公斤,约占其收购价的25%,让本来就不赚钱的脐橙销售更是雪上加霜。

"山区路难走,二次中转过多,抬高了物流成本。"秭归县长江物流有限公司董事长韩某说,秭归的村级公路大多只有3米宽,坡陡弯急,大部分农副产品只能用3吨的小农卡从村组先运到乡镇,再转大车运输。如遇阴雨天气,则车无法进山,只能靠人肩挑背驮。

此外,由于秭归没有冷链仓储中心,所以秭归港只发挥了"中转码头"的功能,尚不具备连接坝上重庆、坝下宜昌的农副产品仓储、加工、配送能力。因此,秭归脐橙等"致富果"只能挂在枝头等"婆家"上门。"婆家"来晚了、来少了,脐橙只能眼睁睁地烂在枝头。

"宜昌地区翻坝运输、多式联运物流平台有待加强。"宜昌兴发集团物流管理部部长黄某表示,该集团每年有六成产品经长江水运出口,用船从兴山峡口港过三峡大坝船闸到上海洋山港,每吨化工产品运费约130元/吨;而以公路运输为主的内贸货物,光从兴山运抵宜昌就要85元/吨,运至其他省份运费不低于400元/吨,水公铁物流链断层较多,2012年企业物流成本达2亿元,约占营业总成本的10%。

3. 信息不畅,增加空转成本

武汉峥嵘物流有限公司董事长王某一直在为"货找车,车找货"犯愁。他的公司每天要从武汉往十堰发3车货,用以运送汽车零配件及生活用品。由于未与当地物流集散中心实现信息共享,所以公司货车在十堰只能点对点运输,四五家企业分别送货上门,耗时近1天,车找货回武汉又要花掉1~2天。

王某表示,信息不对称会导致物流企业运输效率低,从而增加了货车空载率。他的公司每年约有20%的货车空车回汉,半载返程货车占90%以上。

中国外运物流有限公司武汉分公司负责人邱某说,江苏大部分地市的物流园区都有全国联网的物流信息交易大厅,园区内的物流公司门口都挂有电子显示屏,显示屏滚动播放当地车、货信息,该信息与交易大厅数据可实现实时交换。急着找货的货车司机能迅速捕捉到当地货源,还能掌握沿途零担信息,从而最大限度减少货车空载率。

然而,湖北众多物流园区仍是"小黑板"的天下。"一个人,一间房子,一部电话,一张桌子,外加租几台车子"就是一家物流公司。

4. 政策瓶颈致使最后一公里成本激增

"一车包菜从山东运到武汉,包菜售价约为0.7元/公斤,运费达0.2元/公斤。"武汉白沙洲农副产品大市场蔬菜部经理刘某说,武汉等城市普遍限制货车在城区通行,外地货车进白沙洲市场必须绕道武汉外环走青郑高速,油费、过路费加一起要多缴约700元。另外,大部分物流企业由于改用面包车等其他方式往城区送货,所以造成了"最后一公里成本激增"的现象。

由于运输线路执照限制,所以湖北省物流运输存在跑冤枉路的现象。"武汉是我省物流集散中心,一车从沙洋运往枣阳的货,非要先拉到武汉,再运往枣阳,多跑了500多公里。"武汉肖刚物流有限公司负责人张某说,公司只经营沙洋到武汉的线路,该公司是个小物流公司,由于没有武汉到枣阳的营业执照,所以只能舍近求远,与其他物流公司搭伙运输。

同时,"营改增"政策调整也是加重物流企业负担的一大原因。襄阳东风合运物流有限公司副总经理瞿某说,"营改增"后,物流企业税费不降反增。物流企业不易从上游企业取得增值税进项发票,由于员工工资、路桥费不能抵扣增值税,企业可抵扣的项目仅是燃油和车辆设备购置费,但40%的加油站开不了增值税发票,物流转包环节的个体户甚至连发票都没有,所以物流企业只能吃"哑巴亏"。

(资料来源:摘自湖北日报2013年8月14日刊。)

问题讨论

1. 查阅资料,了解我国企业物流成本的构成情况。
2. 研读本案例,谈谈你对物流成本问题有哪些思考。

◇ **复习思考题**

1. 物流企业的组织结构有哪些形式,它们各有哪些优点和缺陷?
2. 物流企业为什么要重视战略管理?
3. 物流服务有哪些特性?
4. 物流服务水平可从哪些方面进行度量?
5. 简要说明如何保证具有竞争优势的物流服务水平。
6. 什么是物流成本,怎样理解物流成本管理的意义?
7. 影响物流成本的因素有哪些?降低物流成本的措施有哪些?

第六章 第三方物流

学习目标

通过本章学习,要求掌握第三方物流的内涵、基本类型及其优势和不足,了解第三方物流的基本特点与作用,掌握第三方物流的基本运作模式和增值服务实现途径,理解第三方物流运作理念和运作的基本要求。

开篇案例

百年物流公司老树发新芽

罗宾逊全球货运有限公司成立至今已有100年的历史,它的新生始于1997年的商业模式变革。那年它放弃了自有货车,建立了专门整合其他运输商的物流系统。今天,罗宾逊的业务范围已从美国发展到全球,并成为美国第一的卡车运输公司,北美最大的物流公司。

罗宾逊的运作核心是其自建的货运网络信息系统。该系统分为两个平台,一是TMS平台,用来连接运输商;二是"导航球"Navisphere平台,用来连接客户。

具体的操作方式是:其一,公司向客户提供免费的"导航球"。客户注册账号,并填写货运目的地、日期等完整资料。其二,TMS平台会根据客户对时间、价格的要求,帮助他们搭配物流组合,最后给出各种解决方案,并展现在导航球上,让客户选择最佳方案。

罗宾逊的盈利来自于差价。它向客户收取物流费,再付钱给运输商,赚取中间的差价。

不过同样的路线,不同的运输商,所付的运费价格是不同的。罗宾逊设立质量控制部门,跟踪、记录运输商的服务质量,并用记分卡给他们评分,据此给予不同报价。

TMS平台功能强大。它会自动记录每一次物流运输,现已储存了全球4.8万个海陆空运输商的信息,包括时间、人员及货运价格等。累计服务近4万个客户。公司全球办公网点235个,他们根据客户所选的方案,每天增加并改进TMS平台的信息,以提供最新的物流信息。

传统的运输商也愿意利用罗宾逊的系统。他们不想放弃对货车等固定资产的控制权,也没有能力在货运网络信息平台上投入大量的资本(罗宾逊的TMS平台每年的维护费高达5000万美元)。因此,合作对双方都有利。

罗宾逊服务的客户中很多是大企业。如瑞典著名的食品加工和包装企业"利乐公司"就是它的常年客户。利乐公司需要为165个国家提供食品加工服务,利用TMS平台,可以得到最优化的运输路线和食品保鲜技术,从而大大节省了利乐对运输系统的资金投入。

罗宾逊也提供有保证的支付服务,主要是用于"整车运营商"与"运输商"之间的交易。整车运营商可以先将应付账款存放在罗宾逊的T—Check系统,等到运输完成后,罗宾逊再将资金转给运输商,并收手续费。这项附属服务在2012年带来大约5亿美元的净收入。

罗宾逊还提供咨询服务,以帮助客户设计方案,从而节省时间及货运成本。这项服务可以让客户不用通过罗宾逊的系统就可以直接联系运输商。该业务在2012年为它带来了12亿美元的收入。

(资料来源:全国物流信息网。)

问题思考:为什么百年物流公司老树发新芽?

第三方物流(3PL,Third Party Logistics)自20世纪80年代在欧美等发达国家出现以来,以其独特的魅力受到了企业的青睐,并得到迅猛发展,被誉为企业发展的"加速器"和21世纪的"黄金产业"。

第一节 第三方物流的概念与类型

一、三种物流运作主体形态

在"商物分离"的前提下有三种物流主体,它们分别是供货方、需求方和物流专业服务方。这三种物流主体都可以进行大范围的物流运作,也都有自己物流运作的优势领域。而且,在不同的社会环境下,它们会有不同的运作形态。

(一)第一方物流

供货方这个物流主体如果承担主要的物流运作(进入到社会的物流运作),则称作"第一方物流"或"供给方物流",实际上是货物所有者(生产企业、商业企业等)的销售物流。

(二)第二方物流

需求方这个物流主体如果承担主要的物流运作(进入到社会的物流运作),则称作"第二方物流"或"需求方物流",实际上是货物所有者(生产企业、商业企业等)的供应物流。

(三)第三方物流

物流专业服务方这一物流主体如果承担主要的物流运作(进入社会的物流运作),则称作"第三方物流",实际上是对货物所有者的服务性物流。

一般来说,在卖方市场条件下,卖方处于强势,买方处于弱势,物流服务只能由弱势方——买方来提供。因此,第二方物流就具有普遍性。例如,过去在化肥农药等生产物资紧俏的情况下，生产厂家的门口往往排起长长的经销商等待运送这些生产物资的卡车队伍，这就是一种典型的第二方物流。在买方市场条件下，买方处于强势，卖方处于弱势，物流服务只能由弱势方——卖方来提供，而卖方基于自身的利益比较在有物流专业服务方的情况下，既可能自己亲自提供物流服务，也可能把物流服务外包给物流专业服务方。因此，在买方市场条件下，第一方物流、第三方物流都可能是普遍存在的物流运作形态。

二、第三方物流的内涵和外延

第三方物流是有能力向货主企业提供系统的、专业物流服务的物流活动。和社会经济领域的许多其他经济概念一样，第三方物流有广义和狭义的理解。因而，在不同的领域涵盖的范围也就不同。

（一）广义的第三方物流

广义的第三方物流是相对于自营物流而言的，凡是由社会化的专业物流企业按照货主的要求从事的物流活动都可以包含在第三方物流范围之内。至于第三方物流从事的是哪一阶段的物流，物流服务的深度和服务的水平如何，这要看货主的要求。在市场经济条件下，是需求决定供给。因此，对第三方物流的服务，不能脱离实际需求而规定确定不变的领域。

（二）狭义的第三方物流

狭义的第三方物流主要是指能够提供现代的、系统的物流服务的第三方企业的物流活动。其具体标志是：第一，有提供现代化、系统物流服务的企业素质；第二，可以向货主提供包括供应链物流在内的全程物流服务和特定的、定制化服务的物流活动；第三，不是货主向物流服务商偶然的、一次性的物流服务购买活动，而是采取委托—承包形式的业务外包的长期物流活动；第四，不是向货主提供的一般性物流服务，而是提供增值物流服务的现代物流活动。

国家《标准物流术语》(GB/T18354—2006)将第三方物流界定为"独立于供需双方为客户提供专项或全面的物流系统设计或系统运营的物流服务模式。"这与狭义的第三方物流内含基本一致。

一般而言，在研究和建立现代物流系统时，第三方物流不是按照自营物流与否来进行区分的，尤其在我国，小生产式的物流服务活动还相当多，并且还不能在很短的时间内解决这个问题，如果把这些企业都包括在第三方物流企业之中，则会混淆人们对第三方物流的认识。所以，对第三方物流应当从狭义的角度来理解，把它看成是一种高水平的、现代化的、系统化的社会物流服务方式，看成是新时期社会物流服务的发展方向。

三、第三方物流企业的类型

根据资产和管理的特征不同，可以把第三方物流分为资产型、管理型和折中型三种类型。

(一)资产型第三方物流

资产型第三方物流的资产有两种类型:第一种类型的资产,是指机械、装备、运输工具、仓库、港口、车站等从事实物物流活动,具有实物物流功能的资产;第二种类型的资产,是指信息资产,包括信息系统硬件、软件、网络及相关人才等等。

资产型第三方物流,是指物流供应商拥有从事专业物流活动的装备、设施、运营机构、人才等生产力条件,并且以此作为本身的核心竞争能力。在发达国家,拥有货运机场、货运包机、专线铁路、货运车皮、物流中心、仓库等生产力手段的大型第三方物流,可以说是这种资产型第三方物流的代表。资产型第三方物流以自有的资产作为为货主企业服务的重要手段,在工业化时期,这种物流企业在发达国家曾经有过比较大的发展。

资产型第三方物流的主要优点是:

(1)可以向货主企业提供稳定的、可靠的物流服务。

(2)由于资产的可见性,这种物流企业的资信程度也比较高,所以这对货主企业是很具有吸引力的。

资产型第三方物流的主要缺点是:

(1)因为需要建立一套物流工程系统,这需要有很大的投资,同时维持和运营这一套系统仍然需要大量经常性的投入。

(2)虽然这套系统可以有效地提供高效率的确定服务,但是很难按照货主企业的需求进行灵活的改变,所以往往会出现灵活性不足的问题。

(二)管理型第三方物流

管理型第三方物流不把拥有第一种类型的资产作为向货主企业提供服务的手段,而是以本身的管理、信息、人才等优势作为核心竞争能力。这种类型的第三方物流不是没有资产,而是主要拥有第二种类型的资产。它们通过网络信息技术的运用,以高素质的人才和管理力量,利用社会的设施、装备等劳动手段最终向货主企业提供优良服务。

管理型第三方物流的主要优点:

(1)基本上不进行大规模的固定资产投资,不需要大量的资金投入,主要利用的是社会资源。

(2)由于不必拥有庞大的资产,同时因为有效地利用虚拟库存等手段,所以可以获得低成本优势。

(3)由于拥有比较优秀的社会资源组织能力,所以管理型第三方物流企业往往可以成为供应链上的主导物流企业。

管理型第三方物流的主要缺点:

(1)资信度比资产型低,对货主企业的吸引力一般不如后者。这种类型的第三方物流在发达国家比较多见,在发展中国家并不太盛行。发达国家第三方物流企业尽管没有庞大的固定资产,但仍有较充足的物流服务市场需求,究其原因在于这些国家整体社会诚信水平比较高,第三方物流企业易于组织和利用社会物流资源,并且货主企业对这些物流企业存在较高的信任度。

(2)需要很好的信息技术支撑。因为管理型第三方物流往往需要灵活利用别人的生产力手段,这就需要有效的组织和管理。而要做到这一点,信息技术的支撑就十分重要。从某种意义上说,信息技术是管理型第三方物流赖以存在的先决条件。

(3)基本上只有在买方市场环境下才能存在。管理型第三方物流是买方市场条件下才可能存在的物流形态,这是因为只有在买方市场环境下,管理型第三方物流在从事物流运作的时候,才有可能利用买方的主导权力去灵活运用社会上其他物流服务企业的资源来为己所用。

(三)折中型第三方物流

上述两种第三方物流各有特点,也各有优势、劣势。折中型第三方物流则是完全拥有管理型第三方物流在信息、组织、管理上的优势,同时建立必要的物流设施、装备系统,而不是全面建设这种系统。以此不但可以获得上述两种第三方物流的优势,同时又克服了投资过大、系统服务水平灵活性不足的缺点。

第二节 第三方物流的特点与作用

从第一方物流、第二方物流过渡到第三方物流是一次革命性的飞跃,是一个从量变到质变的跨越。多个生产企业和第三方物流业形成了一个各自能发挥自己的核心竞争力,互相之间优势互补、资源优化配置,各自集约化、规模化运作的生产和流通系统,系统中的各个企业都能实现资源配置的优化和效益最大化。

一、第三方物流特点

(一)契约代理多个企业的物流业务

第三方物流的服务方式一般是与企业签订一定期限的物流服务合同,所以又叫"合同契约物流"。之所以叫"契约"或"合同",是为了建立稳定、明确的合作关系,双方承担相应的责任、义务和权利,保障双方正常地开展合作。

在合同中,双方达成的协定主要包括:服务、支付和期限;运作;仓储的提供;送货要求;额外服务;责任和损失限制;义务;风险分担;参与各方的地位;索赔通知和诉讼;口头交流;仓库;转让;授权;违约;继任者和受让人;说明;所适用的法律;修改至最终完成合同。

(二)具有信息优势

第三方物流,尤其是管理型第三方物流,它的运作主要靠信息,只有具备信息优势,第三方物流才可以比货主企业在了解市场、物流平台的情况、资源、价格、制度和政策方面更有优势。第三方物流的信息优势还来自于由他组织和运作的物流系统,这是偶尔进入这一领域的物流服务需求者所不可能具备的。当然,对于客户,如果有长期的、稳定的物流渠道,则完全可以形成自己的信息优势,而不需要依靠第三方物流。第三方物流的信息优势主要是针对货主企业变换的需求,货主企业不会就每一项临时的物流需求来建立自己的、有效的信息优势。所以,依靠第三方物流有时是唯一的选择。

（三）具有专业化效益

第三方物流企业一般是专业化的物流企业,在第三方物流企业当中,由于业务量大,所以多个物流作业可以实现专业化。例如,运输、仓储、装卸、搬运、包装、信息处理等都可以实现专业化运作。专业化运作可降低成本,提高物流水平,使经济效益大幅度提高,这一点在工业化时期已经在各个领域得到了证明。

绝大部分货主企业的核心竞争能力都不是物流。对制造企业而言,核心竞争能力是设计、制造和新产品开发;对商业企业而言,核心竞争能力是商业营销。能够把物流作为自己核心竞争能力的也只有像沃尔玛这样的超大型企业,所以专业化应该是第三方物流比只有物流需求的货主企业而言一个很重要的优势。

（四）具有规模效益

第三方物流企业最基本的特征是集多家企业的物流业务于一身,这样物流业务的规模扩大了。物流业务规模的扩大可以让企业的物流设施、人力、物力、财力等资源得到充分利用,发挥效益;有的还可以采用专用设备、设施,提高工作效率;有的采用先进的技术,跟全国、甚至世界接轨,以取得超级效益。这些都是扩大规模带来的好处。规模效益是第三方物流的一个最重要的效益源泉。没有规模就没有效益,这正是第一方物流或第二方物流的短板,规模效益也正是第三方物流比第一、二方物流优越的地方。因此,第三方物流企业要扩大规模,就要努力扩大物流市场的覆盖面,增多货主企业户数、增加物流业务量。规模越大,需要的运输车辆就越多、越大,需要的装卸、搬运设施就越多、越先进,需要的仓储能力、吞吐能力就越大,需要的通讯能力就越强、技术也越先进。总之,规模大就会促进企业发展,从而大大提高企业效益。

（五）具有系统协调能力

系统协调,是指第三方物流企业在自己所占有的供应商群及其各自的货主企业群中进行的协调活动,这些协调活动包括联合调运活动,打破各个供应商、各个货主企业群之间的界限,在这些供应商、货主企业之间统一组织运输,这样不但可以更节省车辆,还可以更充分地利用车辆;打破各个货主企业群之间的界限,统一组织配送即进行联合配送,这样将比在原来的各个货主企业群内部组织配送更节省;在自己的系统内部调剂供需,因为自己掌握了众多的供应商和它们各自的货主企业群,其相互间可能会有互为供需的关系,通过自己的协调,促使它们之间形成新的、更合理的供需关系。这种新的供需关系不但可以帮助供应商开拓市场,而且也可以大大有利于第三方物流公司节约物流费用;统一批量化作业,例如订货、质检、报关、报审等,实行批量化作业可以节省时间以提高工作效率。这种协调效益是第三方物流企业最主要的效益源泉。

二、第三方物流带给货主企业的利益

(一)有利于提高货主企业核心竞争力

现代企业的竞争已逐步演变为核心竞争力之间的竞争。生产企业的主要工作是生产、制造产品,销售企业的主要工作是销售产品,而物流工作往往并非它们的所长。在专业化分工越来越细的时代,再有实力的企业也不能面面俱到。把自己较不擅长的部分或者不是自己核心能力的部分给第三方物流来承担,扬长避短,实际上就使得企业和第三方物流各自的优势得到强化,这样既能促使企业专注于提高自身核心竞争力,有助于企业的长远发展,又有利于带动物流业整体的发展。货主企业能够实现资源的优化配置,将有限的人力、财力集中于核心业务,发展核心竞争力,从而更好地参与市场竞争。

此外,作为第三方物流企业,可以站在比单一企业更高的角度上来处理问题,通过其掌握的物流系统开发设计能力、信息技术能力将原材料供应商、制造商、批发商、零售商等处于供应链上、下游的各相关企业的物流活动有机衔接起来,从而使货主企业能够形成一种更为强大的供应链竞争优势,这是个别企业无法实现的工作。

延伸阅读

福特的转变

美国福特汽车公司的创始人——亨利·福特一直有一个梦想,那就是要成为一个完全自给自足的行业巨头。于是,除了规模庞大的汽车制造产业,福特还在底特律建造了内陆港口和错综复杂的铁路、公路网络。为了确保原材料供给,福特还投资了煤矿、铁矿、森林、玻璃厂,甚至买地种植制造油漆的大豆。他还在巴西购买了250万英亩的土地,建起了一座橡胶种植园,以满足他的汽车王国对橡胶的巨大需求。此外,他还想投资于铁路、运货卡车、内河运输和远洋运输,这样整个原材料供应、制造、运输、销售等都纳入他所控制的范围。这是他要建立世界上第一个垂直一体化公司辛迪加计划的一部分。

但日久天长,福特发现在自己系统控制之外的独立专业化公司有些工作比福特公司自己的官僚机构干得更好。随着政治、经济环境的不断变化,福特公司的金融资源都被转移去开发和维持自己的核心能力——汽车制造、销售、运输等,制造之外的工作都交给独立的专业化公司去做。

(二)有利于降低货主企业成本费用

物流成本在企业生产经营总成本中占有相当高的比例,控制了物流成本就等于控制了总成本。企业将物流业务外包给第三方物流企业就可以不再保有仓库、车辆等物流基本设施;可以将对物流信息系统的投资转嫁给第三方物流企业;可以减少直接从事物流的人员,削减工资支出;可以提高单证处理效率,减少单证处理费用;可以降低企业存货水平,削减存储成本;通过第三方物流企业的广泛结点网络实施共同配送可以大大提高运输效率,从而减少运输费用等等。这些都是企业利用第三方物流的好处。根据美国田纳西大学、英国EXEL 公司和美国 EMSTI& YOUNG 咨询公司共同组织的一项调查显示:很多货主企业表示,使用第三方物流使它们的物流成本平均下降了 11.8%,物流资产下降了 24.6%,货物周转期平均从 7.1 天缩短到 3.9 天,库存降低了 8.2%。

(三)有利于提升货主企业服务价值

在市场竞争日益激烈的今天,高水平的货主企业服务对于现代企业来说是至关重要的,它是企业胜于其同行的一种竞争优势。物流能力是企业服务的一大内容之一,它会制约企业的货主企业服务水平。例如,在生产时,由于物流问题使采购的材料不能如期到达,也许会迫使工厂停工,不能如期交纳货主企业订货而承担的巨额违约金,更重要的是,会使企业自身信誉受损,销量减少,甚至失去良好合作的货主企业。

第三方物流在帮助企业提升服务价值自有其独到之处。利用第三方物流企业信息网络和结点网络能够加快对货主企业订货的反应能力、加快订单处理,从而缩短从订货到交货的时间,进行门对门运输,以实现货物的快速交付,提高货主企业满意度;通过其先进的信息和通讯技术可以加强对在途货物的监控,及时发现、处理配送过程中的意外事故,保证订货及时、安全送达目的地,尽可能实现对货主企业的承诺;产品的售后服务、送货上门、退货处理、废品回收等也可由第三方物流企业来完成,保证企业为货主企业提供稳定、可靠的高水平服务。

(四)有利于降低货主企业风险

企业如果自营物流就要面临两大风险,一是投资的风险,二是存货的风险。一方面,企业自营物流是要进行物流设施、设备的投资的,如建立或租赁仓库、购买车辆等,这样的投资往往比较大,而如果企业物流管理能力较低,不能将企业拥有的物流资源有效地协调、整合起来,尽量发挥其功用,致使物流效率低下,物流设施闲置,那么企业在物流上的投资就是失败的,这部分在物流固定资产上的投资将面临无法回收的风险。另一方面,企业由于自身配送能力、管理水平有限,所以为了及时对货主企业订货作出反应,防止缺货和快速交货,往往需要采取高水平库存的策略,即在总部以及各分散的订货点处维持大量的存货。存货不仅占用大量资金,而且还存在贬值的风险。在库存没有销售出去变现之前,任何企业都要冒着巨大的资金风险。企业通过第三方物流企业进行专业化配送,由于配送能力的提高,存货流动速度的加快,所以企业可以减少内部的安全库存量,从而减少企业的资金风险或者把这份风险分散一部分给第三方物流企业。

当然,与自营物流相比较,第三方物流在为企业提供上述利益的同时,也会给企业带来诸多的不利。这主要有企业不能直接控制物流职能;不能保证供货的准确和及时;不能保证顾客服务的质量和维护与顾客的长期关系;企业将放弃对物流专业技术的开发等。货主企业是否选择第三方物流应该是对利害关系综合权衡的结果(图6-1是企业选择物流服务模式的一种参考性思考)。

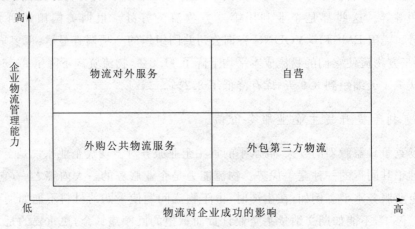

图6-1 物流服务模式的选择

延伸阅读

企业选择第三方物流还是自营物流当慎重

企业物流模式主要有自营物流和第三方物流等。企业在进行物流模式决策时,应根据自己的需要和资源条件,综合考虑以下主要因素,慎重选择物流模式,以提高企业的市场竞争力。

1. 物流对企业成功的影响度和企业对物流的管理能力

物流对企业成功的重要度高,企业处理物流的能力相对较低,则采用第三方物流;物流对企业成功的重要度较低,同时企业处理物流的能力也低,则外购物流服务;物流对企业成功重要度很高且企业处理物流能力也高,则自营物流。

2. 企业对物流控制力要求

越是竞争激烈的产业,企业越是要强化对供应和分销渠道的控制。此时,企业应该自营物流。一般来说,主机厂或最终产品制造商对渠道或供应链过程的控制力比较强,往往选择自营物流,即作为龙头企业来组织全过程的物流活动和制定物流服务标准。

3. 企业产品自身的物流特点

对于大宗工业品原料的回运或鲜活产品的分销,则应利用相对固定的专业物流服务供应商和短渠道物流;对全球市场的分销,宜采用地区性的专业物流公司提供支援;对产品线单一的或为主机厂做配套的企业,则应在龙头企业统一下自营物流;对于技术性较强的物流服务(如口岸物流服务),企业应采用委托代理的方式;对非标准设备的制造商,企业自营虽有利可图,但还是应该交给专业物流服务公司去做。

4.企业规模和实力

一般说来,大中型企业由于实力较雄厚,所以有能力建立自己的物流系统,制定合适的物流需求计划,保证物流服务的质量。另外,还可以利用过剩的物流网络资源拓展外部业务(为其他企业提供物流服务)。而小企业则受人员、资金和管理的资源的限制,物流管理效率难以提高。此时,企业为把资源用于核心的业务上,就适宜把物流管理交给第三方专业物流代理公司。如实力雄厚的麦当劳公司,每天必须把汉堡等保鲜食品运往中国各地,为保证供货的准确、及时,组建了自己的货运公司。

5.物流系统总成本

在选择是自营还是物流外包时,必须弄清两种模式物流系统总成本的情况。计算公式为:

物流系统总成本=总运输成本+库存维持费用+批量成本+总固定仓储费用+总变动仓储费用+订单处理和信息费用+顾客服务费用

这些成本之间存在着二律背反现象:减少仓库数量时,可降低保管费用,但会带来运输距离和次数的增加而导致运输费用增加。如果运输费用的增加部分超过了保管费用的减少部分,则总的物流成本反而增大。所以,在选择和设计物流系统时,要对物流系统的总成本加以论证,最后选择成本最小的物流系统。

6.第三方物流的客户服务能力

在选择物流模式时,考虑成本尽管很重要,但第三方物流为本企业及企业顾客提供服务的能力是选择物流服务时的至关重要的因素。也就是说,第三方物流在满足你对原材料及时需求的能力和可靠性时,他对你的零售商和最终顾客不断变化的需求的反应能力等方面应该作为首要的因素来考虑。

(资料来源:刘菊华.第三方物流的利弊分析与企业物流模式选择[J].江西社会科学,2002(7).)

三、第三方物流带给社会的利益

(一)有利于整合社会物力资源

在过去的计划经济体制下,受大而全、小而全思想的影响,我国很多企业都建有自己的仓库、车队,而且往往存在仓储设施老化、仓库管理人员素质低下等问题。企业各自进行分散存储会导致物流设施使用低效,有的企业仓库不足需扩建,而有的企业仓库则大量闲置、浪费,这就造成社会物流资源的不合理配置;自行组织运输则使运输效率低下,社会运力得不到有效利用,车辆空驶现象普遍,运输成本高。而且企业由于受到原有一套物流系统的限制,所以很难依靠自身力量来进行更新改造以强化物流管理。通过第三方物流企业专业的管理控制能力和强大的信息系统,对企业原有的仓库、车队等物流资源进行统一管理、运营,组织共同存储、共同配送,将企业物流系统社会化,实现信息、资源的共享,则可从另一个高度上极大地促进社会物流资源的整合和综合利用,以提高整体物流效率。

(二)有利于缓解城市交通压力

通过第三方物流的专业技能,加强运输控制、制定合理的运输路线、采用合理的运输方式、组织共同配送、货物配载等可减少城市车辆运行数量,减少车辆空驶、迂回运输等现象,解决因货车运输的无序化而造成的城市交通堵塞问题,缓解城市交通压力。由于城市车辆运行效率的提高可减少能源消耗、减少废气排放量和噪声污染等,所以有利于环境的保护与改善,促进经济的可持续发展。

此外,第三方物流的成长和壮大可带动我国物流业的发展,对我国产业结构的调整和优化有着重要的意义。

总之,发展第三方物流无疑是促进企业物流活动合理化、效率化,进而促进整个社会物流合理化的重要途径。特别是在当今信息化时代,将先进的信息技术、网络技术应用到物流管理中会极大地促进物流事业的发展,第三方物流具有广阔的发展前景。

第三节　第三方物流的运作

一、第三方物流运作的基本理念

第三方物流的生命力取决于其是否能够提供优于自营物流的服务水平和低于自营物流的价格。但是,当第三方物流进入到货主企业的战略发展层次时,成本问题就不是一个重要的问题了。所以,第三方物流应当把提供比货主企业自身进行更有效率的物流运作和更高的价值作为运作的基本理念。在这个基本理念指导下,第三方物流不仅要考虑与同行的竞争,还要考虑货主企业潜在的内部运作的可能。假设所有的公司都可以提供同等水平的物流服务,不同公司之间的差别将取决于它们的物流运作资源的经济性。

第三方物流企业应当是一种"利润中心"型的企业。但是,第三方物流企业应当明确认识到,如果企图将一般服务打造成获取利润的中心,则是企业基本理念的错误。因为这实际上会损害货主企业的利益,自己也不可能取得成功。第三方物流企业利润的获得必须依靠增值服务,从货主企业增值的利益之中取得一定比例的收益,这才是第三方物流企业的利润源,也是第三方物流企业不断发展壮大的理念基础。

二、第三方物流运作的基点

(一)着力提升运作效率

第三方物流企业为货主企业创造价值的最基本途径是取得比货主企业自己运作更高的运作效率,从而具有较低的成本——服务比。要提高运作效率就需要对每一种基本的物流单独活动(如运输、仓储等)进行改善。同时,将物流各个基本环节和基本功能系统化。这是货主企业自营物流很难做到的事情。

第三方物流企业依靠自己的专业优势和广博见闻,不断发现原来运作的缺点,提出物流合理化改进措施,这也是提高运作效率的重要一环。

(二)锻造核心竞争力

形成独有优势是第三方物流企业应当刻意追求的目标,这种优势一旦形成,就成了第三方物流企业的核心竞争能力。应当说,独有优势是所有企业进行运作时都力图形成的能力,但是,并不是所有企业都能够做到这一点。第三方物流企业只能在公共资源之外创造自己的独有优势。公共物流网络平台、公共物流信息平台都是面向全社会开放的平台资源,企业只有在这些公共资源之外建立自己的稀缺资源,才能形成自己的独有优势,创造自己的核心竞争力。

稀缺资源的建立,一般在公共平台之外建立属于本企业的独有平台资源。例如,物流中心、配送中心、保税仓库、专用道路以及专用信息网络等;形成属于本企业的专利技术;打造独特的企业理念及服务模式;下决心进入其他物流服务企业不愿意介入的领域或者开辟全新的服务领域。

(三)整合客户资源

促使物流运作增值的一个基本方法是扩大市场、引入多客户运作。例如,多客户整合之后的仓储或运输网络,多个客户可以共同利用资源,从而提高资源的利用效率,还可以获得降低成本的好处。

需要引起重视的是整合运作的复杂性比过去大大增加,这对于第三方物流企业而言,就需要更高水平的信息技术与操作技能。当然,对复杂事物的管理能力也应当有所提高。第三方物流企业在运作时,必须充分估计自己对多客户进行整合运作的基本条件和管理能力,不能贸然从事。

整合有纵向或横向整合两条途径。

纵向整合,是对货主企业内部的纵向物流系统进行整合,也包括从供应链角度对供应链进行纵向的整合。这种整合主要着眼于以下几方面:纵向系统的简单化;纵向系统的贯通联结;减少纵向系统的资源占用(例如缩减仓库结点);减少纵向系统的交叉和矛盾等。

横向整合,是对有相同或相似物流需求的客户进行整合。这种整合着眼于横向系统的共同化,资源由横向系统共同使用,从而不需要每一个客户都占用独立的资源。

(四)发展客户合作

物流运作的专业化使第三方物流企业可能在专门技术和系统领域内超越最有实力的客户,因为客户不可能全力以赴关注核心竞争能力之外的本物流。这就是第三方物流企业与客户发展合作关系的基础。

有需求、有供给不一定就能形成合作的关系。第三方物流企业在考虑同货主企业的合作关系时,长远的、战略的观点是最重要的,如果第三方物流企业与货主企业仅仅是一次合作关系,则首次的付出是巨大的。相似的多次合作甚至长期合作,才能取得效益递增而成本递减的结果。

三、第三方物流的运作模式

第三方物流企业想要取得成功,其最重要的因素在于整合物流过程以实现其对客户的增值服务。物流服务中的运输服务、仓储服务和其他功能的综合程度决定着产品的增值程度。因此,第三方物流企业要想实现优质、高效的物流服务并取得丰厚的利润,必须具备物流目标系统化、物流组织网络化、物流信息电子化、物流作业规范化、物流业务市场化等基本条件。第三方物流在我国的主要运作模式如下:

(一)与制造业相结合的物流服务运作模式

以往我国大多数企业都是自己解决产品的运输问题,包括原材料和产成品的运输,而这一部分恰好是第三方物流企业最大的潜在客户。同制造业相结合的第三方物流服务的最大用户群通常是那些在零售店销售的日常洗涤用品、纸制品、化妆品和食品等产品的制造商。原因是:第一,这些组织力图通过物流的力量获得并保持竞争优势;第二,优秀的公司寻求其产品或服务增加价值,并通过一个有效的物流体系来达到此目标;第三,公司通过与服务供应者结成战略联盟来改善它们的资产,这些联盟使公司与其重要客户的关系更为密切。第三方物流企业可以依托生产企业成为它们、特别是中小企业的物流代理商。

(二)与商业零售业相结合的物流服务运作模式

随着我国商业零售业市场的对外开放,卖方市场向买方市场的转变,国内传统的国有大中型商业零售企业受到外资大型超市和小摊贩的双重挤压,经营日益困难。全球电子商务的迅猛发展,货物流(送货到户)和资金流(交易结算)却成为限制其发展的巨大瓶颈。现代物流具有巨大的市场潜力,与零售业相结合的第三方物流末端配送服务为第三方物流企业的发展提供了良好的机遇。

同零售业相结合的第三方物流运作的基本思路有以下五个方面:

(1)第三方物流企业、零售商、供应商利用先进的信息系统连接起来,实现信息共享,遵循5R原则(Right place,Right time,Right quantity,Right quality,Right price),保证在要求的时间范围内完成任务。

(2)建立快速反应的运输系统,以保证配送系统顺利运转。建立配送网络,以形成完整的信息平台、业务流程和管理流程。

(3)以独特的信息交换处理中心为技术支持,通过现代通信和电脑技术组成网络。

(4)组织具有实战经验的专家队伍进行市场策划和研发。

(5)当服务请求提出时,由调度中心调度,配送点送货上门。当物流量较小时,实行共同配送。第三方物流末端配送业务为生产厂商和最终消费者提供了信息平台和物流沟通渠道。它可将大型配送中心及量贩店的货物送到百姓家中,也可直接为品牌商提供现成的市场营销网络。

（三）一体化运作模式

20世纪80年代，西方发达国家，如美国、法国和德国等提出了物流一体化的现代理论，应用和指导其物流发展取得了明显的效果，并使生产商、供应商和销售商均获得了显著的经济效益。物流一体化是物流运作的更高级阶段，它强调供应链企业之间的合作。一体化运作模式如图6-2所示。

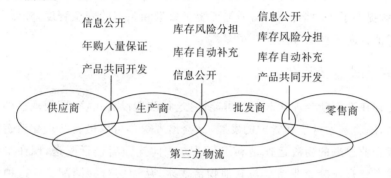

图6-2 第三方物流一体化运作模式

第三方物流参与供应链管理模式以战略为管理导向，要求第三方物流从面向企业内部发展到面向企业之间的集成物流服务。该模式超越了组织结构的界限，将供应商、制造商、销售商和用户同时纳入物流管理的范围，力图从原材料到用户的每个过程来实现物流的管理，利用第三方自身的优势建立和发展与供应链其他企业的合作关系，从而形成一种联合力量以赢得竞争优势。该模式突破了传统的供应商与制造商或制造商与分销商的合作关系，也不同于供应商或制造商、分销商与第三方物流的单个联盟关系，而是将供应链上所有环节的活动联系起来，实现物流功能的集成化，以提高用户服务水平，从而赢得竞争优势。

四、第三方物流的增值服务途径

物流企业提供的服务有基本服务和增值服务两种基本形式。基本服务是物流企业向货主企业提供的最低限度和通常的服务，满足的是货主企业对物流的一般需求。增值服务的概念是物流企业对货主企业的物流服务，可以提高货主企业物流活动的效率和效益，使货主企业的物流领域成为增值空间。

不排除第三方物流对货主企业进行一般的、基本的物流服务。但是，就货主企业方面，这种一般的、基本的物流运作，货主企业方面很容易承担，如果货主企业的物流业务不是全部的、总体的外包，而是部分地将物流业务外部化。那么，货主企业的选择当然是将自己没有优势的增值服务进行外包。因此，第三方物流主要应该做的是带有增值性的服务。

第三方物流如何进行增值服务，这不能一概而论，每一个第三方物流企业都应当打造自己独特的优势，形成自己独特的增值物流运作方式。所以，货主企业在选择第三方物流企业时，首先应当判断该第三方物流企业的增值优势是否适合自己，同时还需要了解第三方物流

企业在增值运作方面的能力。而就第三方物流企业而言,增值服务的一般途径如下:

（一）基本服务向增值方向延伸

基本物流服务是大量发生的,由于只是向货主企业提供最低限度和通常的服务,服务的深度不够,所以各项基本服务都有增值的潜力。有时候,基本服务与增值服务只有一步之遥,是很容易跨越的。例如,第三方物流企业原来提供一般的装车业务,这是一种基本服务,现在在此基础上增加事前规划因素,根据不同货物和不同包装重量、包装体积作出装车规划,这实际上就提供了一种增值服务,增加了装车数量和装车的安全程度,降低了物流成本。基本服务向增值方向延伸的办法还有很多。

（二）合理化改造的增值

物流系统存在着不断合理化改造的可能性,这种改造没有止境,即使现在的系统已经很完善了。但是,随着技术进步和管理的发展,又会出现很多可以进行合理化改造的空间。假设第三方物流企业原来的物流运作是利用配送方式向连锁店进行配送,现在整合若干个连锁商业系统或者整合连锁商业系统与其他物流需求,从而实行共同配送。这种合理化改造就可以减少车辆的占用和交通拥堵、降低配送成本、实现物流增值。

（三）一体化物流服务增值

将若干独立物流活动实行一体化,这样可以统筹物流资源、减少无效和浪费,从而获得增值。例如,实行共同配送、联合运输。

（四）供应链集成整合增值

进行大范围供应链整合以提高整个供应链竞争能力来获得增值。例如,通过合理规划和组织使物流更为敏捷,以降低整个供应链各环节的库存水平,提高供应链对市场的响应速度。

（五）管理增值

引入先进的管理模式,介入客户的物流管理,从而在不增加甚至减少物流资源的前提下获得物流增值。

◇ 本章小结

第三方物流是有能力向货主企业提供系统的、专业物流服务的物流活动。同社会经济领域的许多经济概念一样,第三方物流有广义和狭义的理解。因而,在不同的领域涵盖的范围也就不同。按提供物流服务的手段不同,第三方物流分为资产型、管理型和折中型这三种基本类型,它们各有优势和不足,折中型是前两种基本类型的中间形态。第三方物流相对于其他物流形态,有自己的鲜明特点,对货主企业和整个社会的发展具有非常重要的作用,具有一定的公共产品性质。第三方物流的生命力取决于它是否能够提供优于自营物流的服务水平和低于自营物流的价格。目前,在我国第三方物流主要有三种运作模式,它们分别是与制造业相结合的物流服务运作模式、与商业零售业相结合的物流服务运作模式、一体化运作模式。第三方物流企业利润的获得必须依靠增值服务,同时要开辟增值服务渠道。

案例分析

物流,"最后一公里"怎么走
——来自江西农村快递业的调查

现代的农业生产和农民生活离不开方便快捷的物流。随着电脑、网络在农村的日益普及,不少农村居民开始网上购物及网上销售农产品。但受制于快递等农村物流发育不充分,"买难"、"卖难"的现象都不同程度地存在。

1. 农民网上创业常被快递难倒

"农村基本没有快递,收发货都要靠自己。"2013年底,江西新建县金桥乡大观村万怡星在淘宝网开办店铺"小万牌农产品",为附近村民销售农家土特产。短短半年,"小万牌农产品"就已吸引了来自全国各地的网民光顾,虽不愁销路,但却常常被快递难倒。

"网上卖的都是农家自产的大米、茶籽油、黄豆、青豆等农产品。"万某今年26岁,2011年考取硕士研究生后,因病无法上学,此后一直在家休养。2013年底,为减轻家里经济负担,他开始在淘宝网创办"小万牌农产品",专门卖农家土特产。为保证商品质量,万某和家人亲自到附近村民家里采购,再放到淘宝店铺销售或根据客户的预订发货。虽然小店仅经营半年,但销量一直很好,村里去年秋天收获的农产品已基本卖完。

"因为产品质量好,销路我们不愁,愁的是发货。"万某说。大观村是一个距离市区50多公里的小山村,除了金桥乡邮政局,附近没有其他快递网点,"价钱低的速度慢,速度快的价钱太高,邮政快递不上门取货,只能把货物先运到最近的快递网点邮寄。"

"我自己身体不好,都是家人负责发货。"万某说。为发一趟货,家人要先从村里把货扛到公交站,再搭1个多小时的班车到最近的快递网点,往返一趟要3个小时。销量大的时候一天要跑一趟,销量不多的时候两三天跑一趟。为了赶在当天发货,有时即使只有1单货物也要尽量发出去,"这样20元的货物,光来回路费就得20元,赚钱就谈不上了。"

对于快递能否下乡,万某担心的是农村电子商务不发达,物流市场需求小,就算快递网点能落户乡村,价格也很难降下来。快递企业增加的成本最终还是要客户承担。

对于在农村接触过网购的万某,深感农村快递的不完善。"以前尝试过用家里的地址收快递,但快递送到县城的网点后,就不再往下送,只能自取。一般快递网点位置比较偏也不好找。后来就干脆让在市区的朋友代收,自己再进城找朋友拿。"万某说。

韵达南昌分公司工作人员介绍,近几年来公司每年来自乡镇基层的业务量都在递增。随着电子商务的普及,许多当地村民都会通过网络销售土特产。工作人员还介绍,越来越多来自农村的年轻人开始进行网购。

2. 成本高、市场小，快递难下乡

网购正逐渐走进普通乡村，而与之形成鲜明对比的是快递企业的农村网点仍然非常少。由于运营成本高、市场需求少，所以多数快递公司的网点止步在乡镇一级。

在南昌县向塘镇，除了邮政支局，有六七个民营快递网点，集中分布于向塘机务段周边。稍大一些的向塘韵达快运占据着路口的显眼位置。这个网点有50平方米左右，除了快递寄存，店内还经营驾校报名、烟酒饮料销售等业务。

"不搞多种经营，网点很难维持下去。"工作人员何师傅告诉记者。现在大多数快递公司采取加盟的形式，承包商每年付给公司加盟费，公司支付给承包商每件包裹的投递费。随着近几年快递行业的发展，加盟费已从最初的一年2万元涨到一年20万元。

除去每年的加盟费，向塘韵达快运有5个专职快递员和3辆面包车、3辆电动车需要养护。"发1单快递，公司给1块2毛钱。向塘站淡季一天约300单，旺季近700单左右。"何师傅说。对于一个普通快递网点，这个快递量勉强维持生存。

为节约成本，快递员一般只对向塘镇的包裹送货上门。如果在乡镇以下的村子，收件人就要自己上门取件。何师傅介绍，"分配到站点的快件，90%以上地址都在镇里，而一个村委会有时只有一件，稍偏远些的乡村，送一件快递赚1块2毛钱，跑20公里，光汽油费都不够。"

何师傅告诉记者，"现在村里的人越来越少，大部分都外出工作。就算是寄件，快递员上门取也是要亏的，加盟店都是自负盈亏，工人工资、房租和车辆费用都自己承担，如果没有市场需求，那么谁会冒险去乡村加盟网点。"

申通快递南昌分公司工作人员介绍："目前，公司网点主要集中在城市中心，附近郊区和乡镇以下网点还很少。虽然有开展'快递下乡'的要求，但限于市场因素、资金压力，考虑到平时的运营成本，这一规划短期内还无法实施。"

"顺丰速运目前已启动快递下乡试点，正在上海、广州等一线城市先期运行。"顺丰速运南昌分公司工作人员说。考虑到江西经济发展偏落后、市场规模不大，是否开展快递下乡业务，将视前期试点情况而定。

3. 政府应引导快递企业进军农村

民营快递企业在乡镇难觅网点，乡镇的邮件快递业务主要依靠设立在各个乡镇的邮政支局。在新建县乐化镇街口，乐化邮政支局每天早上8点开始营业，因为承担着乐化和溪霞两个镇的邮局业务，所以与其他乡镇相比，平时业务量较大。

2014年7月1日上午8点30分，记者在乐化邮局看到，投递到邮局的多数都是信件，包裹只有20件左右，在1小时的时间里，陆续有附近的居民前来领取包裹。工作人员说，特快专递有快递员送货上门，但是对于普通快递，收件人只能自己到邮局凭身份证取件。邮寄快递都不上门取件。

记者从江西省邮政速递物流了解到，对于寄送到农村的快递都是由邮政局在负责函件、汇款和特快等主要业务时代管。由于农村地区人口居住分散，所以快递密度相对较低，寄送成本高，虽然邮政的快递业务在农村覆盖面广，但是经济效益并不乐观。

乡村物流最后一公里该怎么走？日前，南昌市出台文件提出要加快完善农村流通网络，推进大型流通企业向农村延伸经营网点，加快建设一批乡镇商贸中心。此外，南昌将加快完善农产品流通设施，建设农产品冷链系统，构建农产品物流体系。

"发展乡村物流面临的最大难题就是成本高。"华东交通大学经济管理学院物流研究所副所长张某介绍。民营快递企业进入农村，成本是其首要考虑的问题。例如，一个快递单件从北京到南昌，成本只要10元，但从南昌到乡村，单件成本可能要40～50元，如果没有较大的市场维持和雄厚的资金保障，则民企很难消化。

"此外，虽然近年江西出现很多快递物流企业，但真正符合现代物流概念的企业不多。网点管理水平、员工专业素质和物流技术等都无法达到要求。所以，要发展出完善的农村物流体系，单靠某一家快递企业无法实现。"张某认为，要促进乡村物流业的发展，政府的政策和资金支持很重要，同时要对物流行业统一规范，筹建完善的物流体系，引导物流快递企业向农村发展。此外，物流企业也应转变思想，不能只考虑价格竞争，还要注重服务质量，以服务赢得市场，其中就包括农村市场的开拓。

（资料来源：2014年7月6日《人民日报》，记者：魏本貌。）

问题讨论

1. 查阅资料，讨论乡村物流的特点和存在的问题。
2. 物流"最后一公里"有哪些特点？怎样走好"最后一公里"？

◇复习思考题

1. 怎样理解第三方物流的内涵？
2. 为什么我国管理型第三方物流发展还相当滞后？
3. 第三方物流企业有哪些特点？
4. 第三方物流增值服务有哪些具体途径？

第七章 运输管理

学习目标

通过本章学习,要求掌握运输的概念,理解运输在物流系统中的地位,了解运输的基本类型及其特点,理解影响运输合理化的因素,掌握不合理运输的表现形式,掌握实现运输合理化的基本措施。

开篇案例

徐委员探源运输成本居高难下

2014年3月7日下午,在全国政协十二届二次会议第二次全体会议上,全国工商联副主席、传化集团董事长徐冠巨委员受邀作大会发言,他提出了构建公路物流网络化运营体系的设想。9日上午,记者就此采访了他。问起为什么这么"执着"地推广这一平台,徐冠巨委员给记者先算了笔"一斤苹果的账"。

"山东烟台的苹果随大货车来到浙江杭州,运输成本使它在水果市场的价格提高了几倍。但若货车返程时也能拉上货,均摊下来成本会大大降低。就算每斤只降价1毛钱,烟台每年产苹果10亿多斤,就能节省1亿元。"徐冠巨委员说:"这还只是小账。"

我国目前投入运营的货运卡车约有1000多万辆,空驶率超过40%。这些货车若都能满跑的话,则能产生多少效益?徐冠巨委员一笔一笔地算:首先,2000多万名货运司机的生活质量能够得到提高;其次,大大减少PM2.5排放,节约燃油;再次,与货运相关的企业生产成本大大降低。目前,这部分成本约占企业增加值的1/3。这一切的改变最终将给老百姓带来更便宜的产品、更好的生活质量、更便利的生活……

站在国家层面上,账面价值就更可观了。我国每年物流成本占GDP的18%左右,美国约为8%。考虑到70%以上的货运要靠公路完成,同时,海陆空运输网最终要靠公路连接。因此,提升公路运输的效率将大大提升物流网络乃至整个经济体系的运行效率。

"但由于货运企业大多是'散兵游勇',这块市场一直难以开拓。"徐冠巨委员说,"除非资源整合达到一定程度,能像国外服务小微企业的银行一样,通过交叉销售和批量处理等方法降低成本、控制风险,否则很难盈利。所以我不断呼吁,就是希望有识之士能够参与进来,各级政府能够像重视机场和火车站建设一样重视公路港平台建设,在使市场在资源配置中起决定性作用的前提下,更好地发挥政府作用,让政府和市场两只手结合起来做好这件大事。"

(资料来源:2014年3月11日《经济日报》。)

问题思考:为什么在我国运输成本居高不下?

在现代物流观念诞生之前,不少人将运输等同于物流。甚至到今天,持此观点者仍不乏其人,其中的原因之一就是物流过程中的很大部分活动内容是由运输来完成的。不论是从成本、收入还是价值增值的角度来考察,运输都是物流系统中的最核心功能要素,搞好运输管理因而也就有着特别重要的意义。

第一节 运输的概述

一、运输的概念

运输,是指用设备和工具将物品从一地点向另一地点运送的物流活动。其中包括集货、分配、搬运、中转、装入、卸下、分散等一系列操作。

运输作为物流系统的一个组成部分,包括生产领域的运输和流通领域的运输。生产领域的运输一般在生产企业内部进行,因此又称之为"厂内运输"。厂内运输包括原材料、在制品、半成品和成品的运输,是直接为物质产品生产服务的,有时候称为"物料搬运";流通领域的运输则是作为流通领域里的一个重要环节,在大范围内,将物质产品从生产所在地直接向消费所在地的移动,也包括物品从生产所在地向物流网点和从物流网点向消费所在地的移动。

为了区别生产领域的运输和流通领域的运输,以及长途运输与短途运输,在物流运输中,把生产领域内的运输称为"搬运",把从物流网点到用户短途、小宗货物的末端运输称为"配送"。

二、运输的地位

(一)运输是物流的主要功能要素之一

按"物流"的概念来理解,物流是"物"的物理性运动,这种运动不但改变了物的时间状态,也改变了物的空间状态。而运输承担了改变空间状态的主要任务,是改变物的空间状态的主要手段。运输再配以搬运、配送等活动,就能圆满完成改变空间状态的全部任务。

(二)运输是社会物质生产的必要条件

运输是国民经济的基础和先行。马克思将运输称之为"第四个物质生产部门",将运输看成是生产过程的继续,这个继续虽然以生产过程为前提,但如果没有这个继续,生产过程则不能最后完成。所以,虽然运输这种生产活动和一般生产活动不同,它不创造新的物质产品,不增加社会产品数,不赋予产品以新的使用价值,而只变动其所在的空间位置,但这一变动使生产能继续下去,使社会再生产不断推进。从这个角度,将其看成一种物质生产部门或者物质生产部门的一个组成部分是非常有道理的。

(三)运输可以创造"空间效用"

同种"物"空间场所不同,其使用价值的实现程度不同,其效益的实现也不同。因改变场所而最大限度地发挥其使用价值,最大限度地提高了产出投入比,这就称之为"空间效用"。通过运输,将"物"运到空间效用最高的地方,就能发挥"物"的潜力,实现资源的优化配置。从这个意义来讲,也相当于通过运输提高了物的使用价值。

(四)运输是"第三个利润源"的主要源泉

这主要体现在以下几点:首先,运输是运动中的活动,它和处于静止的保管不同,它要靠大量的动力消耗才能实现这一活动,而且运输又承担着大跨度空间转移的任务,所以活动的时间长、距离长、消耗大。消耗的绝对数量大,其节约的潜力也就大。其次,从费用上看,运输在物流总费用中占有很大的比例。运输费用占全部物流总费用的近60%,有些产品的运费甚至超过了生产成本。2013年,我国运输费用为5.4万亿元,占全社会物流费用的52.5%。所以,节约的潜力非常大。最后,由于运输总里程远、运输总量大,所以通过体制改革和运输合理化可大大缩短运输的公里数,从而获得比较大的节约。

延伸阅读

运输的规模经济与距离经济

运输的规模经济,是指随装运规模的增长,单位重量货物的运输成本逐渐降低。例如,整车运输的每单位成本低于零担运输。也就是说,诸如铁路和水路之类的运输能力较大的运输工具,它每单位重量的费用要低于汽车和飞机等运输能力较小的运输工具。运输规模经济的存在是因为与转移一批货物有关的固定费用可以按整批货物的重量分摊。所以,一批货物越重就越能分摊费用。

距离经济,是指每单位距离的运输成本随距离的增加而减少。如800千米的一次装运成本要低于400千米二次装运。运输的距离经济也称"递减原理",因为费率或费用随距离的增加而减少。运输工具装卸所发生的固定费用一般分摊到每单位距离,距离越长,每单位支付的费用越低。

三、现代运输系统的特征

运输在方法和形态上是多种多样的,针对不同的目标、需求等情况,具体方法和措施千变万化。但是多样、复杂的运输系统也有一定的共性,这主要表现在以下几个方面:

1. 不同的运输方式与其技术特点相适应,因而也导致运输质量差异化

货物运输方式主要有公路、铁路、水路、航空、管道运输等。各种运输方式对应于不同的

技术特征,有不同的运输单位、运输时间和运输成本。因而,形成了各种运输方式所具有的不同的服务质量(图 7-1 不同运输方式的成本比较)。也就是说,运输服务的利用者可以根据货物的性质、大小、所要求的运输时间和运输成本等条件,选择相适应的运输方式或者合理利用各种运输方式,以实行复合运输。

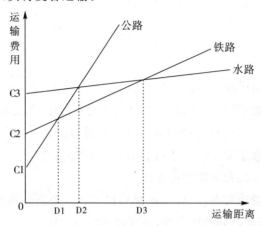

图 7-1　不同运输方式的成本比较

2. 自用型和营业型运输服务并存,并存在转化趋势

自用型运输,是指企业自己拥有运输工具,并且自己承担运行责任,从事货物的运输活动。自用型运输多限于公路运输,还有一部分水路运输,但是数量是很少的。航空、铁路这种需要巨大投资的运输方式是自用型运输业者所不能开展的。与自用型运输相对应的是营业型运输,即以输送为经营对象,为他人提供运输服务,营业型运输在公路、铁路、水路、航空等运输业者中广泛开展。对于一般企业,可以在自用型和营业型运输中进行选择,最近的趋向是企业逐渐从自用型运输向营业型运输方向转化。

3. 运输方式各异的运输企业之间的竞争日益激烈

虽然各种运输方式都存在一些与其特性相适应的不同的运输对象,但是也存在一些各种运输方式都适应的货物,这类货物就成了不同运输手段、不同运输业者的竞争对象。这种不同运输方式、不同运输业者间的竞争关系的形成,为货主企业对运输服务和运输业者的选择奠定了基础。

4. 不仅存在实际运输形式,而且还不断出现利用运输形式

实际运输是利用运输手段进行运输,完成商品在空间上的移动。利用运输是自己不直接从事商品运输,而是把运输服务再委托给实际运输商进行。也就是说,利用运输业的代表就是自己不拥有运输工具也能开展运输业务,这种利用运输业的代表就是代理物流业者。他们从事广泛的物流活动,通过协调、结合多种不同的运输机构来提供运输服务,如:货车—铁路—货车,货车—航空—货车,货车—水路—货车等运输方式。利用运输充分发挥各种运输手段的优点,并实现整体最优化。

第二节 运输方式的类型

一、按运输工具分类

(一)公路运输

公路运输是使用公路设施、设备运送货物的一种运输方式。公路运输是最普及的一种运输方式。其最大优点是空间和时间方面具有充分的自由性,不受路线和停车站的约束,只要没有特别的障碍(如壕沟、过窄的通道等),汽车就可以到达。因此,可以实行从发货人到收货人之间"门到门"的直达输送。由于"门到门"的直达输送减少了转运环节,所以货物包装可以简化,货物损伤、丢失和误送的可能性很小。

公路运输购置汽车费用有限,一般企业都可以实现。公路运输自行运输和委托运输可以同时进行,由于自备车有充分的机动性,所以使用非常方便。

公路运输缺点也十分明显:公路运输的运输单位小,运输量和汽车台数与操作人员数成正比,因此,产生不了大批量输送的效果。动力费和劳务费较高,特别是长距离输送中缺点较为显著。由于在运行中司机自由意志起主要作用,所以容易发生交通事故,对人身、货物、汽车本身造成损失。由于汽车数量的增多,所以产生交通阻塞,同时产生的废气、噪音也造成了环境污染。

(二)铁路运输

铁路运输是使用铁路设施、设备运送货物的一种运输方式。铁路运输主要承担长距离、大批量的货运,是陆地长距离运输的主要方式。在没有水运条件的地区,几乎所有大批量货物都是依靠铁路来进行运送。铁路运输是在干线运输中起主力运输作用的运输方式。

铁路运输的优点是:很少受天气影响;适应性强;具有较高的连续性和可靠性;运输能力大;安全程度高;运送速度较快;中长途运输成本低。

但是,铁路运输建设投入大、只能在固定线路上行驶、灵活性差、需要与其他运输方式配合与衔接。铁路运输长距离运输分摊到单位运输量的成本费用较低,而短距离运输成本却很高,所以,铁路运输对象基本上是距离长、运输速度慢的原材料(煤、原木和化工品)和价值低的制成品(食品、纸张和木制品),且一般运输至少一整车皮的批量货物。铁路运输不能实现"门到门"运输,车站固定,不能随意停车。铁路运输货物滞留时间长,不适宜紧急运输。

(三)水路运输

水路运输是使用船舶(或其他水运工具)在江、河、湖、海等水域运送货物的一种运输方式。水路运输主要承担大批量、长距离的运输,是在干线运输中起主力作用的运输形式之一。在内河及沿海,水路运输也常作为小型运输工具使用,担任补充及衔接大批量干线运输

第七章 运输管理

的任务。

水路运输的优点是：运输能力强；不占用或很少占用耕地；运输成本低，只相当于铁路运输的 20%～30%，公路运输的 7%～20%。

水路运输也有一些缺点，主要表现为：速度慢；货物在途时间长；待运时间长；受自然条件影响较大，如港口、航道、水位、季节、气候等；连续性较差。

（四）航空运输

航空运输是使用飞机或其他航空器进行运输的运输方式。航空运输的单位成本很高。因此，主要适合运载两类货物：一类是价值高、运费承担能力很强的货物，如贵重设备的零部件、高档产品等；另一类是紧急需要的物资，如救灾抢险物资等。

航空运输的优点是：速度快，与其他运输方式相比，快速度无疑是航空运输最明显的特征；机动性大，对于自然灾害的紧急救援、各种运输方式物流不可到达的地方均可采用飞机空投方式，以满足特殊条件下特殊物流的要求；基本建设周期短、投资少。

航空运输与其他运输方式相比，运输量少得多。一方面受其运量少的限制，另一方面运输成本高，一般的货物运输使用航运方式经济上不合算。因此，航空运输适合贵重货物、精密仪器、计算机、高级服装、鲜活货物、季节性货物及时间性强的邮件、包裹等。

（五）管道运输

管道运输是由大型钢管、泵站和加压设备等组成的运输系统完成物料输送工作的一种运输方式。其运输是靠物体在管道内顺着压力方向循序移动来实现的。和其他运输方式相比，其重要区别在于管道设备是静止不动的。

管道运输的优点是运量大。管径为1200毫米的管道年输送能力可达1亿吨；建设工程比较单一；具有高度的机械化；不存在无效运输；有利于环境保护。

管道运输在适用范围上有一定的局限性。它只适合于长期定向、定点输送，合理输量范围较窄。若输量变换幅度过大，则管道的优越性难以发挥；一般只适用于气体、液体的运输，粉粒体的近距离运输；运输速度比较慢。

二、按运输线路分类

（一）干线运输

干线运输，是指利用道路的主干线路或者固定的远洋航线进行大批量、长距离运输的一种形式。干线运输因为其运输距离长、运力集中，从而使得大量的货物能够迅速地进行大跨度的位移。干线运输是运输活动存在的主要形式。

通常情况下，干线运输要比使用相同运输工具的其他运输形式快得多，成本也会更低。它是长距离运输的主要形式。当然，仅有干线运输还不足以形成完整的运输网络，合理的运输离不开其他辅助的运输手段。

(二)支线运输

支线运输是相对于干线运输而言的。它是以干线运输为基础,对干线运输起辅助作用的一种运输形式。支线运输作为运输干线与收发货地点之补充运输,主要承担运输链中从供应商到运输干线上的集结点以及从干线上的集结点到配送站之间的运输任务。

当然,干线与支线是相对的。如果将以上几条支线运输线路放到一个相对较小的范围(比如一个省或邻近的一两个省),则它们又可以被看成是运输干线。一般来讲,支线运距相对于干线要短一些,运输量也要小一些。同时,支线的建设水平往往也低于干线,运输工具也相对差一些。所以,支线运输的速度一般较慢,相同运距花费的时间也可能会更长。

(三)二次运输

二次运输也是一种补充性的运输方式。它是指经过干线与支线运输到站的货物,还需要再从车站运至仓库、工厂或集贸市场等指定交货地点的运输。一般情况下,二次运输的运输路程短、运输数量小。但由于该种运输形式主要用于满足单个客户的需要,缺乏规模效应,所以其单位运输成本往往还会高于干线与支线运输的单位成本。

(四)厂内运输

厂内运输只存在于大型或超大型工业企业中。在这些企业内部,为了克服不同生产环节之间的空间差异而进行的运输称为"厂内运输"。厂内运输通常会发生在车间与车间之间或者车间与仓库之间。而在一般中小型企业内部以及大型企业的仓库内部发生的该类活动都不能称为"运输",而只能称作"搬运"。

三、按运输协作程度分类

(一)一般运输

一般运输主要是指在运输的全部过程中,单一地采用同种运输工具或是孤立地采用不同种运输工具,在运输过程中没有形成有机协作整体的运输形式。应该看到,在某些专业领域或在短距离运输中,此种运输形式还是比较常见的,也有存在的价值。但从长远看,此类运输形式显然与社会化大生产的客观要求相背离,所以其在社会总运量中的比重还会不断降低。

(二)多式联运

联合运输是一次委托,由两个或两个以上运输企业协同将一批货物运送到目的地的活动。多式联运是一种联合运输,联运经营者受托运人、收货人或旅客的委托,为委托人实现两种以上运输方式(含两种)或两程以上(含两程)运输的衔接,以及提供相关运输物流辅助服务的活动。图7-2是集装箱多式联运运输流程示意图。

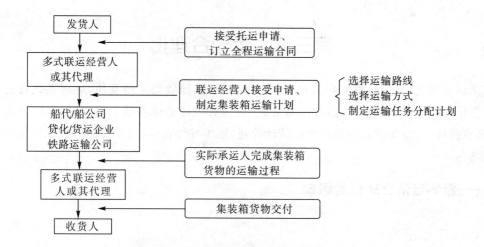

图 7-2　集装箱多式联运运输流程示意图

多式联运广泛应用于国际货物运输中,称为"国际多式联运"。它一般以集装箱为媒介,把海洋运输、铁路运输、公路运输、航空运输和内河运输等传统的单一运输方式有机地结合起来,采用一体化方式综合利用,以完成国际运输任务。

多式联运有利于发挥综合运输的优势,提高经济效益和社会效益;有利于挖掘运输潜力,加速货物周转,提高运输效率;有利于形成以城市为中心、港站为枢纽的综合运输网络;有利于无港站的县、市办理客货运输业务。

四、按运输是否中途换载分类

(一)直达运输

直达运输,是指物品由发运地到接收地,中途不需要换装和在储存场所停滞的一种运输方式。直达运输降低了货物因多次转运换装而灭失的风险,提高了运输速度。

对于承运人来说,直达运输也能使其在较短的时间内完成运输任务,从而达到提高运输效率、加快运输工具周转速度的目的。

(二)中转运输

中转运输,是指物品由生产地运达最终使用地,中途经过一次以上落地并换装的一种运输方式。货物在运输过程中,需要在途中的车站、港口、仓库等地进行转运换装。中转运输是干线与支线运输之间有效衔接的桥梁。通过中转运输,可以将运输化整为零或化零为整,达到方便用户、提高效率的目的。在运输过程中,中转作业可以充分发挥不同运输工具在不同路段上的运输优势,实现运输成本的节约和增效。

当然,中转运输也有一定的缺陷,主要就是中转换装会占用大量的作业时间、花费大量的物流费用,从而导致物流时间的延长和成本的增加。

第三节　运输合理化

运输合理化,是指从物流系统的总体目标出发,按照货物流通规律,运用系统理论和系统工程原理和方法,合理利用各种运输方式,选择合理的运输路线和运输工具,以最短的路径、最少的环节、最快的速度和最少的劳动消耗,组织好货物的运输与配送,以获取最大的经济效益。

一、影响运输合理化的因素

(一)运输距离

在运输时,运输时间、运输货损、运费、车辆或船舶周转等运输的若干技术经济指标都与运距有一定的比例关系,运距长短是运输是否合理的一个最基本因素。缩短运输距离从宏观、微观方面都会带来好处。

(二)运输环节

每增加一次运输,不但会增加运费,而且还要增加运输的附属活动,如装卸、包装等,各项技术经济指标也会因此而下降。所以,减少运输环节,尤其是同类运输工具的运输环节对运输合理化有极大的促进作用。

(三)运输工具

各种运输工具都有其使用的优势领域,对运输工具进行优化选择,按运输工具特点进行装卸运输作业,最大程度发挥所用运输工具的作用,是实现运输合理化的重要一环。

(四)运输时间

运输是物流过程中需要花费较多时间的环节,尤其是远程运输。在全部物流时间中,运输时间占绝大部分。所以,运输时间的缩短对整个流通时间的缩短有决定性作用。此外,运输时间短有利于运输工具的加速周转,充分发挥运力的作用,有利于货主资金的周转,有利于运输线路通过能力的提高,对运输合理化有很大贡献。

(五)运输费用

运费在全部物流费用中占很大比例,运费高低在很大程度上决定了整个物流系统的竞争能力。实际上,运输费用的降低,无论对货主企业来讲还是对物流经营企业来讲,都是运输合理化的一个重要目标。运费的多少也是各种合理化措施是否行之有效的最终判断依据之一。

二、不合理运输的表现

不合理运输,是指在组织货物运输过程中,违反货物流通规律,不按经济区域和货物自然流向组织货物调运,忽视运输工具的充分利用和合理分工。装载量低、流转环节多,从而浪费运力和增加运输费用的现象。

（一）与运输方向有关的不合理运输

1. 对流运输

对流运输也称"相向运输"、"交错运输",它是指同一种货物或彼此间可以互相代用而不影响管理、技术及效益的货物在同一线路上或平行线路上进行相对方向的运送,而与对方运程的全部或一部分发生重叠交错的运输。已经制定了合理流向图的产品一般必须按合理流向的方向运输,如果与合理流向图指定的方向相反,则也属对流运输。

在判断对流运输时需注意的是,有的对流运输是很不明显的隐蔽对流。例如,不同时间的相向运输,从发生运输的那个时间看,并未出现对流,可能作出错误的判断,所以要注意隐蔽的对流运输。

2. 倒流运输

倒流运输,是指货物从销地或中转地向产地或起运地回流的一种运输现象。其不合理程度要大于对流运输。其原因在于往返两程的运输都是不必要的,形成了双程的浪费。倒流运输也可以看成是隐蔽对流的一种特殊形式。

3. 起程或返程空驶

空车或无货载行驶可以说是不合理运输中最严重的一种形式。商务部数据显示,2011年,上海市货运汽车空驶率为37%,这一水平是欧美平均水平的3倍。广东省由于汽车空驶率高,所以相当于一年白花了370亿元物流费用。在实际运输组织中,有时候必须调运空车,从管理上不能将其看作不合理运输。但是,因调运不当、货源计划不周、不采用运输社会化而形成的空驶,都是不合理运输的表现。

造成空驶的不合理运输主要有以下几种原因:

(1)能利用社会化的运输体系而不利用,却依靠自备车送货提货,这往往出现单程空车、单程空驶的不合理运输。

(2)由于工作失误或计划不周,所以造成货源不实,车辆空去空回,形成双程空驶。

(3)由于车辆过分专用,无法搭运回程货,所以只能单程驶车,单程回空周转。

（二）与运输距离有关的不合理运输

1. 过远运输

过远运输,是指调运物资舍近求远,近处有资源不调而从远处调,这就造成可采取近程运输而未采取,从而造成拉长了货物运距的浪费现象。过远运输占用运力时间长、运输工具周转慢、占压资金时间长,远距离自然条件相差大,易出现货损,因而增加了费用支出。

2. 迂回运输

迂回运输是舍近取远的一种运输,它是指可以选取短距离进行运输而不选取,却选择路程较长路线进行运输。迂回运输有一定复杂性,不能简单认定。只有当计划不周、地理不熟、组织不当而发生的迂回运输,才属于不合理运输。如果最短距离内有交通阻塞、道路情况不好或有对噪声、排气等特殊限制而不能使用时发生的迂回运输,则不能称为不合理运输。

3. 铁路、大型船舶的过近运输

过近运输,是指不是铁路及大型船舶的经济运行里程却利用这些运力进行运输的不合理做法。主要不合理之处在于火车及大型船舶起运及到达目的地的准备、装卸时间长,且机动灵活性不足,在过近距离中利用就发挥不了运速快的优势。相反,由于装卸时间长,所以反而会延长运输时间。另外,和小型运输设备比较,火车及大型船舶装卸难度大、费用也较高。

(三)与运量有关的不合理运输

1. 重复运输

重复运输,是指某种货物本来可以从起运地一次直运达到目的地,但由于批发机构或商业仓库设置不当或计划不周,货物运到中途地点(如中转仓库)卸下后又二次装运的不合理运输现象。重复运输增加了一道中间装卸环节,增加了装卸搬运费用,延长了货物在途时间。

2. 无效运输

无效运输,是指在装运的物资中无使用价值的杂质(如煤炭中的矸石、原油中的水分、矿石中的泥土和沙石)含量过多或含量超过标准的运输。

3. 弃水走陆

在同时可以利用水运及陆运时,不利用成本低的水运或水陆联运,而选择成本较高的铁路运输或汽车运输,使水运优势不能发挥。

4. 承载能力选择不当

承载能力选择不当,是指不根据承运货物数量及重量选择,而盲目决定运输工具,造成过度超载、损坏车辆及货物满载、浪费运力的现象。尤其是"大马拉小车"现象发生较多。由于装货量小,所以单位货物运输成本必然增加。

(四)托运方式选择不当的不合理运输

托运方式选择不当,是指对于货主,本应选最好托运方式而未选择,造成运力浪费及费用支出加大的一种不合理运输。例如,应当择整车运输而采取零担托运,应当直达而选择了中转运输,应当中转而选择了直达运输等,都属于这一类型的不合理运输。

上述的各种不合理运输形式都是在特定条件下表现出来的,在进行判断时必须注意其不合理的前提条件,否则就容易出现判断的失误。另外,以上对不合理运输的描述主要就其形式本身而言是从微观观察得出的结论。在实践中,必须将其放在物流系统中做综合判断。在不做系统分析和综合判断时,则很可能出现"效益背反"现象。单从一种情况来看,避免了不合理,做到了合理,但它的合理却使其他部分出现不合理。只有从系统角度分析,综合进行判断才能有效避免"效益背反"现象,从而优化物流系统。

延伸阅读

古代人减少不合理运输的智慧

元仁宗时,虞集任国子祭酒,他看到京市的粮食靠船从东南海运而来,极耗民力且多发生意外,于是就提出建议,京市以东濒临海的地方有几千里方圆的芦苇荡,土地肥沃,若围海造田,既可缓和东南海运之力,又可以增强京师实力。这一合理布局生产力的建议到明惠帝时被采用,每年产粮一百多万石,大大节约了漕运费用。

唐以前,常平仓常设在城镇集市,农民进城卖粮费工费时。唐朝的刘晏以让利办法让商贾下乡以粮易货,减少农民的往返费用和时间。为避免不合理迂回运输,汉代的桑弘羊创设了"均输"制度。即改贡物运送京城为将贡物连同运费按当地市价折合为一定数量的当地土特产品,就地交给均输官,均输官除将非运往京城不可的贡物外,其他的就近出售。这样既免除了"往来烦杂,物多苦恶或不偿其费",又使政府从中赚取了利润。

三、实现运输合理化的有效途径

(一)提高运输工具实载率

提高实载率可以充分利用运输工具的额定能力,减少车船空驶和不满载行驶的时间、减少浪费,从而实现运输的合理化。

提高实载率的一条有效途径是实行"配送",将多家需要的物品和一家需要的多种物品实行配装,以达到容积和载重量的充分合理运用。比起以往自家提货或一家送货车辆的回程空驶的状况,这是运输合理化的一个进步。

(二)减少运力的投入

运输的投入主要是能耗和基础设施的建设,在基础设施建设已定型和完成的情况下,尽量减少能源投入是减少投入的核心。做到了这一点,就能大大节约运费,降低单位物品的运输成本,达到合理化的目的。

减少动力投入、提高运输能力的有效措施有:在机车能力允许情况下,加挂车皮;水运采用拖排和拖带法;将内河驳船编成一定队形,由机动船顶推前进;汽车拖挂运输;选择大吨位汽车等。

(三)开展中短距离铁路公路分流

在公路运输经济里程范围内或者经过论证超出通常平均经济里程范围,也尽量利用公路,开展"以公代铁"运输。这种运输合理化的表现主要有两点:一是对于比较紧张的铁路运输,用公路分流后可以得到一定程度的缓解,从而加大这一区段的运输通过能力;二是充分利用公路从"门到门"和在中短途运输中速度快且灵活机动的优势,实现铁路运输服务难以达到的水平。

(四)尽量发展直达运输

直达运输是追求运输合理化的重要形式。它可以减少中转换载换装,从而提高运输速度,节省装卸费用,降低中转货损。直达的优势是在一次运输批量和客户一次需求量达到了一整车时表现最为突出。此外,在生产资料、生活资料运输中,通过直达能建立稳定的产销关系和运输系统,也有利于提高运输的计划水平,考虑用最有效的技术来实现这种稳定运输,从而大大提高运输效率。

(五)实施配载运输

配载运输是充分利用运输工具载重量和容积,合理安排装载的物品及载运方法以求合理化的一种运输方式。配载运输也是提高运输工具实载率的一种有效形式。

配载运输往往是轻重商品混合配载,在以重质物品运输为主的情况下,同时搭载一些轻薄物品。在基本不增运力投入、也不减少重质物品运量的情况下,解决了轻薄物品的运输,效果显著。

(六)"四就"直拨运输

所谓"四就"直拨,是指由管理机构预先筹划,就厂、就站(码头)、就库、就车(船)将货物分送给用户,而不予入库。"四就"直拨可以有效减少中转运输环节。

(七)采取各种现代运输方法

为了提高运输效率,一些新的运输模式应该加以推广,如多式联运、一贯托盘化运输、散装化运输、智能化运输、甩挂运输等。

延伸阅读

甩挂运输

甩挂运输就是带有动力的机动车将随车拖带的承载装置,包括半挂车、全挂车甚至货车底盘上的货箱甩留在目的地后再拖带其他装满货物的装置返回原地或者驶向新的地点。

在相同的运输条件下,汽车运输生产效率的提高取决于汽车的载重量、平均技术速度和装卸停歇时间三个主要因素。甩挂运输把汽车运输列车化,这就可以相应提高车辆每运次的载重量,从而提高运输生产效率。

（八）发展特殊运输技术和运输工具

依靠科技进步是实现运输合理化的重要途径。例如，专用散装车及罐车解决了粉状、液状物运输损耗大、安全性差等问题；袋鼠式车皮、大型车解决了大型设备整体运输问题；"滚装船"解决了车载货的运输问题；集装箱船比一般船能容纳更多的箱体；集装箱高速直达车船加快了运输速度等，这些都是通过运用先进的科学技术来实现合理化的。

◇本章小结

运输，是指用设备和工具将物品从一地点向另一地点运送的物流活动，其中包括集货、分配、搬运、中转、装入、卸下、分散等一系列操作。运输在物流系统中占有重要地位。运输存在各种不同方式，每一种方式都有自己的优势和局限性。运输合理化受到运输的距离、环节、工具、时间以及费用等因素影响。不合理运输表现在运输方式不合理、运输距离不合理、运量不合理、托运方式不合理等多个方面。实现运输合理化要采取有效措施。

案例分析

"沃尔玛"是怎样降低运输成本的？

沃尔玛公司是世界上最大的商业零售企业，在物流运营过程中，尽可能地降低成本是其经营的哲学。

"沃尔玛"有时采用空运，有时采用船运，还有一些货物采用卡车公路运输。在中国，"沃尔玛"百分之百地采用公路运输，所以如何降低卡车运输成本是"沃尔玛"物流管理面临的一个重要问题，为此他们主要采取了以下措施：

（1）"沃尔玛"使用一种尽可能大的卡车，大约有16米加长的货柜，比集装箱运输卡车更长、更高。"沃尔玛"把卡车装得非常满，产品从车厢的底部一直装到最高，这样非常有助于节约成本。

（2）"沃尔玛"的车辆都是自有的，司机也是他的员工。"沃尔玛"的车队大约有5000名非司机员工，有3700多名司机，车队每周一次运输可以达7000~8000千米。

"沃尔玛"知道卡车运输是比较危险的，它有可能会出交通事故。因此，对于运输车队，保证安全是节约成本最重要的环节。"沃尔玛"的口号是"安全第一，礼貌第一"，而不是"速度第一"。在运输过程中，卡车司机们都非常遵守交通规则。"沃尔玛"定期在公路上对运输车队进行调查，卡车上面都带有公司的号码，如果看到司机违章驾驶，调查人员就可以根据车上的号码进行报告，以便进行惩处。"沃尔玛"认为，卡车不出事故就是节省公司的费用，就是最大限度地降低物流成本。由于狠抓了安全驾驶，所以运输车队已经创造了300万千米无事故的纪录。

（3）"沃尔玛"采用全球定位系统对车辆进行定位。因此，在任何时候，调度中心都可以知道这些车辆在什么地方，离商店有多远，还需要多长时间才能运到商店，这种估算可以精确到小时。"沃尔玛"知道卡车在哪里、产品在哪里,这就可以提高整个物流系统的效率,有助于降低成本。

(4) "沃尔玛"的连锁商场的物流部门 24 小时进行工作,无论白天或晚上都能为卡车及时卸货。另外,"沃尔玛"的运输车队还利用夜间进行运输,从而做到了当日下午进行集货,夜间进行异地运输,翌日上午即可送货上门,保证在 15～18 个小时内完成整个运输过程,这是"沃尔玛"在速度上取得优势的重要措施。

(5) "沃尔玛"的卡车把产品运到商场后,商场可以把它整个都卸下来,而不用对每个产品逐个检查,这样就可以节省很多时间和精力,加快了"沃尔玛"物流的循环过程,从而降低了成本。这里有一个非常重要的先决条件就是"沃尔玛"的物流系统能够确保商场所得到的产品是与发货单完全一致的产品。

(6) "沃尔玛"的运输成本比供货厂商自己运输产品要低。所以,厂商也使用"沃尔玛"的卡车来运输货物,从而做到了把产品从工厂直接运送到商场,这就大大节省了产品流通过程中的仓储成本和转运成本。

"沃尔玛"的集中配送中心把上述措施有机地组合在一起,作出了一个最经济合理的安排,从而使"沃尔玛"的运输车队能以最低的成本高效率地运行。

(资料来源:全国物流信息网。)

问题讨论

1. 对沃尔玛降低物流运输成本的一系列举措,你是怎样认识的?
2. 降低物流成本对沃尔玛的发展有何意义?
3. 你认为一个大型连锁零售企业可以采取哪些措施去降低运输成本?

◇ **复习思考题**

1. 简述运输在物流系统中的地位。
2. 铁路运输、公路运输、水上运输、航空运输及管道运输各具有哪些优点和局限性?
3. 影响运输合理化的因素有哪些?
4. 不合理运输有哪些表现形势?
5. 实现运输合理化可采取哪些有效措施?

第八章 仓储管理

学习目标

通过本章学习,要求掌握仓储的概念与作用,了解仓储的基本种类及其特点,了解仓储作业的一般程序,掌握不合理仓储的主要表现形式和实现仓储合理化的基本途径。

开篇案例

中国古代人对储存数量确定的理性思考

管仲提出的"岁藏三分,十年则必有三年之余"的数量原则一直为后世所奉循。司马光则将其具体解释为:"大熟则上籴三而舍一,中熟则籴二,下熟则籴一。使民适足,价平则止。小饥则发小熟之敛,中饥则发中熟之敛,大饥则发大熟之所敛而粜之,所以取有余而补不足也。"对储存的足与不足,何为适量问题,西汉的刘安认为:"夫天地之大计,三年耕而余一年之食,率九年而有三年之蓄,十八年而有六年之积,二十七年而有九年之储,虽涝旱灾害无殃,民莫困流亡也。故国无九年之蓄,谓之不足;无六年之积,谓之悯急,无三年之蓄,谓之穷乏。"金时,"其令牛一具赋粟一石,每谋克(三百户)为一廪贮之。"古代辩证思想家老子早就对超储问题提出过警告:"甚爱必大费,多藏必厚亡。"就是说,过于吝啬必然导致大的浪费,过多的储存必然流失得也快。

问题思考:怎样合理确定粮食储存量?

在物流中,运输改变了物的空间位置,创造的是物的空间效用。而物流的另一种基本效用——时间效用,则是通过改变物的时间状态而创造的,这种创造由仓储来实现。2013年,我国运输费用为5.4万亿元,保管费用为3.6万亿元,分别占全社会物流费用的比重为52.5%、35.0%。仓储与运输在物流系统中是并列的两大主要功能要素,被称为"物流的两根支柱"。

第一节 仓储的概述

一、仓储的概念

对于"仓储"概念的认识,可以先分别从"仓"和"储"来分析。"仓"也称为"仓库",它是存放物品的建筑物或场地,如房屋建筑、大型容器、洞穴或者特定的场地等,一般具有存放和保护物品的功能。"储"表示收存以备使用,具有收存、保管、储藏和交付使用的含义。综合"仓"和"储"的含义,"仓储"可理解为利用仓库及相关设施、设备进行物品的进库、存贮、出库的作业活动。储存和保管是仓储的两大基本功能。

二、仓储的作用

(一)仓储的正作用

1. 创造时间效用

同一种东西在不同的时间有不同的价值和效用,这就是时间效用。同种"物"由于时间状态不同,其使用价值的实现程度也可能有所不同,其效益的实现也就会不同。由于改变了时间而最大限度地发挥使用价值,最大限度地通过价值和使用价值的提高而提高了产出投入比,这就称之为"时间效用"。通过储存,使"物"在效用最高的时间发挥作用,就能充分发挥"物"的潜力,实现资源在时间上的优化配置。从这个意义上来讲,也相当于通过储存提高了物的使用价值。

2. 协调生产和消费

从生产和消费两方面来看,其连续性的规律都是因产品不同而异。有的产品生产是均衡的,而消费不是均衡的,如取暖器等季节性商品;相反,有的产品生产节奏有间隔而消费则是连续的,如粮食。这两种情况都产生了供需不平衡,这就要有仓库的储存作为平衡环节加以调控,从而使生产和消费协调起来。仓储的这种作用被称为"蓄水池"作用和"调节阀"作用。

3. 衔接流通过程

产品从生产到消费需要经过分散、集中、分散的过程,还可能需要经过不同运输工具的转换运输。为了有效率地利用各种运输工具,降低运输过程中的作业难度,实现经济运输,物品需要通过仓储进行候装、配载、包装、成组、分批、疏散等。为了满足销售的需要,商品在仓储中进行整合、分类、拆除包装、配送等处理和存放。存放在仓库里的商品还可以提供给购买方进行查看,这是大多数现货批发交易的方法。因而,仓储还具有商品陈列的功能。

4. 保障产品价值

生产出的产品在消费之前必须保持其使用价值,否则将会被废弃。这个环节就需要由仓储来承担,在仓储过程中对产品进行保护、管理,防止损坏而不丧失价值。同时,仓储是产品提供消费的最后一道作业环节,可以根据市场对产品消费的偏好,对产品进行最后加工改造和进行流通加工,以提高产品的附加值,从而促进产品的销售,甚至增加收益。

5. 创造利润源泉

在"第三个利润源"中,仓储是其中主要部分之一。仓储作为一种利润源是因为以下几点:

(1)有了仓储保证就可免除加班赶工,省去增加成本的加班赶工费。
(2)有了仓储保证就无需紧急采购,不致增加成本使该赚的少赚。
(3)有了仓储保证就能择机销售和购进,增加销售利润或减少购入成本。
(4)由于仓储是大量占用资金的一个环节,所以仓储中节约的潜力也是巨大的。

(二)仓储的逆作用

1. 占用大量资金

用于仓储的物品越多,能够满足客户需求的可能性就越大,与此同时,占用的资金也就越多。库存中的每一个物品根据其价值的高低都会或多或少地占用资金。在一般情况下,库存资金可能占流动资金的40%,甚至达到60%。因此,从占用资金的角度来看,由于仓储的存在,所以使得资金的占用大量增加。如果没有库存或实现零库存,则可节省大量的资金占用。

2. 发生库存成本

库存成本,是指企业为持有库存所需花费的成本。库存成本包括:占用资金的利息,保管费(仓库费用、搬运费用、管理人员工资),保险费,库存物品价值损失费(丢失或被盗、库存物品变旧、发生物理化学变化导致价值的降低)等。

3. 掩盖管理问题

由于仓储的存在,所以使得许多问题得不到及时暴露,从而得不到及时解决,这样会带来一些管理上的问题。例如,掩盖经常性发生的产品或零部件的制造质量问题。当废品率和返修率很高时,一种很自然的做法就是加大生产批量和在制品、产成品库存,从而掩盖供应商的供应质量问题、交货不及时问题、生产过程中以及销售过程中存在的问题等。

总之,持有库存要发生一定费用,同时还会带来其他一些管理上的问题。因此,仓储的正向作用及其逆向作用之间有一个折中、平衡的问题,这也就是仓储管理所要研究和解决的问题。

三、仓储的种类

仓储的本质都是为了储存和保管,但由于经营主体、仓储对象、经营方式和仓储功能的不同,所以使得不同的仓储活动具有不同的特征。

(一)按仓储经营主体划分

1. 自用仓储

自用仓储包括生产企业和流通企业的自用仓储。生产企业自用仓储指生产企业使用自有的仓库设施对生产使用的原材料、生产的中间件、最终产品实施储存保管的行为。其储存的对象较为单一,以满足生产为原则。流通企业自用仓储则指流通企业以其拥有的仓储设施对其经营的商品进行仓储保管的行为。其仓储对象较多,目的是为了支持销售。

企业自用仓储行为不具有独立性,仅仅是为企业的产品生产或经营活动服务。相对来说,规模小、数量多、专业性强,而仓储专业化程度低、设施简单。一般为自用仓库,不开展商业性仓储经营。

2. 营业仓储

营业仓储指仓储经营人以其拥有的仓储设施向社会提供商业性仓储服务的仓储行为。仓储经营人与存货人通过订立仓储合同的方式建立仓储关系,并依合同约定提供服务和收取仓储费。营业仓储的目的是为了在仓储活动中获得经济回报,实现经营利润最大化。它主要有提供货物仓储服务和提供仓储场地服务两种形式。

金融仓储

金融仓储是银行抵质押物保管监管业务,即采用第三方服务的形式为银行提供安全的保管和监管,方便企业以库存原材料、半成品和产成品抵押而融得资金,它是现代金融业与物流业的联姻。金融仓储业的主体为三个:融资企业、银行和金融仓储。业务主要有:动产抵质押存放、保管与价值评估;动产抵质押品价值标准设计;动产抵质押品价值动态监控与风险提示;开展动产抵质押品变现操作或辅助提供动产抵质押品变现信息和操作建议。金融仓储业务成为银企沟通互动的一个重要的场所,也成为中小企业融资的一个新型的渠道,中小企业经过第三方中介——仓储金融公司进行动产担保向银行取得信贷资金。

(二)按仓储对象划分

1. 普通物品仓储

普通物品仓储指不需要特殊保管条件的物品仓储。一般的生产物资、生活用品、普通工具等杂货类物品,不需要针对货物设置特殊的保管条件,采取无特殊装备的通用仓库或货场存放。

2. 特殊物品仓储

在保管中有特殊要求和需要满足特殊条件的物品仓储,如危险品仓储、冷库仓储、粮食仓储等。特殊物品仓储一般为专用仓储,按物品的物理、化学、生物特性,以及法规规定进行仓库建设和实施管理。

(三)按仓储功能划分

1. 储存仓储

储存仓储为物资需较长时期存放的仓储。由于物资存放时间长,所以存储费用低廉就很有必要。储存仓储一般在较为偏远的地区进行。储存仓储的物资较为单一、品种少,但存量大且存期长。因此,要特别注意物资的质量保管。

2. 物流中心仓储

物流中心仓储是以物流管理为目的的仓储活动,是为了实现有效的物流管理对物流的过程、数量、方向进行控制的环节。物流中心仓储一般在经济比较发达地区的中心,交通较为便利、储存成本较低处进行。

3. 配送仓储

配送仓储也称"配送中心仓储",是商品在配送交付客户之前所进行的短期仓储,是商品在销售或者供生产使用前的最后储存。在该环节往往对商品进行销售或者使用的前期处理。配送仓储一般在商品的消费经济区间内进行。配送仓储物品品种繁多、批量少,需要一定量进货、分批少量出库操作,往往需要进行拆包、分拣、组配等作业,主要目的是为了支持销售并注重对物品存量的控制。

4. 运输转换仓储

运输转换仓储用来衔接不同的运输方式。它在不同运输方式的相接处进行,如港口、车站库场所进行的仓储。它是为了保证不同运输方式的高效衔接,以减少运输工具的装卸和停留时间。运输转换仓储具有大进大出的特点,货物存期短,注重货物的周转作业效率和周转率。

(四)按仓储物的处理方式划分

1. 保管式仓储

保管式仓储,是指以保管物原样保持不变的方式进行的仓储,也称为"纯仓储"。存货人将特定的物品交由保管人进行保管,到期保管人将原物交还存货人。保管物除了所发生的自然损耗和自然减量外,数量、质量、件数不发生变化。保管式仓储又分为仓储物独立保管仓储和将同类仓储物混合在一起的混藏式仓储。

延伸阅读

虚拟仓库

虚拟仓库建立在计算机和网络通讯技术基础上,将地理上分散的、属于不同所有者物品储存、保管和远程控制的物流设施进行整合,形成具有统一目标、统一任务、统一流程的暂时性物资存储与控制组织,可以实现不同状态、空间、时间物资的有效调度和统一管理。

2. 加工式仓储

加工式仓储,是指保管人在仓储期间根据存货人的要求对保管物进行一定的加工的仓储方式。保管物在保管期间,保管人根据委托人的要求,对保管物的外观、形状、成分构成、尺寸等进行加工,从而使仓储物发生委托人所希望的变化。

3. 消费式仓储

保管人在接受保管物的同时接受保管物的所有权,保管人在仓储期间有权对仓储物行使所有权。仓储期满,保管人将相同种类和数量的替代物交还给委托人。消费式仓储特别适合保管期较短(如农产品)、市场供应价格变化较大的商品的长期存放,具有一定的商品保值和增值功能,是仓储经营人利用仓储开展经营的增值活动,它已经成为仓储经营的重要发展方向。

第二节 仓储作业管理

一、入库作业管理

商品入库一般会经过验单、接货、卸载、分类、商品点验、签发入库凭证、商品入库堆码、登记入账等一系列作业环节。对这些作业活动要进行合理的安排和组织。

(一)编制入库作业计划

商品入库作业计划是根据仓储保管合同和商品供货合同来编制商品入库数量和入库时间进度的计划。它的主要内容包括入库商品的品名、种类、规格、数量、入库日期、所需仓库容量、仓储保管条件等。仓库计划工作人员对各入库作业计划进行分析,再编制出具体的入库工作进度计划。

(二)入库前的准备

入库前的准备工作主要包括以下几项内容:

1. 储位准备

根据预计到货的商品特性、体积、质量、数量和到货时间等信息,结合商品分区、分类和储位管理的要求,预计储位、预先确定商品的拣货场所和储存位置。

2. 入库准备

按照商品的入库时间和到货数量,预先计划并安排好接运、卸货、检验、搬运货物的作业人员。

3. 设备准备

根据到货商品的包装、重量、体积、到货数量等信息,确定检验、计量、卸货与搬运的方法,准备好相应的工具与设备,并安排好卸货站台和空间。

(三)单据核对

商品到库后,仓库收货人员首先要检查商品入库单据,然后根据入库单据对开列的货品单位和名称等内容进行核对。

(四)初步检查验收

初步检查验收主要是对到货情况进行粗略的检查,其工作内容主要包括数量检查和包装外观检查。查看包装有无破损、水湿、渗漏、污染等异常情况。当出现异常情况时,可打开包装进行详细检查,查看内部商品有无短缺、破损或变质等情况。

（五）办理交接手续

入库商品经过上述程序后，就可以与送货人员办理交接手续。如果在以上工序中无异常情况出现，则收货人员在送货单上盖章签字表示商品收讫。如发现有异常情况，则必须在送货单上详细注明并由送货人员签字或由送货人员出具差错、异常情况记录等书面材料，以作为事后处理的依据。

（六）商品验收

商品验收是根据事先商定的检验内容对商品质量所进行的检验。它包括对商品的内包装、理化指标、物理特性等的检验。检验如发现问题，则要填写质量报告单。

（七）信息处理

经验收确认后的商品应及时填写验收记录表，并将有关入库信息及时准确地输入管理信息系统，同时更新库存商品的有关数据。

商品入库作业的基本业务流程如图 8-1 所示。

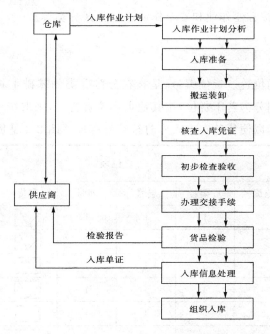

图 8-1　入库作业的基本业务流程

二、在库作业管理

商品经过入库验收、办清入库手续、进入库房（货场）堆码或上货架之后，商品的入库业务就此结束，接着商品的在库业务便开始了。在这个阶段中，仓库要进行一系列工作，以确保库存商品安全、商品质量完好和数量准确无误。保管商品是仓库的基本职能。把好在库保管关,对于商品安全度过保管期,能够如数完好地分发出库,从而完成商品储存的任务有决定性的意义。

(一) 分区分类

分区分类保管是仓库对仓储商品进行科学管理的一种方法。商品分区就是根据仓库的建筑、设备等条件将库房、货棚、垛场划分为若干保管商品的区域,以适应商品储存的需要;商品分类就是按商品大类、性质和它的连带性划分成若干类,分类集中存放,以利于收发货与保管业务的进行。

仓储商品实行分区分类要以安全、优质、挖潜、多储、低耗为原则,在"三一致"(商品性能一致、养护措施一致、消防方法一致)的前提下进行管理。实行仓储商品分区分类管理可以缩短收、发作业时间,合理使用仓库,有利于保管员掌握商品进出库的活动规律,熟悉商品性能,提高商品保管的技术水平。

仓库规模的大小、建筑与设备的完善程度、储存货物的种类、收发货的方式、经营范围的不同使其分区分类的方法也不尽相同,大致有以下几种分区分类方法:按货物种类和性质进行分区分类;按不同货主的储存货物进行分区分类;按货物流转方向进行分区分类;按货物危险性进行分区分类;按方便作业和安全作业进行分区分类等。

(二) 货位编号

货位即货物储存的位置。货位编号,是指在分区分类的基础上将仓库的库房、货场、货棚及货架等储存场所划分为若干货位,按其地点和位置排列,采取统一规定编列货位的顺序号码,并作出明显标志,以便货物在出入库时按编号存取。图 8-2 是货位表记录示意图。

	货位表				
货位编号	货架号	层号	列号	有货	备注
1	1	1	1	✓	
2	2	1	1	✓	
3	3	1	1	☐	
4	4	1	1	✓	
5	5	1	1	☐	
6	6	1	1	☐	
7	1	1	1	✓	
8	2	1	1	☐	
9	3	1	2	✓	

图 8-2 货位表记录和意图

货位编号在储存保管业务中有着重要的作用,它能提高收发货效率,避免差错。按编号收发货便于识别货垛，缩短厂进出库作业时间，减少串号和错付等现象的发生。它还有利于货物在库检查、盘点、对账等作业，以保证仓库账、货相符。

货位编号可以按照仓库各自不同的建筑、设备条件与业务管理需要而定，"四号定位"（这四个号码分别为序号、架号、层号、位号）就是其中一种。

（三）盘点

在仓储作业过程中，货品不断地进出库，在长期的累积下，库存资料容易与实际数量产生不符的现象或者有些货品因存放过久、养护不当，导致质量受到影响，难以满足客户的要求。为了有效地控制货品数量和质量，而对各储存场所货品进行数量清点的作业称之为"盘点作业"。盘点的方法就是对库存商品进行卡、账、物三方面的数量核对工作。盘点形式有：永续盘点、循环盘点、定期盘点、重点盘点等四种。

（四）商品的维护保养

不同商品的性能不同，对储存条件的要求也不同。如怕潮湿和易霉变、易生锈的商品应存放在较干燥的库房里；怕热易溶化、发粘、挥发、变质或易发生燃烧、爆炸的商品应存放在温度较低的阴凉场所；一些既怕热、又怕冻且需要控制湿度的商品应存放在冬暖夏凉的楼下库房或地窖里。此外，性能相互抵触或易串味的商品不能在同一库房混存，以免相互产生不良影响。尤其对于化学危险物品要严格按照有关部门的规定分区分类安排储存地点。

三、出库作业管理

出于各种类型的仓库具体储存的商品种类不同、经营方式不同，商品出库的程序也不尽相同，但就其出库的操作内容来讲，主要包括订单审核、出库信息处理、拣货、发货检查、装车和发货信息处理。

（一）订单审核

仓储业务部门接到订单或出库单时，首先要核对单据的内容，检查商品的名称、型号、数量等有无错误。审核无误后进行出库信息的处理和拣货作业。

（二）出库信息处理

出库信息处理是完成订单的审核与录入后对货品的出库信息进行处理。它包括先进先出的安排、存货量的核检等工作。

（三）拣货

拣货作业就是依据客户的订货要求或配送中心的送货计划，尽可能迅速、准确地将商品分拣出来的作业过程。按照拣货自动化程度的不同，拣货分为人工拣货和自动拣货两种方式。

(四)发货检查

发货检查是对即将装车发货的商品进行再次核查。即核查订单号、货品数量、品种与规格等是否与订货信息相符。

(五)装车

装车是按照送货路线安排、时间安排和装车图将分拣完成的货品搬运到车上的过程。装车作业要注意货品装载重心对车辆的影响,注意装载的稳定性,注意车辆行驶时货品的安全。

(六)发货信息处理

完成商品装车过程并不等于完成商品的出库工作,只有商品交给客户并得到确认,才算完成商品的出库工作。在此过程中,可能出现客户退货、商品短缺、数量不符等问题。在得到客户确认的出库单、送货单后,将完成的出库信息输入系统中。出库单据是作为向客户收款的依据,及时更新商品的出库信息也是订货准确的保证条件。

一般的出库业务程序如图 8-3 所示。

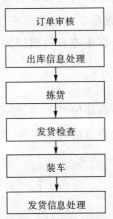

图 8-3　出库作业流程

第三节　仓储库存控制

一、库存控制的概念

库存控制是在保障供应的前提下,使库存物品的数量达到合理化所进行的有效管理的技术经济措施。库存控制是仓储管理的一个重要组成部分。

库存控制的主要作用如下:一是在保证企业生产、经营需求的前提下,使库存量保持在合理的水平上;二是掌握库存量的动态,适时、适量提出订货,避免超储或缺货;三是减少库存空间占用,降低库存总费用;四是控制库存资金占用,加速资金周转。

二、库存控制的传统方式

有物品库存就需要对其进行控制,库存控制决定了隔多长时间检查一次库存量、何时提出补充订货、每次订多少等问题。按照控制的方式不同,库存控制可以分为两种基本模型,即定量订货和定期订货。

(一)定量订货

定量订货即订货点和订货量均为固定量的库存控制方式。运用定量订货方式,当库存量下降到预定的库存数量(订货点)时,按经济订货批量(通过平衡采购进货成本和保管仓储成本核算,以实现总库存成本最低的最佳订货批量)为标准进行订货的一种库存管理方式。定量订货是一种永续盘存系统,它要求每次从库存里取走货物和添加货物时必须刷新纪录,确定是否已达到订货点。定量订货方式比较适合控制重要物资和关键维修零件,因为该方式对库存的监控更加密切,可以对潜在缺货更快地作出反应。但是,由于每一次补充库存和出货都要进行记录和盘点,所以使定量订货显得比较麻烦和浪费时间。

企业为了简便管理和盘点工作,常采用双堆法,又称"双仓法"和"双箱法"。即每次进货时需要将物资分成两部分储备,一部分作为订货点的库存储备单独存放,另一部分作为日常储备供日常发货使用。一旦在发货过程中发现日常储备量用尽时,就动用留作订货点的库存储备,同时马上发出订货指令。

(二)定期订货

定期订货是按预先确定的订货间隔期进行订货的一种库存管理方式。采用定期订货方式平均库存较大,因为要预防在盘点期缺货的情况。定期订货方式更适用于向一个供应商采购多种货物或企业同时需要采购多种货物,因为同时订购多种货物在订购成本上可以充分利用规模经济效应。

定期订货方式不需要随时检查、控制库存,到了间隔期就提出订货,这样既简化了管理,又节省了订货费。但定期订货的缺点除了库存较高外,还有不论库存水平降到多少都要按期发出订货。当库存量水平很高时,某些物品在某些时间订货量很小,因此会造成浪费。

为了克服定期订货方式的缺陷就产生了最大最小控制方式。该方式仍然是定期订货方式,只不过它需要规定一个订货点,当经过时间间隔时,如果库存量降到订货点及以下则发出订货。否则,经过下一个时间间隔再考虑是否发出订货。

三、ABC库存控制法

一般认为,库存货物无论是数量、价格,还是品种,均存在一定的差异性。一些货物品种少但价格很高;相反,另一些货物品种很多但价格很低。因此,客观上造成企业对库存货物管理的困难,如果对每一品种均予以相同管理,那是不可能的或不切合实际的。为了集中资源更有效地开展管理,需要将管理的重点放在重要的货物上,即依据库存货物重要程度不同分别进行不同管理。

ABC分类法又称"巴雷特分析法",此法的要点是把企业的货物按其金额大小划分为A、B、C三类,然后根据重要性分别对待。A类货物是指品种少、实物量少而价值高的货物,其成本金额约占70%,而实物品种不超过20%。C类货物是指品种多、实物量多而价值低的货物,其成本金额约占10%,而实物品种不低于50%。B类货物介于A类、C类货物之间,其成本金额约占20%,而实物品种不超过30%。

可见,由于A类存货占用着企业绝大多数的资金,所以只要能够控制好A类存货,基本上也就不会出现较大的问题。同时,由于A类存货品种数量较少,所以企业也完全有能力按照每一个品种进行管理。B类存货就不像A类存货那样花费太多的精力,分类别管理就可以了。而C类存货则只要把握一个总金额就可以了。表8-1是ABC库存控制法操作机理示意表。

表8-1 ABC库存控制法操作机理示意表

类别	划分标准		控制方法	适用范围
	占储存成本比重	实物品种比重		
A	70%左右	20%左右	重点控制	品种少、单位价值高的物品
B	20%左右	30%左右	一般控制	介于A、C两者之间的物品
C	10%左右	50%左右	简单控制	品种多、单位价值低的物品

四、几种零库存方式

传统的库存控制模式,包括ABC控制法,关注的焦点是一个企业范围内从保障生产经营需要方面进行库存控制的。实际上库存控制不仅仅是仓储订货决策问题,还和企业生产经营模式、企业物流利益相关者、社会物流发展、现代信息技术等有着密切关系,它是一个系统性的控制问题。"零库存"是现代库存发展的一个方向,这里介绍几种零库存的实现方式。

延伸阅读

零库存管理

"零库存"是一种特殊的库存概念,零库存的含义是以仓库储存形式储存的某种或某些物品的储存数量很低的一个概念,甚至可以为"零",即完全不保有库存。

不以库存形式存在就可以免去仓库存货的一系列问题,如仓库建设、管理费用,存货维护、保管、装卸、搬运等费用,存货占用流动资金及库存物的老化、损失、变质等问题。

零库存是对某个具体企业、具体车间、具体商店而言的,是在有充分社会储备保障前提下的一种特殊形式。零库存不是广义的概念而是一个具体的概念。虽然现代科学技术和管理技术可以把零库存的控制区域从一个车间延伸到一个工厂,再延伸到相关的社会流通系统,但是在整个社会再生产的全过程中,零库存只能是一种理想,而不可能成为现实。没有社会储备的保障、没有供大于求的经济环境,微观经济领域的零库存也是很难实现的。

零库存有两种实现方式:一是依靠新的生产力,以技术手段实现零库存。采用新的技术装备和生产工艺,例如,把"岛式"生产方式改为连续生产方式,采用轮动式的生产线可以在整个生产流程的过程中实现环节之间、车间之间的零库存。二是依靠调整生产关系,以管理手段实现零库存。采用诸如物流联盟、供应链等企业协作、配送的方式,以及看板管理方式等等,依托于信息技术,依靠准确的计划衔接,可以实现企业内部的、企业内部与外部的、社会流通系统某些环节的零库存。

(一)委托保管方式

接受用户的委托,由受托方代存代管所有权属于用户的物资,从而使用户不再保有库存,甚至可不再保有保险储备库存,从而实现零库存。受托方收取一定数量的代管费用。这种零库存形式优势在于受委托方利用其专业的优势,可以实现较高水平和较低费用的库存管理,用户不再设仓库,同时减去了仓库及库存管理的大量事务,集中力量生产经营。但是,这种零库存方式主要是靠库存转移来实现的,并未能使库存总量降低。

(二)协作分包方式

协作分包方式指美国的"sub—com"方式和日本的"下请"方式。其主要是制造企业的一种产业结构形式,这种结构形式可以以若干分包企业的柔性生产准时供应,并使主企业的供应库存为零;同时,主企业的集中销售库存使若干分包劳务及销售企业的销售库存为零。

在许多发达国家,制造企业都是以一家规模很大的主企业和数以千百计的小型分包企业组成一个金字塔形结构。主企业主要负责装配和产品市场开拓的指导,分包企业各自分包劳务、分包零部件制造、分包供应和分包销售。例如,分包零部件制造的企业可采取各种生产形式和库存调节形式以保证按主企业的生产速率,按指定时间送货到主企业,从而使主企业不再设一级库存,达到零库存的目的。主企业的产品(如家用电器、汽车等)也分包给若干推销人或商店销售,可通过配额、随时供给等形式,以主企业集中的产品库存满足各分包者的销售,从而使分包者实现零库存。

(三)轮动方式

轮动方式也称"同步方式",它是在对系统进行周密设计的前提下使各个环节速率完全协调,从而根本取消甚至是工位之间暂时停滞的一种零库存、零储备形式。这种方式是在传送带式的生产基础上进行更大规模延伸所形成的一种使生产与材料供应同步进行,通过传送系统供应从而实现零库存的形式。

(四)准时供应

在生产工位之间或在供应与生产之间完全做到轮动,这不仅是一件难度很大的系统工程,而且需要很大的投资,同时,有一些产业也不适合采用轮动方式。因而,广泛采用比轮动方式有更多灵活性、较容易实现的准时方式。准时方式不是采用类似传送带的轮动系统,而是依靠有效的衔接和计划达到工位之间、供应与生产之间的协调,从而实现零库存。如果轮动方式主要靠"硬件",那么准时供应系统则在很大程度上依靠"软件"。

(五)看板方式

看板方式是准时方式中一种简单有效的方式,也称"传票卡制度"或"卡片"制度,是日本丰田公司首先采用的。在企业的各工序之间或在企业之间或在生产企业与供应者之间采用固定格式的卡片为凭证,由某一环节根据自己的节奏逆生产流程方向向上一环节指定供应,从而协调关系并做到准时同步。采用看板方式有可能使供应库存实现零库存。

(六)水龙头方式

水龙头方式是一种像拧开自来水管的水龙头就可以取水而无需自己保有库存的零库存形式。这是日本索尼公司首先采用的。这种方式经过一定时间的演进已发展成即时供应制度,用户可以随时提出购入要求,采取需要多少就购入多少的方式,供货者以自己的库存和有效供应系统承担即时供应的责任,从而使用户实现零库存。适于这种供应形式实现零库存的物资主要是工具及标准件。

(七)无库存储备

国家战略储备的物资往往是重要物资,战略储备在关键时刻可以发挥巨大作用,所以几乎所有国家都要有各种名义的战略储备。由于战略储备的重要性,一般这种储备都保存在条件良好的仓库中,以防止其损失并延长其保存年限,所以,实现零库存几乎是不可想象的事。无库存的储备是仍然保持储备,但不采取库存形式,以此达到零库存。有些国家将不易损失的"铝"这种战略物资做成隔音墙、路障等储备起来,以备万一。在仓库中不再保有库存就是一例。

第四节　仓储合理化

一、不合理仓储的表现

(一)储存时间过长

储存时间从两个方面影响储存这一功能要素的效果,两者彼此消长的结果形成了储存的一个最佳时间区域。

一方面是经过一定的时间,被储物可以获得"时间效用";另一方面是随着储存时间的增加,有形及无形损耗加大,这是"时间效用"的一个逆反因素。从"时间效用"角度来考察,有的物资储存一定时间,效用可能增大,但时间继续增加,效用则会出现增长减缓甚至降低,有的物资"时间效用"甚至可能出现周期性波动。因而,储存的总效益是确定储存最优时间的依据。

虽然储存时间与储存总效益之间有着复杂的关系,但是,对绝大多数物资来说,过长的储存时间都会影响总效益,因而,都属于不合理储存的范畴。

(二)储存数量过大

一方面储存数量的增加会提高保证能力,但另一方面可能增加储存损失。储存数量也主要从两方面影响储存这一功能要素的效益,这两方面利弊的消长也使储存数量不是一个恒定的数,而是有一个最佳的区域。超过或者低于这个数量区域的储存量都是不合理的储存。储存数量的增加会引起储存损失无限度增加,而保证能力增加却是有限度的。因而,超出一定程度的储存数量是有害而无益的。

(三)储存数量过低

储存数量过低会严重降低储存对供应、生产、消费的保证能力,不过储存的各种损失也会降低。两者彼此消长的辩证结果是储存数量降低到一定程度,由于保证能力的大幅度削弱,所以直接导致生产停顿、市场脱销。其损失远远超过来自减少储存量从而减少库损、减少利息支出损失等带来的收益。所以,储存量过低也是会大大损害总储存效果的不合理现象。

(四)储存条件不足或过剩

储存条件不足指的是储存条件不足以为被储存物提供良好的储存环境,缺乏必要的储存管理措施。因此,往往造成被储物的损失或整个储存工作的混乱。储存条件不足主要反映在储存场所简陋、储存设施不足以及维护保养手段与措施不力等方面。

储存条件过剩指的是储存条件大大超过需要,从而使被储物负担过高的储存成本,使对被储物的实际劳动投入大大高于社会平均必要劳动量,其结果是出现财务方面的问题,并直接导致亏损。

储存条件也从两方面辩证地影响储存这一功能要素的效果。这两方面利弊消长的结果也决定了储存条件只能在恰当范围内,条件不足或过剩都会使储存的总效益下降,因而是不合理的。

(五)储存结构失衡

储存结构,是指被储物的种类和数量方面的比例关系。在宏观和微观上,被储物的比例关系都经常会出现失调,这种失调表现在以下几方面:

(1)储存物的品种、规格、花色失调,存在总量正常,但出现不同品种、规格、花色此有彼无的现象。

(2)储存物不同品种、规格、花色的储存期失调、储存量失调,存在此长彼短或此多彼少的失调现象。

(3)储存物储存位置的失调,存在在大范围地理位置上或局部存放位置上该有却无、该少却多、该多却少的失调现象。

二、实行仓储合理化的基本途径

（一）仓储合理化的概念

仓储合理化就是用最经济的办法实现仓储的功能。仓储的功能是实现被储物的"时间价值",这就必须有一定储量。商品储备必须有一定的量才能在一定时期内满足需要,这是仓储合理化的前提或本质。如果不能保证储存功能的实现,则其他问题便无从谈起。但是,储存的不合理又往往表现在对储存功能实现的过分强调。因而,它是过分投入储存力量和其他储存劳动所造成的。所以,合理储存的实质是在保证储存功能实现的前提下尽量少投入,这也是一个投入产出的关系问题。

延伸阅读

促进我国仓储业转型升级的主要任务

1. 支持仓储企业创新经营模式

鼓励仓储企业适应连锁经营、电子商务等现代流通方式的发展要求,开展供应链库存管理、加工包装、分拣配送等供应链一体化服务。鼓励仓储企业通过联盟、重组、托管经营等方式发展网络化仓储配送。支持有条件的仓储企业规范开展质押监管等供应链融资监管服务。

2. 引导仓储企业推广应用新技术

大力推广集装技术和单元化装载技术以提高仓储作业效率。推广应用条形码、智能标签、无线射频识别等自动识别、标识技术和货物快速分拣技术。加强仓储技术装备的研发与推广,鼓励企业采用仓储配送、装卸搬运、分拣包装、条码印刷等专用技术设备。

3. 加强仓储企业信息化建设

支持仓储企业购置或自主开发仓储管理信息系统。有条件的仓储企业要积极应用物联网技术。支持仓储企业与连锁企业、电子商务企业、生产企业等建设信息对接系统,实现数据共享、资源共享,提高仓储企业的供应链服务水平。

4. 提高仓储企业标准化应用水平

指导仓储企业在仓库建设、仓库设计、仓储服务、仓储作业绩效考核等方面采用国家标准和行业标准,加大标准的推广力度。支持仓储企业进行技术设施、设备的更新改造。鼓励仓储企业使用标准化托盘,积极参与托盘共用系统的建设。

5. 鼓励仓储资源利用的社会化

鼓励仓储企业通过兼并重组、仓储联盟、共同配送、管理外包、建设仓储资源交易平台等方式,有效提高仓储设施利用率。鼓励企业内部仓储设施对外开放和经营,整合仓储资源,促进仓储资源的社会化。

6. 加大冷库改造和建设力度

适应冷链物流快速发展的要求,指导企业对现有冷库进行技术改造,并利用先进技术建设现代化冷库,促进我国冷库由原来大批量、小品种、存期长向小批量、多品种、多流通形式的转化。加强冷库系统管理,提高运作效率,鼓励节能减排。

(资料来源:《商务部关于促进仓储业转型升级的指导意见》商流通发[2012]435号。)

(二)实现仓储合理化的基本途径

1. 适度集中库存

适度集中库存是利用储存规模优势,以适度集中储存代替分散的小规模储存来实现合理化。集中储存是面对储存费用和运输费用两个制约因素在一定范围内取得储存优势的办法。过分分散时,每一处的储存保证的对象有限,互相难以调度调剂,则需分别按其保证对象要求确定库存量。而集中储存易于调度调剂,集中储存总量可大大低于分散储存总量。过分集中储存,储存点与用户之间距离拉长,储存总量虽降低,但运输距离拉长,运费支出加大,在途时间长又迫使周转储备增加。所以,"适度集中"的含义是主要在这两方面取得最优集中程度。

2. 加速总周转

储存合理化的重要工作是将静态储存变为动态储存,即存储的商品越少越好,商品进出仓库的速度越快越好。周转速度一快,就会带来一系列的合理化好处。例如,资金周转加快、资本效益提高、货损小、仓库吞吐能力增加、成本下降等。具体做法诸如采用单元集装存储、建立快速分拣系统、提高信息化管理水平、采用机械化自动化技术等措施,以实现商品快进快出、大进大出。

3. 采用有效的"先进先出"方式

为保证每个被储物的储存期不致过长,"先进先出"是一种有效的方式。"先进先出"也是仓储管理的准则之一。有效的先进先出方式主要有:贯通式货架系统储存、"双仓法"储存、计算机存取系统储存等。

4. 提高仓容利用率

为了减少储存设施的投资、提高单位存储面积的利用率,以降低成本、减少土地占用,可以采用以下三种方法:

(1)采取高垛的方法,增加储存的高度。具体方法有,采用高层货架仓库、采用集装箱等,可比一般堆存方法大大增加储存高度。

(2)缩小库内通道宽度以增加储存有效面积。具体方法有采用窄巷道式通道,配以轨道式装卸车辆,以减少车辆运行宽度要求;采用侧叉车、推拉式叉车,以减少叉车转弯所需的宽度。

(3)减少库内通道数量以增加储存有效面积。具体方法有采用密集型货架;采用可进车的可卸式货架;采用各种贯通式货架;采用不依靠通道的桥式吊车装卸技术等。

5. 采用有效的储存定位系统

"储存定位"的含义是被储物位置的确定。如果定位系统有效,则能大大节约寻找、存放、取出的时间,节约不少物化劳动及活劳动,而且能防止差错,便于清点及实行订货点等管理方式。行之有效的方式主要有"四号定位"是方式和电子计算机定位系统两种。"四号定位"是用库房号、货架号、货架层次号和货格号表明物品储存位置。

6. 采用有效的监测清点方式

对储存物资数量和质量的监测不但是掌握货物的基本情况的要求,而且也是科学的库存控制的要求。在实际工作中稍有差错就会使账物不符,所以,必须及时、准确地掌握实际储存情况,经常与账卡核对。此外,经常的监测也是掌握被存物的质量状况的重要工作。监测清点的有效方式主要有:"五五化"堆码(以"五"为基本计数单位,堆成总量为"五"的倍数的垛形,如梅花五、重叠五);光电识别系统;计算机监控系统等。

7. 实现仓储增值服务

现代仓储的典型模式就是各类物流配送中心,即物流与供应链管理中的库存控制中心、加工配送中心、增值服务中心与现代物流设备技术的应用中心。由传统仓储向现代配送中心转变是实现仓储增值服务的重要途径。另外,要采取积极措施使仓储货物得到高效利用,如发展仓储金融以实现仓储货物的价值增值。

◇ 本章小结

仓储可理解为通过仓库对商品进行储存和保管。仓储一方面具有创造时间效用、协调生产和消费、衔接流通过程、保障产品价值、创造利润源泉等积极作用,另一方面也存在占用大量资金、发生库存成本、掩盖管理问题等逆作用。仓储有不同的类型,每一种类型都有其自身的特点。仓储作业基本流程包括入库管理、在库管理和出库管理三个方面。库存控制是对制造业或服务业生产、经营全过程的各种物品、产成品以及其他资源进行管理和控制,其目的是使相关储备保持在经济合理的水平上。不合理仓储表现为货物储存时间过长、数量过大或过低、条件不足或过剩、结构失衡。仓储合理化就是用最经济的办法实现仓储的功能。实现仓储合理化的基本途径包括:适度集中库存;加速总周转;采用有效的"先进先出"方式;提高仓容利用率;采用有效的储存定位系统;采用有效的监测清点方式实现仓储增值服务。

案例分析

增值服务引领现代仓储企业新发展

仓储企业拥有较多的物流设施设备、信息技术、软件配置、劳动力等各项资源,集聚几乎所有的物流要素,这些要素的合理配置与衔接为仓储企业拓展增值服务提供了便利;同时,由于货物在仓储环节中会有相对较"静"的储存环节,所以使得仓储企业开拓增值服务的优势显著。

1.深化商品质量检验,服务客户

商品质量检验从浅到深可分为四个层次:外观检验、尺寸检验、机械物理性能检验和化学成分检验。对于传统的仓储企业,商品质量检验在商品入出库时进行,主要是检查商品外包装有无破损、变形、渗漏等缺陷,其目的是为了划分交接双方的责任,检验仅仅停留在第一个层次;而商品的内在品质如何往往是在以后的环节由用户自己把握,与仓储企业无关。

现代仓储企业可在外观检验的基础上将服务进行延伸,在商品入库时按客户的需要对商品进行更深层次的检验,并可直接与供应谈洽谈有关商品的质量问题,使仓储企业不仅仅是后续客户的"仓库",也是其"质检部"。这样一方面方便了客户,使客户在需要的时候就可以从仓库直接提取即时可用的合格商品,而无需劳心费力地再花时间检验商品,同时也省去了客户处理问题产品等后续的麻烦;另一方面,对仓储企业来说,拓展了自己的服务范围,增加了自身的竞争力。

2.利用仓储优势,提供流通加工服务

在仓储过程中合理设置流通加工环节,一方面可以更好地满足客户的需要,另一方面又可以尽量减少加工对物流的不良影响(如减缓物流的速度、增加中转的环节等),使流通加工成为仓储企业的一项重要的增值服务形式。根据客户的需求以及操作流程,可将流通加工设置在仓储的不同环节中。

(1)入库时的流通加工。产品的特性是必须先行加工再行储存的,如冷冻加工;加工后有利于商品保管储存以及后续作业的,如分选加工。

(2)储存过程中的流通加工。如在水果、蔬菜等产品的储存过程中控制温度,根据市场及客户的需要调节温度,提前或延迟水果蔬菜的成熟时间。

(3)出库前进行的流通加工。为方便客户、简化客户的后续使用进行的加工,如按客户需要的尺寸将线材、盘圆截断或将板材进行裁剪;为方便销售而进行的加工,如对农副产品等去除无用部分,进行切分、清洗和分装等加工。

3.把握市场需求,开拓逆向物流增值服务

逆向物流的不确定性、分散性及包装的不规范性难以充分利用规模效益,许多回收品还需要人工的检测、判断和处理,极大地增加了人工的费用,效率也较低,这些特性使许多企业难以自行有效处理逆向物流。

作为专业物流企业的仓储企业提供逆向物流服务时,既可提供基本服务即承担流通领域内的收集、运输、储存和简单的检查、分类和清理作业等,也可向更高层次发展,提供综合性的量体裁衣式的服务,如废旧产品的分类、清理、清洗、包装、存货管理、订货处理,甚至包括逆向物流系统设计等,以此来满足特定客户的独特需求。

4.利用信息技术,提供增值服务

以信息技术为优势的仓储企业可以把信息技术融入物流作业安排中,利用先进的物流信息技术为客户提供增值服务。如利用强大便捷的信息网络来加大订单处理能力,缩短对客户需求的反应时间,从而提高客户满意度;与客户之间建立良好的信息沟通渠道,提供信息的实时查询;利用自身的信息系统资源为不同客户提供多样化、个性化的信息系统平台和技术支持。

5. 凭借仓储能力,参与金融服务

物流金融中最常见的是货物抵押融资,即在货物仓储过程中,将货权转移给银行,银行根据市场情况按一定比例提供融资。当生产商、贸易商向银行偿还融资金额后,银行向仓储企业发出指示,将货权还给原货主。

在货物抵押融资的过程中要控制风险,就必须了解抵押物,包括抵押物的规格、型号、质量、原价值和净值、销售区域、承销商等,还要察看权力凭证的原件以辨别真伪。这些工作超出了金融机构的业务之外,却恰恰是仓储企业的强项。同时,仓储企业还负责抵押物的养护保管、掌控货物库存的变动,仓储企业凭借其独有的物流能力成为货物抵押融资的必不可少的第三方。因此,为客户提供金融担保服务成为一项物流增值服务的项目。

(资料来源:许弢.增值服务引领现代仓储企业新发展[J].企业研究,2012(3).)

问题讨论

1. 仓储业提供增值服务的基础是什么?
2. 除了案例中所列仓储增值服务外,你认为仓储业还可以进行哪些增值服务?

◇复习思考题

1. 何谓仓储?仓储有哪些作用?
2. 试比较自营仓储和营业仓储。
3. 简述仓储作业的一般程序。
4. 不合理仓储表现在哪些方面?
5. 你是怎样理解"零库存"的?
6. 实现仓储合理化的基本途径有哪些?

第九章 配送管理

学习目标

通过本章学习,要求掌握配送的概念、特征及功能要素,了解配送的作用与意义,掌握配送的基本类型及其特点,理解配送合理化的标志,掌握实现配送合理化的基本路径。

开篇案例

物流"最后一公里",究竟"堵"在哪儿

虽然我国物流业的干线运输效率已大大提升,但真正的难题则集中在城市配送的"最后一公里"。数据显示,末端配送成本已经占到物流行业总成本的30%以上,大量的社会资源消耗在"最后一公里"。配送难、配送贵问题越发凸显。

"电商乐了,物流疯了,消费者急了"。2013年"双十一"期间,快递总量高达3.2亿件。如此多的包裹堆积在城市物流的"最后一公里",让物流"喘不上气"。国家邮政局分析,近年快递投诉反映最多的问题,90%以上都出现在"末端投递"即"最后一公里"。

"最后一公里"是物流配送的最后一个环节,即"门到门",按时按需送货上门。作为保证城市正常运转的"动脉系统",城市配送在近年电商强大的购买流量下,其窘境显露无遗。

问题思考:为什么"最后一公里"会堵?

配送作为物流的功能要素之一,改变了生产模式和商业经营模式,深刻影响着人们的生活方式。配送不但使制造业降低了生产成本,也满足了消费者多元化、个性化、及时化的需求。配送作为末端物流在经济社会生活中的地位越来越重要。

第一节 配送的概述

一、配送的概念与特征

(一)配送的概念

配送在英语中的原词是delivery,是交货、送货的意思。日本工业标准将配送定义为"将

货物从物流结点送交收货人的活动",同样强调了送货的含义。中国国家标准《物流术语》(GB/T18354－2006)中对配送下的定义是:"在经济合理区域范围内,根据用户要求对物品进行拣选、加工、包装、分割、组配等作业,并按时送达指定地点的物流活动。"

(二)配送的特征

1. 配送是一种特殊的送货形式

配送是从物流据点到用户之间的一种特殊的送货形式。配送的主体是专门经营物流的企业,而不是生产企业;配送进行的是中转送货,而不是直接送货,而一般送货尤其从工厂至用户的送货往往是直达;配送是用户需要什么送什么,而不同于一般的送货方式,有什么送什么,生产什么送什么。

2. 配送是"配"与"送"的有机结合

"合理地配"是"送"的基础和前提,"送"是"合理地配"的结果。这是配送区别于传统送货的根本点。只有"有计划、有组织"的"配",才能实现现代物流管理中所谓的"低成本、快速度"的"送",进而有效地满足顾客的需求。

3. 配送是一种综合性服务

配送是各项物流业务有机结合的整体,为客户提供的是综合服务,是集送货、分货、配货等功能于一体的业务。它与输送、运输概念有着本质的区别。配送与运输的比较见表 9-1。

表 9-1 配送与运输的比较

内容	运输	配送
运输性质	干线运输	支线运输、区域内运输、末端运输
货物性质	少品种、大批量	小批量、多品种
运输工具	大型货车、火车、船舶、飞机、管道等	小型货车或简单工具
管理重点	效率优先	服务优先
附属功能	装卸、包装	装卸、保管、包装、分拣、流通加工、订单处理等多功能

4. 配送是一项专业化的工作

以往的送货只是作为推销的一种手段,而配送则是一种专业化的流通分工方式,是大生产、专业化分工在流通领域的反映。在配送过程中,大量采用先进的信息技术和各种传输设备及拣选机电设备。这大大提高了商品流转的速度,使物流创造"第三利润"变成了现实。

5. 配送的空间范围有限性

配送既要满足用户的需要,又要有利于实现配送的经济效益。远距离的物品配送批量小、批次多、规模经济性较差、运力浪费严重、不能实现经济合理性。因此,配送不宜在大范围内实施,通常仅仅局限在一个城市或地区范围内进行。

二、配送的功能要素

配送实际上是一个物品集散的过程。这一过程包括集中、分类和散发三个步骤。这三个步骤由一系列配送作业环节组成,通过各环节的先后运作,使配送的功能得到实现。因此,通常将这些作业环节称为"配送功能要素"。配送的一般流程见图 9-1。

图 9-1 配送的一般流程

配送的基本功能要素主要包括备货、储存、分拣及配货、配装、配送运输、送达服务和配送加工等。

(一)备货

备货是配送的准备工作或基础工作,备货工作包括筹集货源、订货或购货、集货、进货及有关的质量检查、结算、交接等。配送的优势之一就是可以集中用户的需求进行一定规模的备货。备货是决定配送成败的初期工作,如果备货成本太高,则会大大降低配送的效益。

(二)储存

配送中的储存有储备及暂存两种形态。

配送储备是按一定时期的配送经营要求形成对配送的资源保证。这种类型的储备数量较大,储备结构也较完善,视货源及到货情况,可以有计划地确定周转储备及保险储备结构及数量。配送的储备保证有时在配送中心附近单独设库解决。

储存的另一种形态是暂存,是指在具体执行日配送时,按分拣配货要求,在理货场地所做的少量储存准备。由于总体储存效益取决于储存总量,所以这部分暂存数量只会对工作方便与否造成影响,而不会影响储存的总效益。因而,在数量上控制并不严格。

(三)分拣及配货

分拣及配货是配送特有的基本业务活动,也是关系配送成败的一项重要支持性工作。分拣及配货是完善送货、支持送货的准备性工作,是不同配送企业在送货时进行竞争和提高自身经济效益的必然延伸。有了分拣及配货就会大大提高送货服务水平,所以,分拣及配货是决定整个配送系统水平的关键要素。

(四)配装

在单个用户配送数量不能达到车辆的有效载运负荷时,就存在如何集中不同用户的配送货物,进行搭配装载以充分利用运能、运力的问题就需要配装。和一般送货方式的不同之处在于通过配装送货可以大大提高送货水平及降低送货成本。所以,配装是配送系统中有现代特点的功能要素,也是现代配送不同于传统送货的重要区别之处。

(五)配送运输

配送运输是较短距离、较小规模、频度较高的运输形式,一般使用汽车等小型车辆做运输工具。配送运输由于配送用户多,一般城市交通路线又较复杂,所以如何组合成最佳路线,如何使配装和路线有效搭配等是配送运输的要点,也是难度较大的工作。配送运输管理的重点是合理做好配送车辆的调动计划。

(六)送达服务

配好的货运输到用户还不算配送工作的完结,这是因为送货和用户接货之间往往还会出现不协调。因此,要圆满地实现货物的合理移交,并有效地、方便地处理相关手续并完成结算,还应讲究卸货地点、卸货方式等。送达服务也是配送所拥有的独特性。

(七)配送加工

在配送活动中,为便于流通和消费,改进商品质量、促进商品销售,有时需要根据用户的要求或配送对象的特点,对商品进行套裁、简易组装、分装、贴标、包装等加工活动。

在配送中,配送加工这一功能要素不具有普遍性,但是往往是有重要作用的功能要素。主要原因是通过配送加工可以大大提高用户的满意程度。配送加工是流通加工的一种,但配送加工有它不同于一般流通加工的特点,即配送加工一般只取决于用户要求,其加工的目的较为单一。

三、配送的作用

(一)完善了输送及整个物流系统

配送环节处于支线运输中,灵活性、适应性、服务性都很强,能将支线运输及小搬运统一起来,从而使输送过程得以优化和完善。

(二)提高末端物流的经济效益

配送中所包含的那一部分运输活动在整个运输过程中是处于末端输送的位置,其起止点是物流结点至用户。它将各种用户的需要集中在一起进行一次发货,可以代替过去的分散发货,并使用户以去一处订货代替过去的去多处订货,以一次接货代替过去的频繁接货等等。配送以灵活性、适应性、服务性的特点解决了过去末端物流的运力安排不合理、成本过高等问题,从而提高了末端物流的经济效益。一般性配送模式见图9-2。

(三)实现企业的低库存或零库存

实现了高水平的配送之后,在同样的服务水平上可以使系统总库存水平降低,这样既降低了存储成本,也节约了运力和其他物流费用。尤其是采取准时配送方式之后,生产企业可以完全依靠配送中心的准时配送而不需要保持自己的库存或者只需要保持少量保险储备而不必留有经常储备,实现企业多年追求的"零库存",将企业从库存的包袱中解脱出来。同时,能够解放出大量储备资金,改善企业财务状况。

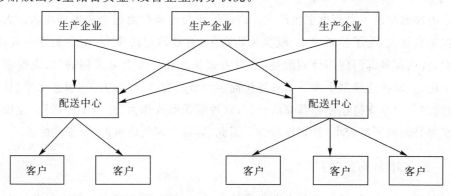

图9-2 一般性配送模式

（四）简化手续,方便用户

由于配送可以实施全方位的物流服务,所以采用配送方式后用户只需要向配送供应商进行一次委托就可以得到全过程、多功能的物流服务。用户不必考虑运输方式、路线及装卸货物等问题就能在自己的工厂或流水线处接到所需的物品,这就大大减轻了客户的工作量。

（五）提高物资供应的保证程度

采用配送方式,配送中心比任何单独供货企业都有更强的物流能力,可使用户降低缺货风险。配送企业依靠自己联系面广、多方组织货源的优势,按用户的要求及时供应。配送企业还可利用自己的加工能力进行加工改制,以适应用户的需要并及时地将货物送到用户手中。所以,配送的发展在某种程度上可以提高供应保证程度,从而促进整个社会生产协调的快速发展。

第二节 配送的类型

由于配送主要面向最终消费者,而消费者的需求又是瞬息万变的,所以配送的种类较多。各种配送形式都有各自的优势,但是同时也存在一定的局限性。下面从满足需求的不同方面来介绍几种常见的配送分类方法。

一、按配送的方向分类

(一)企业内部配送

企业内部的配送主要有大型生产企业内部配送与连锁型流通企业内部配送。大型生产企业每次采购量大,为了控制成本、减少采购费用、有效地运用资金,由企业统一进货,实行集中库存,按内部各部门使用计划配送,这种方式是现在许多企业采用的"供应配送";另外是连锁型配送,即各连锁型企业下属各连锁商店经营的商品、经营方式、服务水平、价格水平相同,配送的作用是支持连锁经营商店经营,这种配送形式称为"连锁型配送"。连锁型配送的主要优势是随机因素较小、计划性较强。因此,容易实现低成本的、精细的配送。

(二)企业对企业配送

企业对企业配送,是指企业与企业之间的配送,一般有两种类型。第一种是企业作为最终的需求方接受专业物流公司或第三方物流企业,按照所需生产材料的数量、品种、时间、地点等要求,满足生产线的需要进行配送;第二种是企业在接受配送服务后,还要对商品进行销售,这种配送一般称为"分销配送"。

(三)企业对消费者的配送

这种类型的配送,是指企业把商品直接送达消费者的过程。在多数情况下,消费者是一个经常变换的群体,其需求的随机性较大,并且对服务水平的要求非常高。所以,这是配送供给与配送需求之间最难以弥合的一种类型。

二、按配送组织者分类

(一)配送中心配送

这种配送方式的组织者是以配送为专职的配送中心,其规模大。配送中心配送专业性较强,同用户之间一般有固定的配送关系。因此,一般情况下都实行计划配送,需配送的商品有一定的库存量,很少超越自己的经营范围。配送中心配送具有能力强、配送品种多、数量大等特点。但由于服务对象固定,其灵活机动性较差,而且由于规模大,需要根据配送业务的需要专门设计一套实施配送的设施、设备和装备,如配送中心建筑、车辆、路线等,所以一旦建成就很难改变,这就决定了配送中心的建设和发展受到一定的限制。

(二)仓库配送

仓库配送是一种以仓库为物流结点来组织的配送。由于其并不是按配送中心的要求专门设计和建立的,而是在以仓库原职能不变的前提下增加一部分配送职能,所以在配送功能上往往不能和配送中心相比,配送规模较小、配送的专业化程度不高。

仓库配送可以把仓库改造成配送中心，也可以利用原仓库的储存设施及能力、收发货场地、交通运输线路等开展众多形式、各种规模的配送，并且可以充分利用现有条件而不需要大量投资。

（三）商店配送

商店配送的组织者是零售商店或门市网点。这些网点主要是零售业务，一般规模比较小，但经营品种比较齐全，容易组织配送。除日常零售业务外，可根据客户的要求将商店经营的品种配齐或代用户订购一部分商店平时不经营的商品，和商店经营的品种一起配齐送给客户。这种配送的规模比较小，配送半径也较小。它是配送中心的辅助及补充形式。该方式往往只是少量、零星商品的配送。因此，从某种意义上讲，它是一种销售配送形式。

商店配送有两种具体形式：

1. 兼营配送

商店在进行一般销售的同时兼有配送的职能。商店的经营效益来源于日常的销售及配送的成果。因此，它有较强的机动性，可以将日常销售与配送相结合、互相补充。在商店铺面一定的条件下，经常会取得更多的销售额。

2. 专营配送

商店不进行商品零售销售而专门进行配送。一般情况下，如果商店位置条件不好，则不适合门市销售，但当其具有经营优势以及销售渠道时可采取这种配送方式。

延伸阅读

国外盛行的九类配送中心

1. 专业配送中心

专业配送中心大体上有两个含义：一是配送对象、配送技术是属于某一专业范畴，在某一专业范畴有一定的综合性，综合这一专业的多种物资进行配送。二是指以配送为专业化职能，基本不从事经营的服务型配送中心。

2. 柔性配送中心

这种配送中心不向固定化、专业化方向发展，而向能随时变化，对用户要求有很强适应性，不固定供需关系，不断向发展配送用户和改变配送用户的方向发展。

3. 供应配送中心

专门为某个或某些用户（例如联营商店、联合公司）组织供应的配送中心。

4. 销售配送中心

比较起来看，国外和我国的发展趋向都向以销售配送中心为主的方向发展。销售配送中心是以销售经营为目的、以配送为手段的配送中心。销售配送中心又有三种不同的类型：第一种是生产企业为本身产品直接销售给消费者的配送中心；第二种是流通企业作为本身经营的一种方式，建立配送中心以扩大销售；第三种是流通企业和生产企业联合的协作性配送中心。

5. 城市配送中心

这种配送中心是以城市范围为配送范围的配送中心。由于城市范围一般处于汽车运输的经济里程,这种配送中心可直接配送到最终用户且采用汽车进行配送。所以,这种配送中心往往和零售经营相结合。由于运距短、反应能力强,所以从事多品种、少批量、多用户的配送较有优势。

6. 区域配送中心

区域配送中心是以较强的辐射能力和库存准备向省(州)际、全国乃至国际范围的用户配送的配送中心。区域配送中心配送规模较大,用户也较多,配送批量也较大。而且,该方式往往是配送给下一级的城市配送中心,也配送给营业所、商店、批发商和企业用户。虽然区域配送中心也从事零星的配送,但不是主体形式。这种类型的配送中心在国外十分普遍,美国马特公司的配送中心、蒙克斯帕配送中心等就属于这种类型。

7. 储存型配送中心

储存型配送中心是有很强储存功能的配送中心。在买方市场下,企业成品销售需要有较大库存的支持,其配送中心可能有较强的储存功能;在卖方市场下,企业原材料、零部件供应需要有较大库存支持,这种供应配送中心也有较强的储存功能。大范围配送的配送中心需要有较大库存,也可能是储存型配送中心。瑞士GIBA-GEIGY公司的配送中心拥有世界上规模居于前列的储存库,可储存4万个托盘。

8. 流通型配送中心

流通型配送中心基本上没有长期储存功能,仅是以暂存或随进随出方式进行配货、送货的配送中心。流通型配送中心的典型方式是大量货物整进并按一定批量零出,采用大型分货机操作。进货时直接进入分货机传送带,分送到各用户货位或直接分送到配送汽车上,货物在配送中心里仅做少许停滞。

9. 加工配送中心

许多材料都指出配送中心的加工职能,但是加工配送中心的实例目前见到的不多。我国上海市和其他城市已开展的配煤配送,其配送点中就进行了配煤加工属于这种配送中心的配送。

三、按配送时间分类

(一)定时配送

定时配送,是指按规定的时间或时间间隔进行的配送形式,配送时商品的品种、数量不固定。定时配送的时间由配送的供给和需求双方通过协议确定,每次配送的品种及数量可按计划执行,也可以在配送之前以商定的联络方式(如电话、传真、计算机网络等)通知,从而确定配送品种及数量。

定时配送由于时间固定,所以企业易于根据自己的经营情况,按照理想的时间进货并安排工作计划,也易于车辆运输计划的安排,同时也便于用户合理地做好接货力量(如人员、设备等)的准备工作。但是,配送货物的具体要求变化较快,难以掌握,所以导致配货、装货难度较大,在要求配送数量变化较大时,会使配送运力安排出现困难。

(二)定量配送

定量配送,是指在一个指定的时间范围内,每次配送商品的品种数量一定的配送形式。这种配送方式由于配送数量固定、备货较为简单,所以可以通过与用户协商,按托盘、集装箱及车辆的装载能力确定配送数量,这样可以提高配送效率。由于配送时间不严格限定,所以可以将不同用户所需物品凑整后进行集中配送,运力利用效率较好。

对于用户来说,所接货物数量固定,有利于人力、物力的统筹安排。定量配送适合于下述几种情况下采用:用户对于库存控制不十分严格,有一定的仓储能力;配送路线优化难度较大,用户对配送业务的准时性要求不高;难以对多个用户随时进行共同配送,只有达到一定配送规模后,才能使配送成本降低到供、需双方都能接受的水平。

(三)定时定量配送

定时定量配送,是指按照规定的配送时间和配送数量进行配送的形式。它兼有定时配送和定量配送特点,对配送企业的服务要求较高。这种配送方式计划难度大,适应的对象不多,对管理和作业的要求较高,仅适合于生产量大且稳定的用户,如汽车、家用电器、机电产品制造业等。

(四)定时定量定点(确定的用户)配送

定时定量定点配送,是指按照确定的时间、确定的商品品种和数量、确定的用户进行配送的形式。此种配送一般先由配送中心与用户签订协议,双方严格按照协议执行。它既保证了用户的重点需求,又降低了企业的库存,特别适用于重点企业和重点项目。

(五)即时应急配送

这是完全按用户突然提出的配送要求随即进行配送的一种配送方式。它是一种灵活性很高的应急配送方式。这种方式是对其他配送服务方式的完善和补充,它主要是应对用户由于事故、灾害、生产计划突然改变等因素所导致的突发性需求,以及普通消费者的突发性需求所采用的高度灵活的应急方式,它考验的是配送企业快速反应的能力。

通常只有配送设施完善、具有较高管理和服务水平及应变能力的专业化配送机构才能较广泛地开展此项业务。采用这种配送方式的物品,用户可以实现保险储备为零的零库存,即以完善而稳定的即时配送服务代替了保险储备,从而降低了库存数量。当然,这种服务方式成本较高,难以用作经常性的服务方式。

四、按经营方式分类

（一）销售配送

销售配送是以销售经营为目的、以配送为手段的配送形式。这种方式的配送主体是销售企业或销售企业作为销售战略的一项措施，即所谓的"促销型配送"。

销售配送的对象一般是不固定的，用户也不固定。配送对象和用户取决于市场的占有情况，其配送的经营状况也取决于市场状况。因此，配送的随机性较强，计划性较差。各种类型的商店配送一般都属于销售配送。

（二）供应配送

供应配送是用户为了自己的供应需要而采取的配送方式。它往往是由用户或用户集团组建的配送据点，集中组织大批量进货（以便取得批量折扣），然后向本企业或企业集团内若干企业配送。例如，商业中的连锁商店广泛采用这种方式。

这种方式可以提高供应水平和供应能力，可以通过大批量进货取得价格折扣的优惠，以达到降低供应成本的目的。

（三）"销售—供应"一体化配送

这种配送方式是销售企业对于那些基本固定的用户及其基本确定的所需物品，在进行销售的同时，还承担着向用户有计划的供应职能，既是销售者，又是用户的供应代理人。对于销售者，能取得稳定的客户和销售渠道，有利于扩大销售，也有利于本身业务的稳定持续拓展。对于客户，能获得稳定的供应，同时节省本身为组织供应所要耗费的大量资源。

这种配送有利于形成稳定的供需关系、有利于采取先进的计划手段和技术、有利于保持流通渠道的稳定。

（四）代存代供配送

这种配送是用户把属于自己的货物委托配送企业代存、代供或委托代订，然后组织对本身的配送。这种配送的特点是货物所有权不发生转移，所发生的只是货物的位置转移。配送企业只是用户的委托代理人，配送企业仅从代存、代供中获取收益，而不能获得商品销售的经营性收益。在这种配送方式下，商物是分流的。

（五）共同配送

共同配送是为了提高物流效益，对许多用户一起配送，以追求配送合理化为目的的一种配送形式。

共同配送可分为以下几种形式：

（1）由一个配送企业综合各用户的需求，在配送时间、数量、次数、路线等方面进行安排，在用户可以接受的前提下,作出全面规划和合理计划,以便实现配送的优化。这样有利于配送企业采用集中进货、集中库存、优化配货、优化运输方式和运输路线、合理安排送达数量和时间,从而使配送具有很强的科学性和计划性。

(2)由一辆配送车辆混载多货主货物的配送,这是一种较为简单易行的共同配送方式。

(3)在用户集中的地区,由于交通拥挤,所以各用户单独配置货场或处置场所有困难,可设置多用户联合配送的接收点或处置点。

(4)在同一城市或同一地区中有数个不同的配送企业,各配送企业可以共同利用配送中心、配送机械装备或设施对不同配送企业的用户共同实施配送。

共同配送在实施时常常也会出现很多管理问题。由于参与配送的人员多而复杂,所以商业机密有可能泄漏;货物种类繁多,产权主体多,服务要求不一致,难以对多商品进行统一管理。当商品破损或出现污染现象时,容易发生纠纷,责任难以明确,从而导致服务水平下降;另外,共同配送的主体多元化,在实际操作时容易发生协调上的困难,出现管理效率的下降,同时易于造成物流设施费用及其管理成本的增加,并且成本和收益的分配也常常出现问题。

延伸阅读

日本共同配送的定义与模式

关于共同配送,日本有两种较为常见的定义。在日本工业标准(JIS)中,"共同配送是为提高物流效率对许多企业一起进行配送",这个定义较为简单,它强调了共同配送的目的,但没有深入其本质。日本运输省也对共同配送进行了界定,认为共同配送指"在城市里,为使物流合理化,在几个有定期运货需求的企业间,由一个卡车运输业者使用一个运输系统进行的配送"。也就是把过去按不同货主、不同商品分别配送改为不区分货主与商品,统统把货物装入同一条线路运行的车辆上,用一台卡车为更多的顾客服务,实现货物及配送的集约化。在该定义中比较强调卡车运输业者在共同配送中的地位。

日本学者汤浅和夫指出,共同配送是配送合理化最先进的方式之一,即打破一个公司物流合理化的局限,而与其他公司联合起来实现进一步的合理化。其目的是集中配送量、提高配送车辆的利用率。他曾引用由13家唱片公司开展共同配送的案例来说明共同配送的效果。在开展共同配送以前,各唱片公司用卡车运输的装载率不到50%,通过实施共同配送提高了装载率,减少了近40%的车辆。在日本,同行业的共同配送占了绝大多数,特别是以整个行业为对象的共同配送结构引起了广泛的重视。在这些行业中,照相机销售行业、纸张文具行业、糕点小食品行业和化妆品生产行业等的共同配送正在快速顺利地扩大。除此之外,日本的一些行业协会(如日本电器控制工业会、全日本超市协会、医药化妆品便利店协会、日本加盟连锁协会等)也在积极探讨在行业中建立共同配送体系。

日本企业在物流配送实践中不断发展,探索出了不同行业、不同产品的共同配送。如日本大和运输公司实施了大件家具的共同配送;日本菱食公司以及日本关西物流中心的电线产品共同配送;日本南王运送株式会社有明综合物流中心开展的百货共同配送等。上述共同配送案例在运营模式上又有所不同,如日本菱食公司的配送属于以批发商为主导、厂商共同参与的共同配送;伊藤洋华堂连锁企业的配送属于以零售商为主导、批发商与零售商共建配送中心的共同配送;大和运输公司的配送属于以第三方物流企业为主导的共同配送等等。此外,还有多式联运、宅急便等配送方式也属于共同配送的形式。

(资料来源:中国物流产品网。)

五、按配送专业化程度分类

(一)综合配送

综合配送要求配送的商品种类较多且来源渠道不同,在一个配送据点中组织不同专业领域的商品向用户配送。因此,其综合性强。同时,由于综合性配送的特点决定了它可以减少用户为组织所需全部商品进货的负担。只需和少数配送企业联系便可以解决多种需求的配送,因此,这是对用户服务较强的配送形式。

综合配送的局限性在于:由于产品性能、形状差别很大,综合配送在组织时技术难度较大。所以,综合配送只是在性能、形状相同或相近的不同类产品方面实行综合配送,差别过大的产品难以综合化。

(二)专业配送

这是一种按产品性质和状态划分专业领域的配送方式。这种配送方式由于自身的专业特点,可以优化配送设施,合理配备配送机械、车辆,并能制定适用合理的工艺流程,以提高配送效率。专业配送中心大体上有两个含义,一是配送对象、配送技术是属于某一专业范畴(在某一专业范畴有一定的综合性),综合这一专业的多种物资进行配送;二是以配送为专业化职能,基本不从事经营的服务型配送中心。

第三节 配送合理化

一、不合理配送的表现形式

配送的效果直接取决于配送方法的优劣、配送决策的正确程度。市场的多变性与复杂性、用户需求的个性化特征、配送过程的多环节,这些都决定了配送要综合考虑各方面因素,统筹兼顾以尽可能降低配送各环节中的不合理现象。

配送的不合理主要表现在以下几个方面:

(一)资源配置的不合理

配送是根据用户的需求对企业的可供资源进行充分合理的配置,以满足顾客的要求、提高自身的经济效益。过多地配置配送资源,会导致企业的供应保障能力过高,超过了实际的需要,这属于不合理的资源配置,它会降低企业的整体效益;配送资源配置不到位会直接影响用户出现特殊情况时供应的保障能力不足。配送企业如果不是集中多个用户需要进行批量筹措资源,而仅仅是为某一两户代购代筹,那么对用户来讲就不仅不能降低资源筹措费,相反却要多支付一笔配送企业的代筹代办费还可能出现配送的能力及速度达不到用户以前的供应保证水平情况,这也属于资源配置不合理。

(二)库存决策不合理

配送应充分利用集中库存总量低于各用户分散库存总量的优势,节约供应环节总体资源,降低每个用户实际分摊的库存负担。因此,配送企业必须依靠科学管理来实现一个总量的低库存。配送企业库存决策不合理常常表现在储存量不足,从而不能保证用户发生的随机需求,这就降低了配送企业的信誉,因而会失去应有的市场。

(三)价格不合理

如果配送价格普遍高于用户自己的进货价格,那就会损害用户的利益,这就是一种不合理表现。价格制定过低,就会使配送企业处于无利或亏损状态下运行,这会损害销售者,因而也是不合理的。

(四)运输方式不合理

配送企业可以针对多个用户进行合理的配装并进行配送路线的优化,从而节省运力和运费。如果不能利用这一优势,仍然是一户一送,而车辆达不到满载(即时配送过多、过频时会出现这种情况),则属于不合理配送。

(五)经营观念的不合理

配送企业在库存过大时强迫用户接货,以缓解自己的库存压力;在资金紧张时,长期占用用户资金;在资源紧张时,将用户资源挪作他用等都是不合理的。这些有损企业的形象会降低自身的信誉。

二、配送合理化的判断标志

配送合理化与否的判断是配送决策系统的重要内容。按一般认识,配送合理化从以下几个标志进行考察:

(一)库存标志

库存是判断配送合理与否的重要标志。为取得共同比较基准,具体数据都以库存储备资金计算,而不以实际物资数量计算。具体指标有以下两方面:

1. 库存总量

在一个配送系统中,库存总量从分散的各用户手中转移给配送中心,配送中心库存数量加上各用户在实行配送后库存量之和应低于实行配送前各用户库存量之和，即库存总量应有所下降。

2. 库存周转

由于配送企业的调剂作用，以低库存保持高的供应能力，所以库存周转一般总是快于原来各企业库存周转。各用户在实行配送前后的库存周转比较也是判断配送合理与否的标志。

（二）资金标志

1. 资金总量

用于资源筹措所占用流动资金总量会随储备总量的下降及供应方式的改变必然会较大幅度降低。

2. 资金周转

从资金运用来讲，由于整个节奏加快，资金会充分发挥作用，同样数量的资金在实施配送之后应该在较短时期内满足用户的需求，所以资金周转是否加快是衡量配送合理与否的标志。

3. 资金投向的改变

实行配送后，资金应当从分散投入改为集中投入，以增加调控作用。这是资金调控能力的重要反映。

（三）成本和效益标志

总效益、宏观效益、微观效益、资源筹措成本都是判断配送合理化的重要标志。对于不同的配送方式，可以有不同的判断侧重点；不但要看配送的总效益，而且还要看对社会的宏观效益及供需双方企业的微观效益。不顾及任何一方，都会出现不合理现象。

由于总效益及宏观效益难以计量，所以在实际判断时，常以是否按国家政策进行经营、是否完成国家税收及配送企业及用户的微观效益来判断。

对于配送企业（投入确定的情况下），则企业利润水平的提高状况反映配送合理化程度。

对于用户企业，在保证供应水平或提高供应水平（产出一定）前提下，供应成本的降低状况，反映了配送的合理化程度。

（四）供应保证标志

实行配送的重要一点是必须提高而不是降低对用户的供应保证能力，这样才算实现了合理化。供应保证能力可以从以下几方面判断：

1. 缺货次数

实行配送后，对各用户来讲缺货情况发生的概率应该明显下降。

2. 配送企业集中库存量

对每一个用户来讲，配送企业集中库存量所形成的保证供应能力高于配送前单个企业的保证程度,从供应保证来看才算合理。

3. 即时配送的能力及速度

实行配送的效果必须高于未实行配送前用户紧急进货能力及速度才算合理。

配送企业的供应保障能力是一个科学合理的概念,而不是无限的概念。供应保障能力过高,超过了实际的需要,会造成资源配置的浪费属于不合理。所以,追求供应保障能力的合理化也是有限度的。

(五)社会运力节约标志

运力使用的合理化是依靠送货运力的规划和整个配送系统的合理流程及与社会运输系统合理衔接来实现的。

送货运力的规划是有赖于配送中心及物流系统的整体优化,其合理化程度判断起来比较复杂。可以简化判断如下:社会车辆总数减少,而承运量增加为合理;社会车辆空驶减少为合理;一家一户自提自运减少,社会化运输增加为合理。

(六)物流合理化标志

物流合理化是配送应追求的目标,也是衡量配送本身合理化与否的重要标志。配送对物流合理化的影响是否有利于物流的发展,可以从以下几方面判断:是否降低了物流费用;是否减少了物流损失;是否加快了物流速度;是否发挥了各种物流方式的最优效果;是否有效衔接了干线运输和末端运输;是否不增加实际的物流中转次数;是否采用了先进的技术手段。

三、实现配送合理化的基本途径

(一)推行一定综合程度的专业化配送

通过采用专业设备、设施及操作程序,并适度调整配送过分综合化的复杂程度及难度,追求配送合理化。

(二)推行加工配送

通过加工和配送的结合,减少货物中转次数并求得配送合理化。加工借助于配送,加工目的更明确、和用户联系更紧密,更避免了盲目性。这两者有机结合,投入不增加太多却可追求两种优势、两个效益,这是实现配送合理化的重要方式。

(三)推行共同配送

共同配送可以充分利用运输工具的容量,提高运输效率,以最近的路程、最低的配送成本满足用户的需要,从而追求配送合理化。

(四)推行送取结合

配送企业与用户建立稳定、密切的协作关系。配送企业不仅成了用户的供应代理人,而且承担用户的储存据点,甚至成为产品的代销人。在配送时,将用户所需的物资送到,再将该用户生产的产品用同一车运回,这种产品也成了配送中心的配送产品之一或者作为代存代储,从而免去了生产企业的库存包袱。这种送取结合方式使运力得以充分利用,也使配送企业功能有更大的发挥,从而追求合理化。

(五)推行准时配送

准时配送是配送合理化的重要内容。只有配送做到了准时,用户才有资源保证把握,实施低库存或零库存,可以有效地安排接货的人力、物力,以追求高效率的工作。准时供应配送系统是现在许多配送企业追求配送合理化的重要手段。

◇ 本章小结

配送是在经济合理区域范围内,根据用户要求对物品进行拣选、加工、包装、分割、组配等作业,并按时送达指定地点的物流活动。配送作为一种特殊的送货形式,是"配"与"送"的有机结合。配送在完善输送及整个物流系统在提高末端物流的经济效益、实现企业的低库存或零库存等方面发挥了积极作用。配送模式繁多,每种模式都有自己的优势和局限性。配送是否合理可以通过资金、库存、效益、供应保障、运力等标志来判断。实现配送的合理化要求推行专业化配送、加工配送、共同配送、送取结合、准时配送等现代配送模式。

案例分析

黑猫宅急便的发展历程与服务模式

日本的大和运输株式会社成立于1919年,是日本第二古老的货车运输公司。1973年,日本陷入第一次石油危机的大混乱中,企业委托的货物非常少,这对完全仰赖于运送大宗货物的大和运输无疑是一重大打击。对此,当时大和运输的社长小仓提出了"小宗化"的经营方向,认为这是提高收益的关键。1976年2月,大和运输开办了"宅急便"业务。

大和运输的象征商标是一个黑猫叼着小猫的图案。1957年,大和运输受理美国军人、军队的杂物运送,开始与美国的亚莱德·莱斯运输公司一起合作输送。这家美国公司以"Careful handling"为宣传口号,象征这个标语意义的是以母猫叼着小猫小心运送的图案作为标志。大和运输认为图案中那种小心翼翼、不伤及小猫、轻衔住脖子运送的态度仿佛是谨慎搬运顾客托运的货物,这种印象正和公司的宗旨相符合。于是,经过亚莱德公司的同意,并对图案作了进一步的造型设计,改成现在的黑猫标志,使这个图案给人更具象征的印象。大和运输又将Careful handling意译为"我做事,你放心",并以此作为宣传标语。因此,人们又把大和运输称为"黑猫大队"。

宅急便类似目前的快递业务，但其服务的内容更广。在运送货物时，讲究三个"S"，即速度(Speed)、安全(Safety)、服务(Service)。大和在这三者之中最优先考虑的是速度。因为有了速度才能抢先顺应时代的需求，在激烈的竞争中取胜。而在速度中，宅急便又特别重视"发货"的速度。宅急便的配送，除去夜间配送，基本是1天2回，即2次循环。凡时间距离在15小时以内的货物保证在翌日送达。1989年开始一部分的1日3次循环，可以做到时间距离在18小时以内的货物可以翌日送达。也就是说，可以将截止接受货物的时间延长到下午3点，从而使翌日送达的达成率达到95%，这就展现了大和运输更周到的服务。

宅急便的受理店多达20多万家，是以米店、杂货店等地方上分布面广的重要的零售店设立的。1989年后，由于与7-Eleven和罗森等大型便利店的合作，已调整为24小时全天候受理货物。大和对这些受理店，每受理一件货物会支付100元的受理手续费。如果顾客亲自将货物送到受理店，这位顾客就可以从所应付的运费当中扣除100日元。

黑猫大队有一个保证翌日送达的输送系统。在受理店截止接受货物的时间之后，大和运输分区派出小型货车到区内各处将货集中运往称为"集货中心"的营业所，并迅速转送到称为"基地"的地点，从而进行寄往全国各地的货物分拣工作。然后，将经过分拣的货物以发往的地区和货物种类为单元，装入统一的长110厘米、高185厘米的货箱内，一个货箱中大抵可以放进70~80件货物。从基地往基地移动时是使用10吨级的大型车，可装载16只货箱；从集货中心往基地或是从基地往集货中心移动时（称为平行运输）常使用可装8个货箱的4吨车；而专用来收集以及递送的2吨车则可零堆约一个货箱容量的货物。宅急便由于采用了统一规格的小型货箱和不同吨级的货车，所以大大提高了运送效率，从而降低了物流成本。

利用夜间进行从出发地到目的地的运输是宅急便得以在速度上取得优势的重要措施，从而做到了当日下午进行集货、夜间进行异地运输、翌日上午即可送货上门，这就得以保证在15~18小时内完成整个服务过程。宅急便还采取了车辆分离的办法，采用拖车运输。牵引车把拖车甲运到B以后，把车摘下来放在B，再挂上B点的拖车乙开向A。这样，车辆的周转率是最高的。

此外，宅急便又采取了设立中转站的办法。这种中转方法不是货车和货物的中转，而是司机进行交换的开车方式。如从东京到大阪的长途运输，距离为600千米，需要司机2个人，再从大阪返回时还需要这么长的时间，司机也非常累，这样一来一往就需要6个人。如果在中间设置一个中转站，东京和大阪同时发车，从东京来的，在中转站开上大阪的车返回就不要2个人，只要1个人就可以了，总共只需要4个人，从而减少了2个人的费用。

宅急便受理货物的内容种类繁多，包括地方特产、企业文件、各种零件、划拨商品等。凡是各式各样的小货物都可通过宅急便来运送。旅客乘飞机可以委托将行李在登机前运送到机场；居住在乡下的长者可以寄送昆虫、金鱼等小动物给住在城市的儿孙辈。

宅急便还利用航空来运送货物，但由于在下午3点以前接受的货物要翌日送达，飞机必须夜间飞行，所以困难较多，货运量不大，约占总运量的1%。宅急便在日本是指速递服务。歌曲有"豆腐宅急便"、电影有"魔女宅急便"，满大街跑的日本快递公司的名字就叫"宅急便"。

问题讨论

1. 宅急便发展为什么会很成功？
2. 宅急便的发展对你有哪些启示？

◇复习思考题

1. 结合实际，谈谈你对配送内涵的理解。
2. 配送有哪些作用？
3. 怎样进行配送模式的选择？
4. 何谓共同配送？共同配送的意义和要求是什么？
5. 配送不合理有哪些表现形式？
6. 如何正确地理解配送合理化？

第十章　包装管理

学习目标

通过本章教学，要求掌握包装的概念与功能，理解包装工作在物流中的地位，了解包装的基本类型及其特征，熟悉包装的基本技术，掌握实现包装合理化的基本途径。

开篇案例

过度包装的"面子"不要也罢

据2013年4月15日《人民日报》报道，家住江苏南京的洪先生日前收到朋友寄来的一盒红茶，茶叶外盒由水晶玻璃做成，里面还套着一个精雕细琢的木盒，打开木盒才看到红绸黄缎垫底、精致小铁盒包装的茶叶，而茶叶只有256克。

在日常生活中，过度包装的现象很常见，有时候人们搞不清楚到底是买礼物还是买包装。一支蜂王浆，不仅外面有塑料隔板、纸盒，纸盒外还要套上纸袋。一瓶红酒常常搭配着酒杯、开酒器，有的甚至配着温度计、白手套。就连水果也有礼盒装，想吃苹果先得从纸袋里抽出礼盒，然后打开盒盖，掀开绢绸垫，撕开塑料网。

过度包装消耗资源、污染环境，并给社会造成了一系列危害。我国已经成为豪华包装情况最严重的国家之一，包装废弃物体积占固体废弃物的一半。有调查显示，城市生活垃圾里有1/3是包装性垃圾，而在这些包装性垃圾中，一半以上是豪华包装。另外，过度包装也增加了产品成本，损害了消费者利益。过度包装使得一些消费者盲目攀比，形成注重外表、忽视实质的消费心理，反过来又刺激生产商提供更多华而不实的商品，造成恶性循环。长此以往，吃亏的还是消费者。

（资料来源：新华网。）

问题思考：过度包装对物流会带来哪些影响？

商品种类繁多，性质和形状各异，对包装的要求也各不相同。除少数商品外，绝大多数商品都需要有适当的包装才能进入流通领域。包装既是生产过程的完成，也是物流过程的起点。它是物流合理化的基础。

第一节 包装的概述

一、包装的概念与在物流中的地位

(一)包装的概念

包装是为在流通过程中保护产品、方便储运、促进销售而按一定技术方法采用的容器、材料及辅助物等的总体名称,也指为了达到上述目的而采用容器、材料和辅助物的过程中施加一定技术方法等的操作活动。简言之,包装就是包装物和包装操作的总称。

(二)包装在物流中的地位

在社会再生产过程中,包装既是生产的终点,又是物流的始点。作为生产的终点,产品生产工艺的最后一道工序是包装。因此,包装对生产而言标志着生产的完成。从这个意义上讲,包装必须根据产品性质、形状和生产工艺来进行,必须满足生产的要求。作为物流的始点,包装完成之后,包装了的产品便具有了物流的能力。在整个物流过程中,包装便可发挥对产品保护的作用和进行物流的作用,最后实现销售。从这个意义上讲,包装对物流有决定性的作用。

在现代物流观念形成以前,包装长期被天经地义地认为是生产过程的最后一个环节。所以,在实际的生产过程中,包装的设计都是从生产的角度来考虑的,但是这样却不能很好地满足物流的需要。实际上,包装与物流之间的关系比包装与生产之间的关系要密切得多,其作为物流始点的意义比作为生产终点的意义要大得多。在新经济时代,包装在物流过程中所起的作用随着消费者个性化需求的出现而显得更为重要。因此,对物流系统进行划分时,应将包装从生产系统转入物流系统之中,这是现代物流一个新的观念。

二、包装的分类

(一)根据包装在流通中的作用分类

1. 商业包装

商业包装是以促进销售为主要目的的包装。这种包装的特点是外形美观,有必要的装潢,包装单位适于顾客的购买量以及商店陈设的要求。在流通过程中,商品越接近顾客,越要求包装有促进销售的效果。

2. 工业包装

工业包装也称"运输包装"。工业包装的目的是保证商品在运输、储存、装卸搬运过程中不散包、不破损、不受潮、不受污、不变质、不变味、不变形、不腐蚀、不生锈、不生虫,即保证商品的数量和质量不变,同时又要有利于商品装卸、交接和点验。工业包装的重要原则是在满足物流要求的基础上使包装费用越低越好。为此,需要在包装费用和流通损失两者之间寻找最优平衡。为了降低包装费用,包装的防护性也往往随之降低,商品的流通损失就必然增加,这样就会降低经济效益。相反,如果加强包装,商品的流通损失就会降低,但这样包装费用就必然增加。

(二)根据包装的通用性分类

1. 专用包装

专用包装指根据被包装货物的特点进行专门设计、专门制造,只适合于某种专门产品的包装。例如,可口可乐的曲线瓶、水泥袋、部分危险货物的包装等。这类包装可能是为了流通方便,如水泥袋;也可能是为了促销,如可口可乐的曲线瓶。部分企业会为其独特的专用包装申请专利。

2. 通用包装

通用包装,是指不进行专门设计制造,而根据标准系列尺寸制造的包装。这种包装用以包装各种无特殊要求的或标准尺寸的产品。例如,集装箱、标准尺寸的纸箱等。

(三)根据包装层次及防护要求分类

包装可分为内包装和外包装。内包装又称"销售包装",它是直接接触商品并随商品进入零售网点和消费者或用户直接见面的包装。外包装又称"运输包装",它是以满足运输贮存要求为主要目的的包装。它具有保障产品的运输安全、方便装卸、加速交接、点验等作用。

(四)根据包装容器分类

按包装容器的抗变形能力可分为硬包装和软包装。硬包装又称为"刚性包装",包装体有固定形状和一定强度,如油桶、木箱等。软包装又称"柔性包装",包装体可有一定程度的变形、有弹性,如各种包装袋。

按包装容器形状可分为包装袋、包装箱、包装盒、包装瓶、包装罐等。

按包装容器结构形式可分为固定式包装和拆卸折叠式包装。固定式包装的尺寸、外形固定不变。这类包装的最大问题是空包装回收返运时,空箱占很大的体积,这会严重降低运输效率;拆卸折叠式包装可通过折叠拆卸存放起来,既可以缩减体积、减少空间占用,又可方便保管和返运。

按包装容器的使用次数可分为一次性包装和多次周转包装。一次性包装在拆装后,包装容器受到破坏不能再次使用,只能回收处理或另作他用;多次周转包装可反复使用,既可以降低商品成本,又可以提高资源的综合利用效率。

(五)根据包装材料分类

常用包装材料有纸、塑料、木材、金属、玻璃等。从各个国家包装材料生产总值的比较看,使用最为广泛的是纸及纸制品,其次是木材,塑料材料的使用量则在快速增长。包装材料分类如表 10-1 所示。

表 10-1　包装材料分类

材料大类	材料细分	材料特点
纸及纸制品	牛皮纸、玻璃纸、植物羊皮纸、沥青纸、油纸和蜡纸、板纸、瓦楞纸板	质轻、耐摩擦、耐冲击、质地细腻、容易黏合、无味、无毒、价格较低等
塑料及塑料制品	聚乙烯、聚丙烯、聚苯乙烯、聚氯乙烯、钙塑材料	气密性好、易于成型和封口、防潮、防渗漏、防挥发、透明度高、化学性能稳定、耐酸、耐碱、耐腐蚀等
木材及木材制品	原木板材、胶合板、纤维板、刨花板	抗压、抗震、抗挤、抗冲撞等
金属	马口铁、金属箔、铝合金	马口铁坚固、耐腐蚀,容易进行加工,而且防水、防潮、防摔等
玻璃、陶瓷		不怕腐蚀、强度高、能进行装潢装饰
复合材料	纸基复合材料、塑料基复合材料、金属基复合材料	
辅助材料	黏合剂、粘合带、捆扎材料	

三、包装的基本功能

（一）保护功能

保护商品是包装的首要功能,也是确定包装方式和包装形态时必须抓住的主要矛盾。只有有效保护,才能使商品不受损失地完成物流过程。

包装的保护功能主要体现在以下方面：

(1)防止商品破损变形。其要求包装能承受在装卸、运输、保管过程中各种力的作用,如冲击、振动、颠簸、压缩等,从而形成对外力破坏的防护作用。

(2)防止商品发生化学变化。即防止商品吸潮、发霉、变质、生锈,这就要求包装能在一定程度起到阻隔水分、溶液、潮气、光线、空气中的酸性气体的作用,以起到对环境、气象的影响进行防护的作用。

(3)防止腐朽霉变、鼠咬虫食。这就要求包装具有阻隔霉菌、虫、鼠侵入的能力,形成对有害生物的防护作用。

(4)防止异物混入、污物污染,防止丢失、散失、盗失等。

（二）单元化

包装有将商品以某种单位集中的功能,这就叫"单元化"。包装成多大的单位为好,不能一概而论,要视商品生产情况、消费情况以及商品种类、特征及物流方式和条件而定。一般来讲,包装的单元化主要应达到两个目的:方便物流和方便交易。

从物流方面来考虑,包装单位的大小要与装卸、保管、运输条件和能力相适应。在此基础上应当尽量做到便于集中输送,以获得最佳的经济效益,同时又要求能分割及重新组合,以适应多种装运条件及分货要求;从商业交易方面来考虑,包装单位的大小应适合于进行交易的批量,在零售商品方面应适合于消费者的一次购买。

(三)便利性

商品的包装还有方便物流及方便消费的功能,这就要求包装的大小、形态、包装材料、包装重量、包装标志等各个要素都应为运输、保管、验收、装卸等各项作业创造方便的条件,也要求容易区分不同商品并进行计量。进行包装及拆装作业,应当简便、快速,拆装后的包装材料应当容易处理。

(四)促 销

包装被誉为"不讲话的推销员"。良好的包装往往能为广大消费者或用户所瞩目,从而激发其购买欲望,从而使包装成为商品推销的一种主要工具和有力的竞争手段。商品包装后可与同类竞争商品相区别。精美的包装不易被仿制、假冒、伪造,有利于保护企业的信誉。另外,通过改进包装可以使一项旧商品给人带来一种新的印象。这样看来,适当的包装可以推动商品销售,从而使包装具有很大的经济意义。

延伸阅读

包装的七种功能说

日本神奈川大学的唐泽丰教授将包装的功能分为以下七种:一是保护功能,即保持质量;二是定量功能(按单位定量),即形成基本单件或与此目的相适应的单件;三是标识功能,即容易识别;四是商品功能,即创造商品形象;五是便利功能,即处理方便;六是效率功能,即便于作业、提高效率;七是促进销售,即具有广告效率、唤起购买欲望。

第二节 物流包装技术

一、缓冲包装技术

缓冲包装就是指为减缓内装物受到冲击和震动,保护其免受损坏所采取的一定防护措施的包装。商品从生产出来到开始使用要经过一系列的运输、保管、堆码和装卸过程,并置于一定的环境之中。在任何环境中都会有力的作用在商品之上,并使商品发生机械性损坏。采用缓冲包装技术可以减小外力的影响,防止包装内商品遭受损坏。

按照缓冲程度的不同,缓冲包装可进一步分为全面缓冲、部分缓冲和悬浮式缓冲。

(一)全面缓冲包装

全面缓冲包装,是指内装物和外包装之间全部用防震材料填满进行防震的包装方法。

(二)部分缓冲包装

对于整体性好的商品和有内装容器的商品,仅在商品或内包装的拐角或局部地方使用防震材料进行衬垫即可。所用包装材料主要有泡沫塑料防震垫、充气型塑料薄膜防震垫和橡胶弹簧等。

(三)悬浮式缓冲包装

对于某些贵重易损的物品,为了有效地保证在流通过程中不被损坏,外包装容器比较坚固,然后用绳、带、弹簧等将被装物悬吊在包装容器内。在物流中,无论是什么操作环节,内装物都被稳定悬吊而不与包装容器发生碰撞,从而避免损坏。

二、防破损保护技术

缓冲包装有较强的防破损能力,因而,它是防破损包装技术中有效的一类,不过有时也可以采取以下几种防破损保护技术:

(一)捆扎及裹紧

捆扎及裹紧技术的作用是使杂货、散货形成一个牢固整体以增加整体性,从而便于处理及防止散堆来减少破损。

(二)集装

利用集装可减少外界、操作者与货体的接触,从而防止破损。

(三)选择高强保护材料

通过外包装材料的高强度来防止内装物受外力作用而破损。

三、防霉腐包装技术

在工业包装内装运食品和其他有机碳水化合物货物时,货物表面可能生长霉菌。在物流过程中如遇潮湿,霉菌生长繁殖极快,甚至伸延至货物内部使其腐烂、发霉、变质,因此要采取特别防护措施。包装防霉烂变质的措施通常是采用冷冻包装、真空包装或高温杀菌方法。

(一)冷冻包装

冷冻包装的原理是减慢细菌活动和化学变化的过程以延长储存期,但这不能完全消除食品的变质。

(二)空包装

真空包装也称"减压包装"或"排气包装"。这种包装可阻挡外界的水汽进入包装容器内,也可防止在密闭着的防潮包装内部存有潮湿空气,在气温下降时结露。采用真空包装要注意避免过高的真空度,以防损伤包装材料。

(三)高温杀菌

高温可消灭引起食品腐烂的微生物,可在包装过程中处理防霉。

有些经干燥处理的食品包装应防止水汽浸入以防霉腐,可选择防水汽和气密性好的包装材料,采取真空和充气包装;防止工业包装内货物发霉还可使用防霉剂,防霉剂的种类甚多,用于食品的必须选用无毒防霉剂。

四、防锈包装技术

防锈包装技术的保护对象主要是机电设备、金属制品等容易生锈的物品。包装防锈的措施通常采用防锈油防锈蚀包装和气相防锈包装。

(一)防锈油防锈蚀包装

大气锈蚀是空气中的氧、水蒸气及其他有害气体等作用于金属表面引起化学作用的结果。如果使金属表面与引起大气锈蚀的各种因素隔绝(即将金属表面保护起来)就可以达到防止金属被大气锈蚀的目的。防锈油防锈蚀包装就是根据这一原理将金属涂封防锈油以防止锈蚀的。

(二)气相防锈包装

气相防锈包装技术就是用气相缓蚀剂(挥发性缓蚀剂)在密封包装容器中对金属制品进行防锈处理的技术。气相缓蚀剂是一种能减慢或完全停止金属在侵蚀性介质中的破坏过程的物质,它在常温下具有挥发性,它在密封包装容器中,在很短的时间内挥发或升华出的缓蚀气体就能充满整个包装容器内的每个角落和缝隙,同时吸附在金属制品的表面上,从而起到抑制大气对金属锈蚀的作用。

五、危险品包装技术

危险品有上千种,但按其危险性质,可分为十大类,即爆炸性物品、氧化剂、压缩气体和液化气体、自燃物品、遇水燃烧物品、易燃液体、易燃固体、毒害品、腐蚀性物品、放射性物品等。有些物品同时具有两种以上危险性能。

对有毒商品的包装要明显地标明有毒的标志。防毒的主要措施是包装严密不漏、不透气。例如,重铬酸钾(红矾钾)和重铬酸钠(红矾钠)为红色带透明结晶体且有毒,应用坚固的桶包装,桶口要严密不漏,制桶的铁板厚度不能小于1.2毫米。对有机农药一类的商品应装入沥青麻袋,缝口严密不漏。如用塑料袋或沥青纸袋包装的,则外面应再用麻袋或布袋包装。用作杀鼠剂的磷化锌有剧毒,应用塑料袋严封后再装入木箱中,箱内用两层牛皮纸、防潮纸或塑料薄膜衬垫,使其与外界隔绝。

对有腐蚀性的商品要注意防止商品和包装容器的材质发生化学反应。

金属类的包装容器要在容器壁涂上涂料,防止腐蚀性商品对容器的腐蚀。例如,氢氟酸是无机酸性腐蚀物品、有剧毒,能腐蚀玻璃,因此不能用玻璃瓶作包装容器,应装入金属桶或塑料桶,然后再装入木箱。

对于易燃、易爆商品,例如,有强烈氧化性的、遇有微量不纯物或受热急剧分解引起爆炸的商品应采用防爆炸包装,防爆炸包装的有效方法是采用塑料桶包装,然后将塑料桶装入铁桶或木箱中,并应有自动放气的安全阀,当桶内达到一定气体压力时能自动放气。

六、防虫包装技术

防虫包装技术常用的是驱虫剂,即在包装中放入有一定毒性和气味的药物。利用药物在包装中挥发气体杀灭和驱除各种害虫。常用驱虫剂有萘、对位二氯化苯、樟脑精等。也可采用真空包装、充气包装、脱氧包装等技术使害虫无生存环境,从而防止虫害。

七、特种包装技术

(一)充气包装

充气包装是采用二氧化碳气体或氮气等不活泼气体置换包装容器中空气的一种包装技术,也称为"气体置换包装"。这种包装方法是根据好氧性微生物需氧代谢的特性,在密封的包装容器中改变气体的组成成分,降低氧气的浓度,抑制微生物的生理活动、酶的活性和鲜活商品的呼吸强度,从而达到防霉、防腐和保鲜的目的。

(二)拉伸包装

拉伸包装是依靠机械装置在常温下将弹性薄膜围绕被包装件拉伸、紧裹,并在其末端进行封合的一种包装方法。由于拉伸包装不需进行加热,所以消耗的能源只有收缩包装的1/20。拉伸包装可以捆包单件物品,也可用于托盘包装之类的集合包装。

(三)收缩包装

收缩包装就是用收缩薄膜裹包物品(或内包装件),然后对薄膜进行适当加热处理,从而使薄膜收缩而紧贴于物品(或内包装件)的包装技术方法。收缩包装与拉伸包装原理不同,但效果基本一样。

(四)脱氧包装

脱氧包装是在密封的包装容器中,使用能与氧气起化学作用的脱氧剂与之反应,从而除去包装容器中的氧气,以达到保护内装物的目的。脱氧包装方法适用于某些对氧气特别敏感的物品,适用于那些即使有微量氧气也会促使品质变坏的食品包装中。

延伸阅读

东洋制罐株式会社的包装产品

由东洋制罐开发的塑胶金属复合罐T,以PET及铁皮合成之二片罐,主要使用对象是饮料罐。这种复合罐既节约材料又易于再循环,在制作过程中低能耗、低消耗,属于环境友好型产品。东洋制罐还研发生产出一种超轻级的玻璃瓶。像用这种材料生产的187毫升的牛奶瓶的厚度只有1.63毫米,重量为89克,普通牛奶瓶厚度为2.26毫米,重量为130克,比普通瓶轻40%,可反复使用40次以上。该公司还生产不含木纤维的纸杯和可生物降解的纸塑杯子。东洋制罐为了使塑料包装桶、瓶在使用后方便处理、减少体积,在塑料桶上设计几根环形折痕,废弃时可很方便折叠以缩小体积,这类塑料桶(瓶)种类有从500毫升到10升容积等品种。

第三节　包装合理化

一、包装合理化的概念

包装合理化是物流合理化的组成部分。从现代物流观点来看,包装合理化不单是包装本身的合理与否的问题,而且是整个物流合理化前提下的包装合理化。

包装合理化一方面包括包装整个过程的合理化,这种合理化往往用整体物流效益与微观包装效益的统一来衡量;另一方面也包括包装材料、包装技术、包装方式的合理组合及运用。

二、不合理的包装浪费

整个包装链中一般存在7种浪费,这7种浪费分别是:

（一）包装过剩带来的浪费

包装过剩的表现形式包括包装物强度设计过高,如包装材料截面过大,包装方式大大超过强度要求等,从而使包装防护性过高;包装材料水平选择过高,如可以用纸板却采用镀锌、镀锡材料等;包装技术过高,包装层次过多,包装体积过大;包装成本过高可能使包装成本支出大大超过因减少损失可能获得的收益,同时由于包装成本在商品成本中所占比重过高,所以会损害消费者利益。

（二）包装不足带来的浪费

包装不足的表型形式包括包装强度不足,从而使包装防护性不足,造成被包装物的损失;包装材料水平不足,由于包装材料选择不当,所以材料不能很好地起到运输防护及促进销售的作用;包装容器的层次及容积不足,从而造成被包装物的损失;包装成本过低,不能保证达到必要的包装要求。如全国水泥破袋率为12%~20%,全国平板玻璃破损率为18%~20%。

（三）不必要的包装库存量浪费

例如,库存的包装物数量超过实际需要;库存的包装物不是所需要的包装物;品种不匹配等。

（四）不合理的包装作业过程浪费

对产品包装有一个作业过程,这一个过程如果设计不合理或者作业不科学就会导致包装物损坏或利用率低。

（五）运输过程中的非优化浪费

运输过程中因包装材料选择、包装设计、包装组合不合理造成的非优化浪费。例如,包装材料与所包装产品性质不匹配而导致运输损失;包装设计不便于车辆配装。

（六）仓储过程因包装设计不合理带来的浪费

例如,包装不便于放在货架上;包装因受仓储环境影响不能有效保护内部商品;包装不便于机械化作业。

（七）销售过程中因包装不合理带来的浪费

一些商品应该用小包装而不恰当地使用了大包装,这自然不便于商品销售,在销售过程中会产生一定的货损。

三、包装合理化的基本途径

（一）包装的轻薄化

由于包装只是起保护作用,没有增加产品使用价值的作用,所以,在强度、寿命、成本相同的条件下,更轻、薄、短、小的包装可以节约材料、提高装卸搬运和运输的效率。而且,轻、薄、短、小的包装一般价格比较便宜,如果是一次性包装,则可以减少废弃包装材料的数量。

（二）包装的单纯化

为了提高包装作业的效率,包装材料及规格应力求单纯化,包装形状和种类也应单纯化。包装材料品种少易于管理和减少浪费;包装形状和规格单一有利于提高作业效率,从而实现机械化。

有些商品采取无包装或简易包装,这比有包装或复杂包装有利,总物流成本会更合理。散装水泥物流、管道运输等都是无包装化物流的例子。无包装化物流既能节约包装费用、降低整体物流成本,又能省去包装物的回收和处理作业。

（三）包装的集装单元化、标准化

单元化和标准化是包装过程中必须考虑的问题。因为只有包装规格尺寸一致,才能实行模块化包装；只有包装实现了单元化和标准化,才能批量化作业；有了批量化装卸搬运、保管和运输,才能提高效率、节约费用,物流才能实现机械化和自动化。包装单元化和标准化是现代化物流的重要标志,也是单元化物流的基础。

推进单元化和标准化的办法是多采用集装箱、集装罐、集装袋、集装架、仓库笼、托盘等集装单元器具；多采用通用包装形式,比如按标准模数尺寸制造纸箱、木箱、塑料周转箱；工厂车间、配送中心、仓库尽量多利用通用性、周转循环装货的容器；包装的规格和托盘、集装箱关系密切,也应考虑和运输车辆、搬运机械的匹配,从系统的观点制定包装的尺寸标准。采用托盘一贯化作业能使商品减少多次单体货物的堆码、拆垛的过程,减轻大量繁重的体力劳动,同时又可节约装卸搬运成本。

（四）包装的机械化与自动化

为了提高作业效率和包装现代化水平,各种包装机械的开发和应用都是很重要的。由于被包装物品种极其繁多,包装材料和包装方法又各不相同,所以出现了各式各样的包装机械。其中,有高度自动化的,也有半自动化和手动的。一个相当庞大的包装机械产业为各种产品提供包装技术装备。

（五）包装的协调化

包装是物流系统组成的一部分,需要和装卸搬运、运输和仓储等环节一起综合考虑、全面协调。比如,包装还是不包装？简单包装还是精细包装？大包装还是小包装？这些问题都应该结合商品的运输、保管、装卸搬运以及销售等相关因素综合考虑,只有多种相关因素的协调一致,才能发挥整体物流效果。

在包装便利化要求方面要考虑便于商品流通和消费。比如,包装物的大小、形状、重量、体积等,一是便于运输、保管和装卸搬运；二是便于堆码、摆放、陈列、提取、携带；三是便于拆解、回收和再生利用。

在包装配套化要求方面,要考虑包装与运输、保管、装卸搬运相配套。比如,采用单元化包装可以顺利实现铁路、公路、水运等各种运输方式的转换,可以快速、安全地入库、上架、下架、出库作业,可以提高装卸搬运效率,从而减少货物破损。

（六）包装的绿色化

包装是产生大量废弃物的环节,处理不好可能造成环境污染。包装材料最好可反复使用并能回收再生利用;在包装材料的选择上,还要考虑对人体健康不产生影响、对环境不造成污染,即所谓的"绿色包装";在保管、运输、装卸搬运等环节中实行集装化作业也可以减少包装材料的使用。

◎ 本章小结

包装是为在流通过程中保护产品、方便储运、促进销售而按一定技术方法采用的容器、材料及辅助物等的总体名称。在社会再生产过程中,包装既是生产的终点,又是物流的始点。包装可以按照不同的标准进行分类,不同包装具有不同的特征。缓冲包装、防破损包装、防霉腐包装、防锈包装、危险品包装、防虫包装、特种包装等是物流包装的基本技术。包装合理化不单是包装本身的合理与否的问题,而且是整个物流合理化前提下的包装合理化问题。轻薄化、单纯化、单元化、标准化、机械化、自动化、协调化、绿色化等是实现包装合理化的基本途径。

案例分析

我国物流包装中存在的问题

1. 各类产品因包装不良导致巨大损失

在过去较长的一段时间内,我国各行业对运输包装技术不够重视,从而使得运输包装的质量出现过许多问题,并造成了大量的产品损坏和散失。据报道,我国每年因包装不善造成的经济损失一直在百亿元以上,其中80%的损失是因运输包装不当造成的。

例如,我国每年的粮食损失率平均达到年产量的14.8%,最低的也在8%以上,即每年最低损失100亿公斤。其中,有些损失就是由麻袋质量不好、质量过重及装卸不当等原因造成的,且这项损失很惊人。如某省调运粮食部门经统计发现,调运过程中因包装不善造成的撒漏率曾高达48.6%,经采取一系列改进措施才降至3.5%。

我国年生产480万吨包装用玻璃瓶,加上玻璃器皿,年共生产522万吨玻璃制品。但由于玻璃制品包装的方式较原始,玻璃瓶往往不加防护就装入麻袋,所以极易造成玻璃物件的毁损。据统计,仅此一项每年约损失80万吨玻璃制品,这相当于投资16亿元所建工厂的全年生产总量。

我国自行车年产量达4000万辆,出口850万辆。尽管10多年来其包装有了很大的改进,但还是常出现磕碰损伤,从而引起消费者的不满,并造成了一定的经济损失。耐火材料在运输过程中因包装原因造成的损失每年也在4亿元以上。

2. 物流包装的传统运营模式存在弊端

我国物流包装的传统运营模式存在的弊端主要表现在服务模式与供应链环境不协调、物流效率低、包装原材料成本高和环境污染严重几个方面。

(1)服务模式与供应链环境不协调。为了适应越来越短的供应链生产提前期,物流包装企业应该与供应链实现无缝连接,但是当前的包装企业大多仍按照传统的"交货——使用——回收——加工——再利用"的服务模式和供应链与物流企业进行合作,并未深入到供应链中去。因而,导致往返作业多、交货期滞后、流转效率低等问题。

(2)物流效率低。按传统习惯,上游供应商和下游客户群常常会针对不同的产品使用不同规格的包装。这样,每个物流环节都会产生大量的包装废弃物。在缺乏有效回收流程体系的情况下,必然使得运输、堆垛、存储等流通环节中的作业量增加,以及空间、设备、时间和人力资源的占用,从而降低物流业的运作效率。

(3)包装原材料成本高。由于近年来全球原材料供求关系的变迁,导致原材料成本不断增大,所以带来物流包装业的成本及整个供应链的成本不断上升。如何降低整个供应链上的物流包装成本已成为包装企业提升自身竞争力所面临的重要课题。

(4)环境污染严重。按照目前物流包装企业的运营模式,每个服务环节的包装物都需要回收并再度加工。再加工过程中,不仅加工量很大,而且不可避免地产生很多"三废",从而对环境造成污染。

3. 物流与包装的标准化衔接不好

物流包装的标准化是个大问题。包装标准中关于各种包装标志、包装所用材料规格、质量、技术规范与要求、包装检验方法等的规定并不是孤立的,而应是在整个物流供应链中都要考虑和实施的。各种运输方式之间装备标准的不统一、物流器具标准的不配套、行业规范的非标准化等均会导致物流企业的无效作业增多、物流速度降低、物流事故增加、物流成本上升、服务质量落后,这已严重影响了我国物流企业的效益和市场竞争力。

4. 包装引发的国际商务纠纷多

国际贸易中,因货物包装问题而造成的损失较大,从而导致国际商务纠纷频频发生。

(1)使用的包装材料违反进口国法规。若使用的包装材料违反进口国的有关规定,则会导致货物在入关时被查扣。例如:绝大多数国家不允许使用稻草做包装捆扎与衬垫材料的货物进入;许多国家规定,为避免病虫害的传播,以木、竹、藤、柳等为原材料的进口包装物必须经过熏蒸处理,并附权威证明书,而未经熏蒸处理的包装物不能进入;大多数国家禁止使用旧报纸、旧棉花、旧棉布作商品内部充填物或包装缓冲材料。

(2)脆弱易碎商品的包装不够坚固。我国每年因包装保护不良导致进出口贸易商品在运输流通途中破碎损坏而引起索赔的案例很多。其原因除了运输流通途中出现意外和装运方法粗暴、违规等,还在于包装容器结构设计和使用不合理,内部缓冲衬垫设计和使用不科学等方面。

(3)贵重商品包装过于简易或封缄不严。有些贵重的出口商品因包装简陋或封缄不严而受损或丢失,从而引发商务纠纷。造成物品受损或丢失的具体情况有包装纸箱封缄处开裂、捆扎带宽松、受压后包装变形、缺少包装封缄的原封专用标记、无防偷换措施(即打开后可重新封合而不留痕迹)等。此类商品门类众多,包括丝绸、服装、抽纱品、文体用品、玩具、工艺礼品、精密仪器、工艺瓷器、钟表等。

(4)危险品包装容器结构薄弱与密封不良。具有易燃、易爆、放射性等潜在危险的产品在储藏运输过程中需要密封包装,不然会因物品的渗漏逸出而发生燃烧、爆炸、污染等危害环境与人身的严重后果。这类产品主要有电石、铝银粉、油漆、有机溶剂、冰醋酸等。过去几年里,我国发生过几十次因危险品出口包装不合格引起事故而引发的纠纷问题。

(5)包装规格与容量不适当。我国某些商品的包装不按国际贸易惯例的要求执行,不严格遵照客户要求操作或因包装容量规格的设置划分不当,有些商品包装体积过于巨大或过于笨重,从而导致进口方拒收,因此引发商务纠纷。

(6)包装设计违反进口国宗教与风俗习惯。一些商品包装的图文标贴设计未能充分尊重进口国的宗教文化、风俗习惯,这也是引起国际商务纠纷的常见原因之一。

(资料来源:金国斌.中国物流包装中存在的问题与发展策略探讨[J].包装学报,2011(2).)

问题讨论

1. 我国物流包装存在哪些问题?
2. 包装不合理可能会带来哪些影响?

◎ 复习思考题

1. 谈谈你对包装定义的理解。
2. 谈谈你对包装在物流中地位的理解。
3. 我们日常生活中常见的包装材料有哪些?试举例说明。
4. 物流包装技术主要有哪些?
5. 什么是包装合理化?通过哪些途径可使包装合理化?

第十一章　装卸搬运管理

学习目标

通过本章学习,要求掌握装卸搬运的概念、地位和特点,了解装卸搬运的基本类型及其特点,了解不合理装卸搬运的表现形式,掌握实现装卸搬运合理化的基本途径。

开篇案例

装卸搬运的作用

装卸搬运在整个物流过程中充当着衔接的作用,直接影响后续作业的顺利进行。由于其是反复不断出现的,所以往往成为物流速度的决定因素。据统计,铁路运距低于500千米时,装卸时间将超过实际运输时间。美、日两国间的远洋运输往返25天,其中装卸时间为12天。我国生产物流统计表明,工厂每生产1吨成品需进行252吨次的装卸搬运,其成本为加工成本的15.5%。因此,提高装卸搬运效率对于提高企业物流效率和降低成本具有直接作用。

问题思考:装卸搬运在物流中的地位重要吗?

装卸搬运是随着运输、仓储等物流活动的出现而产生的一种必不可少的物流功能要素,它已经渗透到了物流领域的各个方面,伴随着物流活动的全过程,它是联系物流其他功能要素的最关键要素。

第一节　装卸搬运的概述

一、装卸搬运的概念

装卸,是指物品在指定地点进行的垂直移动为主的物流作业;搬运,是指在同一场所内将物品进行水平移动为主的物流作业。装卸搬运,就是指在某一物流节点范围内进行的,以改变物料的存放(支撑)状态和空间位置为主要内容和目的的活动,即对物料、产品、零部件和其他物品进行搬上、卸下、移动的活动。

"装卸"作用的结果是物品从一种支撑状态转变为另一种支撑状态,前、后两种支撑状态无论是否存在垂直距离差别,但总是以一定的空间垂直位移的变化而得以实现的。"搬运"使物品在区域范围内(通常指在某一个物流结点,如仓库、车站或码头等)发生短距离以水平方向为主的位移。在流通领域,人们常把装卸搬运活动称为"物品装卸",而生产企业则把这种活动称为"物料搬运"。

二、装卸搬运在物流系统中的地位

(一)装卸搬运是连接各种物流活动的桥梁

装卸搬运是伴随运输和仓储而产生的必要的物流活动,但是与运输产生空间效用、仓储产生时间效用不同,它本身不具有明确的价值。但这并不说明装卸搬运在物流过程中不占有重要地位,物流的主要环节,如运输和存储等是靠装卸搬运活动联结起来的。运输的起点有"装"的作业,终点有"卸"的作业;仓储的开始有入库作业,最后由出库作业结束。物流活动其他各个阶段的转换也要通过装卸搬运联结起来。

(二)装卸搬运是物流成本的重要节约源

装卸搬运不仅发生次数频繁,而且又是劳动密集型作业、耗费人力的作业,它所消耗的费用在物流费用中也占有相当大的比重。据统计,俄罗斯经铁路运输的物品少则有 6 次,多则有几十次装卸搬运,其费用占运输总费用的 20%～30%。我国生产物流统计也表明工厂每生产 1 吨成品需进行 252 吨次的装卸搬运,其成本为加工成本的 15.5%。装卸搬运由于是劳动密集型作业,所以在人工费用日益上涨的今天,其对物流成本的影响尤其值得注意。

(三)装卸搬运是提高物流系统效率的关键

物流效率主要表现为运输效率和仓储效率。在物品运输过程中,完成一次运输循环所需的时间,在发运地的装车时间和在目的地的卸车时间均占有不小的比重,特别是在短途运输中,装卸车时间所占比重更大,有时甚至超过运输工具运行时间。据统计,铁路运距低于 500 千米时,装卸时间将超过实际运输时间,美、日两国间的远洋运输往返 25 天,其中装卸时间为 12 天。所以,缩短装卸搬运时间对加速车船和物品的周转具有重要作用。在仓储活动中,装卸搬运效率对物品的收发速度和物品周转速度会产生直接影响。

(四)装卸搬运是造成物品损失的主要环节

进行装卸搬运操作时往往需要接触物品,这样一种接触是造成物流过程中物品破损、散失、损耗、混合等损失的主要环节。例如,袋装水泥纸袋破损和水泥散失主要发生在装卸过程中;玻璃、机械、器皿、煤炭等产品在装卸时最容易造成损失。

三、装卸搬运的特点

（一）装卸搬运对象复杂

在物流过程中，物品是多种多样的，它们在性质（物理、化学性质）、形态、重量、体积以及包装方法上都有很大区别。即便是同一种物品在装卸搬运前的不同处理方法也可能会产生完全不同的装卸搬运作业。单件装卸和集装化装卸，水泥袋装卸搬运和散装的装卸搬运都存在很大差别。从装卸搬运的结果来考察，有些物品装卸搬运要进行储存，有些物品装卸搬运后将进行运输，不同的储存方法、不同的运输方式在装卸搬运设备运用、装卸搬运方式的选择上都提出了不同的要求。

（二）装卸搬运作业不均衡

在生产领域，由于生产活动要有连续性和比例性并力求均衡，故生产企业内装卸搬运相对比较均衡。然而，物品一旦进入流通，由于受到物品产需衔接、市场机制的制约，所以物流量就会出现较大的波动性。商流是物流的前提，某种物品的畅销和滞销、远销和近销，销售批量的大与小，围绕着物品实物流量便会发生巨大变化。从物流领域内部观察，运输路线上的"限制口"，"跑在中间、窝在两头"的现象也会使装卸搬运量出现忽高忽低的现象。另外，各种运输方式由于运量上的差别、运速的不同，所以使得港口、码头、车站等不同物流结点也会出现集中到货或停滞等待的不均衡装卸搬运现象。

（三）装卸搬运对安全性要求高

装卸搬运作业需要人与机械、物品、其他劳动工具相结合，工作量大、情况变化多，很多时候作业环境复杂，这些都导致了装卸搬运作业中存在着不安全的因素和隐患。创造装卸搬运作业适宜的作业环境、改善和加强劳动保护，对任何可能导致不安全的现象都应根除，防患于未然。装卸搬运的安全性，一方面直接涉及人身，另一方面涉及物品。装卸搬运同其他物流环节相比安全系数较低。因此，也就要求更加重视装卸搬运的安全生产问题。

（四）具有伴生性和起讫性

装卸搬运的目的总是与物流的其他环节密不可分的。与其他环节相比，它具有伴生性的特点。同时，运输、储存、包装等环节，一般都以装卸搬运为起始点和终结点。因此，它又有起讫性的特点。这样两种性质的存在导致了装卸搬运经常被人们所忽略，而只被看作其他物流活动的组成部分，得不到应有的重视。

（五）具有提供保障性和服务性

装卸搬运既不改变作业对象的物理或化学性质，不参与零部件的组装或机器设备的拆解，不消耗作业原材料，也不排放废弃物，不产生有形的产品，不改变作业对象的使用价值。

装卸搬运只改变作业对象的支承状态或空间位置,主要为生产或流通领域的其他作业提供"保障性"和"服务性"的劳务服务。

装卸搬运的这种保障性和服务性不能理解为附属性和被动性。事实上,装卸搬运对其他物流活动也具有一定的决定作用,装卸搬运的质量和效率直接影响其他物流活动的速度和水平。比如,装车不当会导致运输事故的发生,卸车不当也会引起车辆延误或仓储堆码环节发生问题。

第二节 装卸搬运的类型

一、按装卸搬运作业的场所分类

根据装卸搬运作业场所的不同,流通领域的装卸搬运基本可分为车船装卸搬运、港站装卸搬运、库场装卸搬运三大类。

(一)车船装卸搬运

车船装卸搬运,是指在载运工具之间进行的装卸、换装和搬运作业,主要包括汽车在铁路货场和站台旁的装卸搬运、铁路车辆在货场及站台的装卸搬运、装卸搬运时进行的加固作业,以及清扫车辆、揭盖篷布、移动车辆、检斤计量等辅助作业。

(二)港站装卸搬运

港站装卸搬运,是指在港口码头、车站、机场进行的各种装卸搬运作业,主要包括码头前沿与后方之间的搬运;港站堆场的堆码、拆垛、分拣、理货、配货、中转作业等。

(三)库场装卸搬运

库场装卸搬运,是指在货主的仓库或储运公司的仓库、堆场、物品集散点、物流中心等处进行的装卸搬运作业。库场装卸搬运经常伴随物品的出库、入库和维护保养活动,其操作内容多以堆垛、上架、取货为主。

在实际运作中,这三类作业往往是相互衔接、难以割裂的。例如,码头前沿的船舶装卸作业与港口和船舶都有联系,而这两者分别对应着港站装卸搬运和车船装卸搬运。因此,装卸搬运作业的内容和方式十分复杂,在具体组织实施的过程中必须认真对待。

二、按装卸搬运作业的内容分类

根据装卸搬运作业内容的不同,装卸搬运可分为堆放拆垛作业、分拣配货作业和挪动移位作业(即狭义的装卸搬运作业)等形式。

(一)堆放拆垛作业

堆放(或装上、装入)作业,是指把物品移动或举升到装运设备或固定设备的指定位置,

第十一章　装卸搬运管理

再按所要求的状态放置的作业；而拆垛（卸下、卸出）作业则是其逆向作业。如用叉车进行叉上叉下作业，将物品托起并放置到指定位置场所，如卡车车厢、集装箱内、货架或地面上等；又如利用各种形式吊车进行吊上吊下作业，将物品从轮船货仓、火车车厢、卡车车厢吊出或吊进。

（二）分拣配货作业

分拣是在堆垛作业前后或配送作业之前把物品按品种、出入先后、货流进行分类，再放到指定地点的作业。而配货则是把物品从所定的位置按品种、下一步作业种类、发货对象进行分类的作业。一般情况下，配货作业多以人工方式进行，但是由于多品种、小批量的物流形态日益发展，所以对配货速度要求越来越高，以高速分拣机为代表的机械化作业应用逐渐增多。

（三）挪动移位作业

挪动移位作业即狭义的装卸搬运作业，包括水平、垂直、斜行搬送，以及几种方式组合的搬送。在水平搬运方式中，广泛应用辊道输送机、链条输送机、悬挂式输送机、皮带输送机以及手推车、无人搬运车等设备。从方式来分，有连续式和间歇式。对于粉体和液体物质，也可以用管道进行输送。

三、按装卸搬运的机械及其作业方式分类

根据装卸搬运机械及其作业方式的不同，装卸搬运可分成"吊上吊下"、"叉上叉下"、"滚上滚下"、"移上移下"及"散装散卸"等方式。

（一）吊上吊下方式

吊上吊下方式是采用各种起重机械从物品上部起吊，依靠起吊装置的垂直移动实现装卸，并在吊车运行的范围内或回转的范围内实现搬运或依靠搬运车辆实现小搬运。由于吊起及放下属于垂直运动，所以这种装卸方式属垂直装卸。

（二）叉上叉下方式

叉上叉下方式是采用叉车从物品底部托起物品，并依靠叉车的运动进行物品位移。搬运完全靠叉车本身，物品可不经中途落地直接放置到目的处。这种方式的垂直运动不大而主要是水平运动，属于水平装卸方式。

（三）滚上滚下方式

滚上滚下方式主要是指在港口对船舶物品进行水平装卸搬运的一种作业方式。在装货港用拖车将半挂车或平车拖上船舶以完成装货作业。待载货车辆（包括汽车）连同物品一起由船舶运到目的港后，再用拖车将半挂车或平车拖下船舶以完成卸货作业。

(四)移上移下方式

移上移下方式,是指在两车之间(如火车及汽车)进行靠接,然后利用各种方式不使物品垂直运动,而靠水平移动来从一个车辆上推移到另一车辆上的一种装卸搬运方式。这种方式需要使两种车辆水平靠接。因此,对站台或车辆货台需进行改变,并配合移动工具实现这种装卸。

(五)散装散卸方式

散装散卸方式,是指对散状物品不加包装地直接进行装卸搬运的作业方式。在采用散装散卸方式时,物品在从起始点到终止点的整个过程中不再落地。它是将物品的装卸与搬运作业连为一体的作业方式。

四、按装卸搬运的作业特点分类

根据作业特点的不同,装卸搬运可分为连续装卸搬运与间歇装卸搬运两大类。

(一)连续装卸搬运

连续装卸搬运,是指采用皮带机等连续作业机械对大批量的同种散状物品或小型件杂货进行不间断输送的作业方式。在采用连续装卸搬运时,作业过程中间不停顿、散货之间无间隔、小型件杂货之间的间隔也基本一致。在装卸量较大、装卸对象固定、物品对象不易形成大包装的情况下,适宜采取这一方式。

(二)间歇装卸搬运

间歇装卸搬运,是指作业过程包括重程和空程两个部分的作业方式。间歇装卸搬运有较强的机动性,装卸地点可在较大范围内变动,广泛适用于批量不大的各类物品,对于大件或包装物品尤其适合,如果配以抓斗或集装袋等辅助工具,则可以对散状物品进行装卸搬运。

五、按装卸搬运对象分类

根据装卸搬运对象的不同,装卸搬运可分为单件作业法、集装作业法、散装作业法三大类。

(一)单件作业法

单件作业法指的是对非集装的、按件计的物品逐个进行装卸搬运操作的作业方法。单件作业对机械、装备、装卸条件要求不高。因而,其机动性较强,可在很广泛的地域内进行而不受固定设施、设备的地域局限。

单件作业可采取人力装卸搬运、半机械化装卸及机械装卸搬运。由于逐件处理,装卸速

第十一章 装卸搬运管理

度慢且装卸要逐件接触货体,所以容易出现货损。反复作业次数较多也容易出现货差。

单件作业的装卸搬运对象主要是包装杂货,多种类、少批量物品及单件大型、笨重物品。

(二)集装作业法

集装作业法是对集装货载进行装卸搬运的作业方法。每装卸一次是一个经组合之后的集装货载,在装卸时,对集装体逐个进行装卸操作。它和单件装卸的主要异同在于都是按件处理,但集装作业中"件"的单位大大高于单件作业中每件的大小。

集装作业一次作业装卸量大、装卸速度快,且在装卸时并不逐个接触货体,而仅对集装体进行作业,因而货损较小、货差也小。

集装作业由于集装单元较大,所以不能进行人力手工装卸。虽然在不得已时用简单机械偶尔解决一次装卸,但对大量集装货载只能采用机械进行装卸。同时,集装作业不但受装卸机具的限制。也受集装货载存放条件的限制。因而,其机动性较差。

(三)散装作业法

散装作业法指对大批量粉状、粒状物品进行无包装的散装、散卸的装卸搬运方法。装卸搬运可连续进行,也可采取间断的装卸搬运方式,但是都需采用机械化设施和设备。在特定情况下且批量不大时,也可采用人力装卸搬运,但是这会有很大的劳动强度。

六、按被装物的主要运动形式分类

根据被装物的主要运动方式划分,装卸可分为垂直装卸和水平装卸两大类。

(一)垂直装卸

采取提升和降落的方式进行装卸,这种装卸需要消耗较大的能量。垂直装卸是采用比较多的一种装卸形式,所用的机具通用性较强、应用领域较广,如吊车、叉车等。

(二)水平装卸

水平装卸对装卸物采取平移的方式实现装卸的目的。这种装卸方式不改变被装物的势能,因此比较节能,但是需要有专门的设施。例如,和汽车水平接靠的高站台、汽车与火车车皮之间的平移工具等。

第三节 装卸搬运合理化

一、不合理装卸搬运的表现形式

不合理装卸搬运是在现有条件下可以达到的装卸搬运水平而未达到,从而造成的无效装卸搬运。不合理的装卸搬运形式一般有以下几种:

（一）过多的装卸搬运次数

物流过程中，货损发生的主要环节是装卸环节，而在整个物流过程中，装卸又是反复进行的，从发生的频率来讲超过任何其他活动。因此，过多的装卸次数必然导致损失的增加。从发生的费用来看，一次装卸费用相当于几十公里的运输费用，每增加一次装卸，费用就会有较大比例的增加。此外，装卸又会大大阻缓整个物流速度，它是降低物流速度的重要因素。

（二）过大的包装装卸搬运

包装过大过重，装卸搬运时会反复在包装上消耗较多的劳动，这一消耗不是必需的，它会形成无效装卸搬运。因此，包装要适宜，包装是物流中不可缺少的辅助作业手段。包装的轻型化、简单化、实用化会不同程度地减少作用于包装上的无效劳动。在进行包装时，尽量使用比较轻的包装材料会节省搬运所消耗的劳动。

（三）无效物质的装卸搬运

进入物流过程中的物品，有时混杂着没有使用价值或对用户来讲使用价值不对路的各种掺杂物，如煤炭中的矸石、矿石中的水分、石灰中的未燃烧石灰及过烧石灰等。在反复装卸搬运时，对这些无效物质反复消耗劳动会形成无效搬运。为减少无效物品的装卸搬运，需要提高物品的纯度（纯度是指物品中含有水分、杂质与物品本身使用无关的物质的多少）。物品纯度越高则装卸作业的有效程度越高。反之，则无效作业就会增多。

二、实现装卸搬运合理化的基本途径

（一）坚持省力化原则

所谓"省力"就是节省动力和人力。应巧妙利用物品本身的重量和落差原理，设法利用重力移动物品，如使物品在倾斜的辊道运输机上或利用滑槽、滑板，在重力作用下移动；减少从下往上的装卸搬运，以减轻负重；不能利用重量和落差时，也尽量实现水平装卸搬运，如仓库的作业月台与卡车车厢处于同一高度，手推车可以直接进出；卡车后面带尾板升降机，仓库作业月台设装卸货物升降装置等。

总之，省力化装卸搬运的原则是：能往下则不往上；能直行则不拐弯；能用机械则不用人力；能水平则不上坡；能连续则不间断；能集装则不分散。

在不得不以人工作业时，也要注意重力的影响和作用。应减少人体的上下运动，避免反复从地面搬起重物；要避免人力抬运或搬送过重物品。

（二）提高装卸搬运灵活性

物料装卸、搬运的灵活性，根据物料所处的状态即物料装卸、搬运的难易程度可分为不同的级别。如果很容易转变为下一步的装卸搬运而不需过多做装卸搬运前的准备工作,则灵活性就高;如果难以转变为下一步的装卸搬运,则灵活性低。为了对灵活性有所区别,并能有计划地提出灵活性要求,从而使每一步装卸搬运都能按一定灵活性要求进行操作,所以对于不同放置状态的物品做了不同的灵活性规定,这就是"灵活性指数",分为0~4共5个等级。库存物装卸搬运灵活性指数说明如表11-1所示。灵活性指数越高,则物品越容易进入装卸搬运状态。

表11-1 库存物装卸搬运灵活性指数

物品状态	指数
物品杂乱地堆在地面上的状态	0
物品装箱或经捆扎后的状态	1
装在箱子里或被捆扎后的物品,下面放有托盘或其他衬垫,便于叉车或其他机械作业的状态	2
物品被放于台车上或用起重机吊钩钩住,即刻移动的状态	3
被装卸、搬运的物品,已经被置于输送设备上,处于启动或直接作业的状态	4

为提高装卸搬运的灵活性,物品放置时就要考虑到有利于下次搬运。如装入容器内并垫放的物品较散放于地面的物品易于搬运;物品在装上时要考虑便于卸下,在入库时要考虑便于出库;要创造易于搬运的环境和使用易于搬运的包装。

(三)合理组织装卸搬运机械

装卸搬运作业的任务量有事先已经确定的不变因素,也有可能临时发生变动且变动较大的不确定因素。因此,如果要合理地运用装卸搬运设备,那么首先必须把计划任务量与实际装卸搬运作业量两者之间的差距尽量控制和缩小到可以接受的最低水平内,同时,还要把装卸搬运作业货物对象的数量、质量、规格、品种等指标以及搬运距离等事项尽可能地作出详细的规划和安排。其次,应该根据装卸搬运设备的生产率和装卸搬运任务的大小等因素,确定装卸搬运设备需用的数量和各项技术指标,根据装卸搬运设备的生产率、装卸任务和需用设备数量等编制装卸搬运作业进度计划。最后,根据装卸搬运的实际情况,下达装卸搬运进度计划,安排适当的劳动力和作业班次,统计和分析装卸搬运作业取得的成果,评价装卸搬运作业的效率和经济效益的高低,以及应该如何改进等。

(四)保持物流的顺畅均衡

装卸搬运是整个物流过程中必不可少的重要环节。最为理想的情况是保持装卸搬运作业连续不断地进行,从而使物品顺畅地流动。将运输、仓储、包装和流通加工等物流活动有序地连接起来,从而保持整个物流过程的均衡顺畅。然而,装卸搬运在某种意义上又是运输、仓储活动的辅助活动,要受运输等其他环节的制约,其节奏不能完全自主决定,必须综合各方面因素妥善安排才能使物流量尽量均衡,从而避免忙闲不均的现象。

为保证物流顺畅,叉车在仓库中作业应留有安全作业空间,转弯、后退等动作不应受面积和空间的限制;人工进行货物搬运要有合理的通道,脚下不能有障碍物,头顶也应留有空间,不能人撞人、人挤人;用手推车搬运货物,地面不能坑坑洼洼,不应有电线、工具等杂物影响小车行走。

延伸阅读

日本的"六不改善法"

在日本,物流界为了改善商品装卸和整个物流过程的效率,从而提出了一种叫作"六不改善法"的物流原则,具体的内容如下。

(1) 不让等——也就是要求通过合理的安排,使得作业人员和作业机械闲置的时间为零,实现连续的工作,发挥最大的效用。

(2) 不让碰——也就是通过机械化、自动化设备的利用,使得作业人员在进行各项物流作业的时候不直接接触商品,从而减轻人员的劳动强度。

(3) 不让动——也就是通过优化仓库内的物品摆放位置和自动化工具的应用,减少物品和作业人员移动的距离和次数。

(4) 不让想——也就是通过对物流过程中的装卸作业进行分解和分析,实现作业的简单化、专业化和标准化的3s原则,从而使作业过程更为简化,减少作业人员的思考时间,提高作业效率。

(5) 不让找——通过详细的规划,把作业现场的工具和物品摆放在最明显的地方,使作业人员在需要利用设备的时候不用去寻找。

(6) 不让写——也就是通过信息技术以及条码技术的广泛应用,真正实现无纸化办公,降低作业成本,提高作业效率。

(五) 推行装卸搬运的单元化

在装卸作业过程中,根据不同物品的种类、性质、形状、重量的不同来确定不同的装卸作业方式。在物品装卸中,处理物品装卸方法有三种形式:普通包装的物品逐个进行装卸,叫作"分块处理";将颗粒状物品不加小包装而原样装卸,叫作"散装处理";将物品以托盘、集装箱、集装袋为单位进行组合后进行装卸,叫作"集装处理"。对于包装的物品尽可能进行"集装处理",实现单元组合化装卸可以充分利用机械进行操作。

组合化装卸具有很多优点:装卸单位大、作业效率高,可节约大量装卸作业时间;能提高物品装卸搬运的灵活性;操作单位大小一致,易于实现标准化;不用手去触及各种物品,可达到保护物品的效果。

(六) 实现装卸搬运的文明化

装卸搬运是重体力劳动,很容易超过人的承受限度。如果不考虑人的因素或不够尊重人格,容易发生野蛮装卸和乱扔乱摔现象。搬运的东西在包装和捆包时,应考虑人的正常能

第十一章　装卸搬运管理

力和抓拿的方便性,也要注重安全性和防污染性等等。一些国家早已注意到这一点,在设计包装尺寸和重量时,以妇女搬运能力为标准。

确保作业安全和作业人员的人身安全也是重要的。要有严格的机械设备的检修制度,作业环境应留有安全作业空间、作业通道应畅通、作业场所应无障碍、地面要防滑等。

(七)创建物流"复合终端"

所谓"复合终端"即对不同运输方式的终端装卸场所集中建设不同的装卸设施。例如,在复合终端内集中设置水运港、铁路站场、汽车站场等,这样就可以合理配置装卸、搬运机械,从而使各种运输方式有机地联结起来。

复合终端的优点在于:第一,取消了各种运输工具之间的中转搬运,有利于物流速度的加快,从而减少装卸搬运活动所造成的物品损失;第二,由于各种装卸场所集中到复合终端,这样就可以共同利用各种装卸搬运设备提高设备的利用率;第三,在复合终端内,可以利用大生产的优势进行技术改造,这样可以提高转运效率;第四,减少了装卸搬运的次数,这就有利于物流系统功能的改进。

(八)重视改善物流系统的总效果

装卸搬运在某种意义上是运输、保管活动的辅助活动。因此,特别要重视从物流全过程来考虑装卸搬运的最优效果。如果单独从装卸搬运的角度考虑问题,那么不但限制了装卸搬运活动的改善,而且还容易与其他物流环节发生矛盾,影响物流系统功能的提高。

对装卸搬运工作的一个基本要求如表 11-2 所示。

表 11-2　装卸搬运的原则

规划原则	规划全部的物料搬运和储存活动以达成最大的整体操作效率。
系统原则	将各种搬运活动整合到涵盖供货商、进货、储存、生产、检验、包装、仓储管理、出货、运输和顾客的整体操作系统。
物料流程原则	提供一种最佳化物料流程的作业顺序与设备布置。
简化原则	利用减少、消除或合并不必要之搬移和设备来简化搬运。
重力原则	尽量利用重力来搬移物料。
空间利用原则	尽量使建物容积之使用最佳化。
单元体积原则	增加单元载重之数量、大小或重量。
机械化原则	将搬运作业机械化。
自动化原则	提供生产、搬运和储存等功能自动化。
设备选择原则	在选择搬运设备时,应考虑所要搬运物料的各种要素,包括使用的搬移与方法。
标准化原则	将搬运方法及搬运设备种类和型号标准化。
适应性原则	采用可以适应各种工作和应用的方法与设备,除非是必须使用某种特殊目的的设备。
减轻自重原则	减少移动式搬运设备自重与载重之比率。

续表

使用率原则	规划搬运设备与人力之使用率为最佳化。
维修保养原则	规划所有搬运设备之定期保养和维修。
过时作废原则	当发现有更有效率的搬运方法和设备时,应取代过时的方法和设备。
管制原则	使用物料搬运活动来改善生产、存货和订单处理的管制。
生产能力原则	使用搬运设备来改善生产能力。
作业效能原则	采用单位搬运的费用来决定搬运的绩效。
安全原则	提供合适的方法和设备来加强搬运安全。

◇ 本章小结

装卸搬运,是指在某一物流节点范围内进行的,以改变物料的存放(支撑)状态和空间位置为主要内容和目的的活动。装卸搬运是连接各种物流活动的桥梁,是物流成本的重要节约源,是提高物流系统效率的关键,是造成物品损失的主要环节。按不同的标准,装卸搬运可以划分为不同的类型,每一种类型都有自己的特点。实现装卸搬运合理化的基本途径有:坚持省力化原则,提高装卸搬运灵活性;合理选择装卸搬运机械,保持物流的顺畅均衡;推行装卸搬运的单元化,实现装卸搬运的文明化;创建物流"复合终端",重视改善物流系统的总效果。

案例分析

云南烟叶公司加强装卸搬运管理一年节省500万元

为了真正实现物流系统管理思路,云南烟叶公司决定改进原有的生产物流系统:

(1)取消、合并装卸搬运的环节和次数。装卸搬运不仅不增加烟叶的价值和使用价值,相反,随着流通环节的增加和流程的繁杂,烟叶的"综合碎耗"和生产成本随之增加。因而,公司在生产物流系统设计中,研究了各项装卸搬运作业的必要性,千方百计地取消、合并装卸搬运的环节和次数。

(2)要实现生产物流作业的集中和集散分工。集中作业才能使生产作业量达到一定的水平。为保证实行机械化、自动化作业,公司在安排存储保管物流系统的卸载点和装载点时,就要尽量集中;在货场内部,同一等级、产地的烟叶应尽可能集中在同一区域进行物流作业,如建立专业货区、专业卸载平台等。

(3)进行托架单元化组合,充分利用机械进行物流作业。公司在实施物流系统作业过程中,要充分利用和发挥机械作业,如叉车、平板货车等,增大操作单位。提高作业效率和生产物流"灵活性",实现物流作业标准化。

(4)合理分解装卸搬运程序,改进装卸搬运各项作业,提高装卸搬运效率,力争在最短时间内完成烟叶加工的所有工艺流程。

(5)提高生产物流的快速反应能力。公司通过烟叶数据库的建设促进网络信息的发展,将物流的各个环节连成一个整体,按照统一的生产计划准时地实现烟叶物资的流动。

通过实施物流管理系统,活化了各生产物流子系统及其相互间的作业关系。这一举措从根本上简化了生产作业流程,实现了标准化物流模式,有效地降低了烟叶的综合碎耗和生产成本。

问题讨论

1. 云南烟叶公司在装卸搬运合理化方面作了哪些努力?
2. 实现装卸搬运合理化要考虑所装卸的物品因素吗?

◇ 复习思考题

1. 简述装卸搬运的概念与其在物流系统中的地位。
2. 装卸搬运有哪些特点?
3. 谈谈你对物料搬运的活性理论的理解。
4. 不合理的装卸搬运表现在哪些方面?
5. 实现装卸搬运合理化的基本途径有哪些?

第十二章
流通加工管理

学习目标

通过本章学习,要求掌握流通加工的概念,了解流通加工和生产加工的区别,理解流通加工在物流系统中的作用,掌握流通加工的基本形式及其特点,掌握实现流通加工合理化的基本途径。

开篇案例

Benetton 制衣公司的延迟制造

美国 Benetton 制衣公司将某些生产环节推迟到最接近顾客需求的时间才进行生产。在大量生产模式下,圆领衫的生产采用同一花色,大量生产不同型号的衣服。其结果是在街上人们所穿的圆领衫千篇一律,从而没有新鲜感。而实际上,人们对圆领衫型号的要求只有大、中、小几种,而上面所印的图案和文字才真正反映了人们不同的兴趣和爱好。新的、廉价的速热印花技术使人们对不同图案的爱好得到了满足。实行延迟制造,在服装厂生产出来的只是不同型号的没有印花的圆领衫,而在销售过程中,可以根据顾客的不同要求,现场将顾客喜爱的图案和文字印在圆领衫上,甚至可以印上本人的照片。这样顾客拿到的就是一件非常满意的圆领衫。

问题思考:延迟制造对物流来说有什么意义?

流通加工是物流中的一种特殊形式,创造的是物流的形质效用,是物流重要利润源。随着经济社会的发展,现有生产加工中的部分末端加工还将不断从生产加工中分离出来,进入流通加工领域。因此,流通加工的作用和地位还将不断提升。

第一节 流通加工的概述

一、流通加工的概念

流通加工是物品在从生产地到使用地的过程中,根据需要施加包装、分割、计量、分拣、

第十二章 流通加工管理

刷标志、拴标签、组装等作业的总称。

流通与加工的概念本属于不同范畴。加工是改变物质的形状和性质,形成一定产品的活动;而流通则是改变物质的空间状态与时间状态。流通加工则是为了弥补生产过程中的加工不足,从而更有效地满足用户或本企业的需要,使产需双方能更好衔接,将这些加工活动放在物流过程中完成,从而使其成为物流的一个组成部分。流通加工是生产加工在流通领域中的延伸,也可以看成流通领域为了更好地服务用户,扩大职能范围。

流通加工者在生产者和消费者之间起着承上启下的作用。它是把分散的用户需求集中起来,使零星的作业集约化,作为广大终端用户的汇集点发挥作用。

二、流通加工与生产加工的区别

流通加工和一般的生产型加工在加工方法、加工组织、生产管理方面并无显著区别,但在加工对象、加工目的、加工程度等方面却存在较大差别,如表12-1所示。

表12-1 流通加工与生产加工的区别

	流通加工	生产加工
加工对象	进入流通过程的商品	原材料、零配件和半成品
所处环节	流通过程	生产过程
加工范围	有局限性	较大
加工程度	简单的、辅助的、补充的加工	复杂的、专门的、主体性的加工
附加价值	完善使用价值并创造价值	创造使用价值和价值
加工单位	商业或物流企业	生产企业
加工目的	消费、物流	交换、消费

三、流通加工的作用

(一)弥补生产加工的不足

有许多产品在生产领域的加工只能加工到一定程度,这是由于存在许多限制因素限制了生产领域完全实现最终的加工。例如,玻璃厂的大规模生产只能按规定标准的规格生产,以使产品有较强的通用性,从而使生产能有较高的效率和效益;木材如果在产地就完成成品所有的制作工序,则会造成运输上的极大困难,所以原生产领域只能加工到原木、板方材这个程度,进一步的下料、切裁、处理等加工则由流通加工完成。这种流通加工实际上是生产的延续,是生产加工的深化,对弥补生产领域的加工不足有重要意义。

(二)预防产品使用价值的下降

有些产品要保证使用价值不下降,则需要进行一定的流通加工。例如,水产品、蛋产品、肉产品等要求保鲜、保质的冷冻加工、防腐加工、保鲜加工等;丝、麻、棉织品的防虫、防霉加工等;对金属制品喷漆、涂防锈油等;木材的防干裂、防腐朽加工等;水泥的防潮、防湿加工等;煤炭的防高温自燃加工等。这些流通加工会使产品的使用价值得到妥善的保存,并延长产品在生产与使用间的时间间隔。

(三)提高原材料的利用率

利用在流通领域的集中加工代替分散在各个使用部门的分别加工可以实行合理规划、合理套裁、集中下料,这样可以大大提高物品的利用率,并有明显的经济效益。集中加工形式可以减少原材料的消耗,提高加工质量。同时,对于加工后的副产品还可使其得到充分的利用。例如,钢材的集中下料可充分进行合理下料、搭配套裁、减少边角余料,从而达到提高加工效率、降低加工费用的目的。

(四)提高社会的加工效率

在流通加工未产生之前,物品满足生产或消费所需要的流通加工活动一般由使用单位承担,使用者不得不安排一定的人力、设备、场地等来完成这些加工活动。用量小或临时需要的使用单位往往缺乏进行高效率初级加工的能力。依靠流通加工不仅可以省去这些单位进行初级加工的投资、设备及人力,而且流通部门可以采用高效的专业化设备来提升加工水平。

(五)促进产品的市场销售

流通加工可以从不同方面起到促进销售的作用。例如,将过大包装或散装物(这是在运输过程中为提高物流效率所要求的)分装成适合一次销售的小包装的分装加工;将原以保护产品为主的运输包装改换成以促进销售为主的装潢性包装,以起到吸引消费者、指导消费的作用;将零配件组装成用具、车辆以便于直接销售;将蔬菜、肉类洗净切块以满足消费者要求等。这种流通加工不改变"物"的本体,只进行简单改装加工,也有许多是组装、分块等深加工。

延伸阅读

流通加工与消费个性化

流通加工不仅是大工业的产物,也是网络经济时代服务社会的产物。流通加工的出现与现代社会消费的个性化有关。消费的个性化和产品的标准化之间存在着一定的矛盾,使本来就存在的产需第四种形式的分离(生产及需求在产品功能上分离)变得更加严重。弥补第四种分离可以采取增加一道生产工序或消费单位加工改制的方法。但在个性化问题十分突出之后,采取上述弥补措施将会使生产及生产管理的复杂性及难度增加,按个性化生产的产品难以组织高效率、大批量的流通。所以,在出现了消费个性化的新形势及新观念之后,就为流通加工开辟了道路。

（六）优化使用运输手段

将流通加工环节设置在消费地，从制造厂到流通加工第一阶段运输距离就比较长，而从流通加工到消费环节的第二阶段距离就比较短。第一阶段是在数量有限的制造厂与流通加工点之间进行定点、直达、大批量的远距离运输；第二阶段则是经过流通加工后的多规格、小批量、多用户的产品运输。这样可以充分发挥各种运输手段的效率、加快运输速度、节省运力和运费。例如，铝制门窗框架、自行车、缝纫机等在制造厂装配成完整的产品，在运输时将耗费很高的运输费用。一般都是把它们的零部件，如铝制门窗框架的材料、自行车车架和车轮分别集中捆扎或装箱，到达销售地点或使用地点以后再分别组装成成品，这样不仅使运输方便而且经济。

（七）提高物流效率

一些产品由于本身的形态原因会在运输、装卸作业中效率较低，从而难以进行物流操作。例如：鲜鱼的装卸、储存操作困难；气体物运输、装卸困难等。对这类产品进行加工可以使物流的各环节易于操作，如鲜鱼冷冻、气体液化等。这种流通加工往往改变"物"的物理状态，但并不改变其化学特性，最终仍能恢复产品原来的物理状态。

第二节 流通加工形式

一、水泥熟料的流通加工

在需要长途运入水泥的地区变运入成品水泥为运进熟料这种半成品，在该地区的流通加工点（磨细工厂）磨细，并根据当地资源和需要的情况掺入混合材料及外加剂，制成不同品种及标号的水泥供应给当地用户，这是水泥流通加工的重要形式之一。

水泥熟料的流通加工可以省去添加剂的运力和运费，可以更好满足当地的实际需求、降低使用成本，容易以较低成本实现大批量、高效率的输送，可以大大降低水泥的输送损失，能更好地衔接产需而方便用户。

二、木材的流通加工

（一）磨制木屑压缩输送

木材是比重轻的物质，在运输时占有相当大的容积，往往使车船满装但不能满载。同时，装车、捆扎也比较困难。从林区外送的原木中有相当一部分是造纸材，美国采取在林木生产地就地将原木磨成木屑，然后压缩使之成为容重较大、容易装运的形状，之后运至靠近消费地的造纸厂，从而取得了较好的效果。根据美国的经验，采取这种方法比直接运送原木节约一半的运费。

(二)集中开木下料

在流通加工点将原木锯截成各种规格的锯材,同时将碎木、碎屑集中加工成各种规格板,甚至还可以进行打眼、凿孔等初级加工。过去用户直接使用原木不但加工复杂、加工场地大、加工设备多,更严重的是资源浪费大,木材的平均利用率不到50%,平均出材率不到40%。实行集中下料、按用户要求供应规格下料,可以使原木利用率提高到95%,出材率提高到72%,从而有相当好的经济效果。

三、钢卷剪切流通加工

汽车、冰箱、冰柜、洗衣机等生产制造企业每天需要大量的钢板。除了大型汽车制造企业外,一般规模的生产企业如自己单独剪切,则难以解决因用料高峰和低谷的差异而引起的设备忙闲不均和人员浪费问题,如果委托专业钢板剪切加工企业,则可以解决这个矛盾。

专业钢板剪切加工企业能够利用专业剪切设备,按照用户设计的规格尺寸和形状进行套裁加工,精度高、速度快、废料少、成本低;专业钢板剪切加工企业在国外数量很多,大部分由流通企业经营。这种流通加工企业不仅提供剪切加工服务,还出售加工原材料和加工后的成品以及配送服务。钢卷剪切采用委托加工方式,用户省心、省力、省钱。

四、平板玻璃的流通加工

平板玻璃的运输货损率较高,玻璃运输的难度比较大。在消费比较集中的地区建玻璃流通加工中心,按照客户的需要对平板玻璃进行套裁和开片可以使玻璃的利用率从62%~65%提高到90%以上;可以节约大量包装用木材,而且可防止流通中大量破损;可以使用专用设备进行裁制,降低切裁玻璃的劳动强度;可以减少废玻璃数量,集中处理废玻璃;可以满足用户的个性化需要,从而提高服务水平。

五、煤炭及其他燃料的流通加工

(一)除矸加工

除矸加工是以提高煤炭纯度为目的的加工形式。矸石有一定的发热量,煤炭混入一些矸石是允许的,也是较经济的。但在运力十分紧张的地区,要求充分利用运力,多运"纯物质",少运矸石。在这种情况下,可以采用除矸的流通加工排除矸石。

(二)煤浆加工

煤炭的运输主要采用容器载运的方式,运输中损失浪费较大又容易发生火灾。管道运输是近年兴起的一种先进物流技术,在流通的起始环节将煤炭磨成细粉,再用水调和成浆状使之具备流动性,这样就可以像其他液体一样利用管道进行输送。这种输送方式连续稳定,而且速度也较快,是一种比较经济的运输方式。

第十二章 流通加工管理

（三）配煤加工

在使用地区设置集中加工点,将各种煤及一些其他发热物质,按不同配方进行掺配加工,从而生产出各种不同发热量的燃料称为"配煤加工"。这种加工方式可以按需要发热量生产和供应燃料,防止热能浪费和"大材小用",也可防止发热量过小而不能满足使用要求的情况发生。工业用煤经过配煤加工还可以起到便于计量控制、稳定生产过程的作用,在经济上和技术上都有相当的价值。

（四）气体的液化加工

由于气体输送、保存都比较困难,所以天然气及石油气往往只好就地使用。如果当地资源充足而用不完往往会就地燃烧掉,这会造成浪费和污染。"两气"的输送可以采用管道,但因投资大、输送距离有限,会受到制约。在产出地将天然气或石油气压缩到临界压力之上,使之由气体变成液体就可用容器装运,使用时机动性较强。

六、机电产品的组装加工

机电设备储运困难较大,主要原因是不易进行包装、包装成本过大,并且运输装载困难、装载效率低、流通损失严重。但是,这些货物有一个共同特点即装配较简单、装配技术要求不高、装配后不需进行复杂的检测及调试。所以,为解决储运问题、降低储运费用,采用半成品（部件）高容量包装出厂,在消费地拆箱组装的流通加工方式。

七、生鲜食品的流通加工

（一）冷冻加工

冷冻加工,是指为解决鲜肉、鲜鱼在流通中保鲜及搬运装卸的问题采取低温冻结方式的加工。这种方式也用于某些流体商品和药品等。

（二）分选加工

农副产品离散情况较大,为获得一定规格的产品,采取人工或机械分选的方式加工称为"分选加工"。这种方式广泛用于果类、瓜类、谷物、棉毛原料等。

（三）精制加工

精制加工是对农、牧、副、渔等产品在产地或销售地设置加工点,除去无用部分甚至可以进行切分、洗净、分装等加工。这种加工不但大大方便了购买者,而且还可对加工的淘汰物进行综合利用。比如,鱼类的精制加工所剔除的内脏可以制药物或制饲料,鱼鳞可以制高级黏合剂,头尾可以制鱼粉等;蔬菜的加工剩余物可以制饲料、肥料等。

（四）分装加工

许多生鲜食品零售起点较小，而为保证高效输送，其出厂包装则较大；也有一些是采用集装运输方式运达销售地区。这样，为便于销售，在销售地区按所要求的零售起点进行新的包装即大包装改小包装、散装改小包装、运输包装改销售包装，这种流通加工方式称"分装加工"。

八、服装、书籍的流通加工

服装流通加工主要指的不是材料的套裁和批量缝制，而是在批发商的仓库或配送中心进行缝商标、拴价签、改换包装等简单的加工作业。近年来，因消费者要求的苛刻化，退货大量增加，从商场退回来的衣服一般在仓库或配送中心重新分类、整理、改换价签和包装。国外书籍的流通加工作业主要有简单的装帧、套书壳、拴书签以及退书的重新整理、复原等。

第三节 流通加工合理化

流通加工合理化的含义是实现流通加工资源的最优配置，流通加工方式的最佳选择，流通加工成本的最大节约，流通加工价值的最大增加。

一、不合理流通加工的表现形式

流通加工是在流通领域中对产品的辅助性加工。从某种意义上来讲，它不仅是生产过程的延续，而且还是生产本身或生产工艺在流通领域的延续。这个延续可能有正、负两方面的作用，即可能有效地起到对生产加工补充完善的作用，但是，也必须估计到另一个可能性，即对整个物流作业过程的负效应。各种不合理的流通加工都会产生抵消效益的负效应。

不合理的流通加工主要有以下几种表现形式：

（一）流通加工地点选择的不合理

一般而言，为衔接单品种、大批量生产与多样化需求的流通加工，加工地点应设置在需求地区，这样才能实现大批量的干线运输与多品种末端配送的物流优势（图 12-1 是流通加工地点选择示意图）。如果将流通加工地点设置在生产地区或接近生产地区，则会出现明显的不合理。

(1) 产品需求多样化时，必然会出现多品种、小批量由生产地向需求地的长距离运输，从而形成不合理。

(2) 在生产地或接近生产地增加了一个加工环节，同时增加了近距离运输、装卸、储存等一系列物流活动。在这种情况下，不如由原生产单位完成这种加工，从而免去设置专门的流通加工环节带来的繁销。

(二)流通加工方式选择不当

流通加工方式与流通加工对象、流通加工工艺、流通加工技术、流通加工程度等因素有关。流通加工方式的确定实际上是与生产加工的合理分工。流通加工不是对生产加工的代替,而是一种补充和完善。分工不合理表现为,本来应由生产加工完成的却错误地由流通加工完成,本来应由流通加工完成的却错误地由生产过程去完成,这些都会造成不合理。

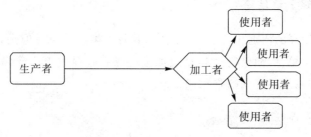

图 12-1　流通加工地点选择示意图

一般而言,如果工艺复杂,技术装备要求较高或加工可以由生产过程延续或可轻易解决时,则不宜再设置流通加工点,尤其不宜与生产过程争夺技术要求较高、效益较高的最终生产环节,更不宜利用一个时期市场的压力使生产者变成初级加工或前期加工者。如果流通加工方式选择不当,就会出现与生产加工夺利的恶果。

(三)流通加工作用不大,形成多余环节

有的流通加工过于简单或对生产者及消费者作用不大,甚至有时由于流通加工的盲目性而未能解决品种、规格、质量、包装等问题,相反却增加了环节,这也是流通加工不合理的重要表现形式。

(四)流通加工成本过高,效益不好

流通加工之所以能够有生命力,重要优势之一是有较大的产出投入比,因而能有效地起着补充完善的作用。如果流通加工成本过高,则不能实现以较低投入实现更高使用价值的目的。除了一些必需的、从政策要求出发即使亏损也应进行的加工外,如果流通加工成本过高、效益不好,则都应看成是不合理的。

二、实现流通加工合理化的基本途径

为避免各种不合理现象,对是否设置流通加工环节、在什么地点设置、选择什么类型的加工、采用什么样的技术装备等需要作出正确抉择。

实现流通加工合理化应考虑以下几个问题:

(一)加工和配送相结合

加工和配送相结合是将流通加工点设置在配送点中,一方面按配送的需要进行加工,另

一方面加工又是配送业务流程中分货、拣货、配货中的一环,加工后的产品直接投入配货作业。这就无需单独在配送点之外设置一个加工的中间环节,使流通加工有别于独立的生产,而使流通加工与中转流通巧妙地结合在一起。同时,由于配送之前有加工,所以可使配送服务水平大大提高,这是对流通加工做合理选择的重要形式,其在生活资料流通领域已被广泛采用,在煤炭、水泥等产品的流通中也表现出较大的优势。

(二)加工和配套相结合

在对配套要求较高的流通中,配套的主体来自各个生产单位。但是,完全配套有时无法全部依靠现有的生产单位,而进行适当流通加工可以有效促成更广泛领域内社会资源的配套,更有效地发挥流通的桥梁与纽带作用。

(三)加工和合理运输相结合

流通加工能有效衔接干线运输与支线运输,促进两种运输形式的有机结合。支线运输转干线运输或干线运输转支线运输是本来就必须停顿的环节,在停顿过程中不进行一般的支转干或干转支,而是按下一步干线或支线运输的合理要求进行适当加工,能大大提高运输及转载水平。

(四)加工和合理商流相结合

通过加工有效促进销售使商流合理化,这也是流通加工合理化的考虑方向之一。加工和配送的结合,通过加工提高了配送水平、强化了销售能力,这是加工与商流相结合的一个成功例证。

此外,通过简单地改变包装加工、形成方便的购买量,通过组装加工解除用户使用前进行组装、调试的难处都可以有效促进商流。

(五)加工和节约结合

节约能源、节约设备、节约人力、节约耗费是流通加工合理化的重要考虑因素。对于流通加工合理化的最终判断,首先在于其是否能实现物流为用户服务的本质要求,同时还要看其是否能实现社会的和企业本身的两个效益追求。

(六)实行延迟制造

所谓"延迟制造"是指企业在整个生产流程中,将不同产品需求中相同程序制作过程尽可能最大化,而定制需求或最终需求的差异化制作过程尽可能延迟。通过这种方式,能在物流成本受控的同时实现产品多样化,从而满足人们个性化的需要。

(七)流通加工绿色化

流通加工具有较强的生产性,同时也是流通部门对环境保护可以大有作为的领域。绿

第十二章 流通加工管理

色流通加工的途径主要分两个方面：一方面变消费者分散加工为专业集中加工，以规模作业方式提高资源利用效率，减少环境污染（如餐饮服务业对食品的集中加工，从而减少家庭分散烹调所造成的能源和空气污染）；另一方面是集中处理消费品加工中产生的边角废料，以减少消费者分散加工所造成的废弃物污染，如流通部门对蔬菜的集中加工减少了居民分散垃圾丢放及相应的环境治理问题。

◎ 本章小结

流通加工是物品在从生产地到使用地的过程中，根据需要施加包装、分割、计量、分拣、组装、价格贴附、标签贴附、商品检验等作业的总称。流通加工和一般的生产型加工在加工对象、加工目的、加工程度等方面存在较大差别。流通加工具有弥补生产加工不足、预防产品使用价值下降、提高原材料利用率、提高社会加工效率、促进产品销售、优化使用运输手段、提高物流效率等积极作用。流通加工存在不同形式，每一种形式都有自己的特点。不合理的流通加工主要表现在：流通加工地点选择的不合理、流通加工方式选择不当、流通加工作用不大、流通加工成本过高。实现流通加工合理化需要做到几个方面：加工和配送相结合、加工和配套相结合、加工和合理运输相结合、加工和合理商流相结合、加工和节约相结合、实行延迟制造、流通加工绿色化。

案例分析

我国农产品冷链物流行业前景良好

农产品冷链物流，是指使肉、禽、水产、蔬菜、水果、蛋等生鲜农产品从产地采收（或屠宰、捕捞）后，在产品加工、贮藏、运输、分销、零售等环节始终处于适宜的低温控制环境下，从而最大限度地保证产品品质和质量安全、减少损耗、防止农产品遭受污染的特殊供应链系统。农产品冷链物流的特点如下：

（1）农产品冷链物流各环节的管理与运作都需要专门的设备和设施，建设投资较大、回报期较长。

（2）农产品冷链物流的生产和消费较分散，市场供求及价格变化较大，天气、交通等各种不确定的影响因素较多，其运作和能耗成本较高和较不稳定。

（3）农产品冷链物流要求冷链的各环节具有较高的组织协调性，从而保障物流环节和物流交易次数较少，保证易变质农产品的时效性强。

（4）农产品冷链物流要求较高的信息技术对农产品进行安全性的质量监控或实时跟踪。

一条完整的冷链包括冷冻加工、冷冻贮藏、冷冻运输与配送、冷冻销售四个环节。只有在这四个环节中都使农产品处于生理需要的低温环境中，才能保证其质量、减少其损耗。目前，我国能独立开展仓储、运输、配送等一条龙冷链综合物流服务的企业很少，各地虽有一定数量的冷库和冷藏运输车队，但服务功能单一、规模不大、服务范围小，跨区域服务网络没有形成，无法提供市场需求的全程综合物流服务。而且，任一环节、任一家企业的条件不规范都会导致产品质量受损。如加工环节中一些企业使用不好的原料;贮藏环节中一些企业在常温下装卸时间过长;运输与配送环节中一些企业以保温车代替制冷车;销售环节中一些企业的冷柜温度设置过高,这些都会影响产品的质量和储存期。

目前,我国的冷链物流总容量为1000多万立方米,但只限于肉类、蔬菜类的冷冻贮藏。我国的铁路冷藏运输设施非常陈旧,大多是机械式的速冻车皮,缺乏规范保温式的保鲜冷冻冷藏运输车厢,冷藏食品运量仅占总货物运量的1%。在公路运输中,易腐保鲜食品的冷冻冷藏运输只占运输总量的20%,其余80%左右的禽肉、水产品、水果、蔬菜大多是用普通卡车运输。总体而言,发达国家预冷保鲜率为80%~100%,冷藏运输率为80%~90%,冷藏保温汽车占货运汽车比率为1%~3%,而我国分别为30%、10%~20%、0.3%。我国同发达国家相比,在硬件设施和运输效率方面还存在较大差距。

我国是农业生产和农产品消费大国,目前蔬菜产量约占全球总产量的59%,水果和肉类产量占46%,禽蛋和水产品产量占35%。近年来,我国生鲜农产品产量快速增加,每年约有4亿吨生鲜农产品进入流通领域,加上人们对生鲜农产品的安全和品质有了更高的要求,农产品冷链物流需求将会越来越大。

(资料来源:中国物流信息网。)

问题讨论

1. 为什么农产品冷链物流行业前景被看好?
2. 目前在我国冷链物流发展过程中存在哪些突出问题?

◇复习思考题

1. 什么是流通加工?流通加工和一般的生产加工的区别有哪些?
2. 流通加工的作用是什么?
3. 流通加工的形式有哪些?
4. 不合理的流通加工主要表现在哪些方面?如何实现流通加工的合理化?

第十三章
物流信息管理

学习目标

通过本章学习,要求掌握物流信息的概念、特点及功能,了解搜寻物流信息的基本技术及其特点,了解物流信息平台的类型与作用,了解物流信息系统的概念、任务与结构,了解物流信息系统的基本功能、规划的基本步骤和主要开发内容。

开篇案例

物流企业信息化应该自建还是外包?

IBM全球企业咨询服务部咨询总监刘某认为,随着物流企业对信息化依赖程度的提升,企业信息化除了需要持续不断地投入资金外,还需要专业的人才团队,这不是一笔小的投入,信息化后期维护也是一个很重要的工作。但是,目前已有新的"云技术",可能通过第三方搭建信息化"云平台"、企业共同租用的方式来为之提供专业的信息化服务,帮助其节省系统开发成本和维护成本。这样一种模式有可能成为物流行业信息化发展的一个方向。

但是,不少物流企业却认为,由于物流企业,尤其是供应链企业固有的特性,所以企业的信息化系统需要坚持自己研发。宝恒通集团总经理萧某表示,自己对企业的IT系统是外包还是自己研发斗争了两年,最终还是决定自己做。为什么决定自己研发?原因之一是考虑供应链企业面对的客户包罗万象,各个客户的需求不一样、产生的流程也不一样。企业个性太强,"云平台"很难与之完美对接。另一个考虑因素则是一些外部环境,例如,海关政策变动以及客户需求变化往往很快,企业自身能够较第三方更快掌握这种变化,并作出快速反应。

越海全球物流有限公司IT总监曹某的观点相对中立。他认为,外包和自建这个问题并没有那么绝对。大的企业做信息化可以自建平台,但"云平台"也是一种选择。企业完全可能把一些非核心的业务放到"云端","云平台"也可能把某个行业业务抽象出来,将其中一些最基础的东西作为服务主体给中小型企业提供一些共用的东西,并帮助其降低信息化成本。

(资料来源:2014年6月9日《深圳商报》,记者:肖晗。)

问题思考:物流企业信息化在什么情况下可以外包?

物流信息化是现代物流的基本特征,也是物流发展的重要趋势。物流信息技术在物流信息化进程中发挥着关键作用,是现代物流的基础和灵魂。物流信息平台为物流信息化提供了基础性支撑条件。提高物流管理效率需要加强物流信息系统的建设和管理。

第一节 物流信息的概述

一、物流信息的概念

物流信息,是指与物流活动有关的信息,是反应物流各种活动内容的知识、资料、图像、数据、文件的总称。物流信息随着从生产到消费的物流活动的产生而产生,与物流的各种活动(如运输、保管、装卸、包装及配送等)有机地结合在一起,是整个物流活动顺利进行所不可缺少的条件。

在现代物流管理活动中,物流信息与商品信息、市场信息相互交叉、配合、彼此联系密切,相关性强。物流信息不仅能够起到连接整合从生产企业、经过批发商到零售商最终到使用者或消费者的整个供应链的作用,而且在充分利用现代信息技术的基础上,能够实现整个供应链活动的效率化。

二、物流信息的特点

物流信息除具有信息的一般特点外,还表现出以下特点:

(一)信息量大

由于物流系统本身涉及的范围很广,所以在供应链的各个环节及各种活动中均会产生信息。为了使物流信息适应企业的开放性和社会性发展要求,企业必须对大量的物流信息进行有效管理。

(二)动态性强

物流信息的更新速度快、多品种少批量生产、多频度小数量配送与利用POS系统的即时销售使得各种作业活动频繁发生,从而要求物流信息不断更新,而且更新的速度越来越快。

(三)来源多样化

不仅在物流系统内的各环节会产生各种不同的物流信息,而且由于物流系统与其他系统(如生产系统、供应系统等)密切相关,所以在物流信息管理过程中,还应收集物流系统以外的有关信息,这就会使物流信息的分类、研究及筛选等工作的难度增加。

(四)趋于标准化

基于物流活动的系统性特征、基于物流系统的多环节特征、基于物流服务的社会化特征、基于物流信息处理手段电子化要求,物流信息标准化要求越来越高。

延伸阅读

大数据时代

最早提出"大数据"时代到来的是全球知名咨询公司麦肯锡,麦肯锡称:"数据,已经渗透到当今每一个行业和业务职能领域,并成为重要的生产因素。人们对于海量数据的挖掘和运用,预示着新一波生产率增长和消费者盈余浪潮的到来。"大数据是作为云计算、物联网之后IT行业又一大颠覆性的技术革命。云计算主要为数据资产提供了保管、访问的场所和渠道,而数据才是真正有价值的资产。企业内部的经营交易信息、互联网世界中的商品物流信息、物联网世界中的人与人交互信息、位置信息等,其数量将远远超越现有企业IT架构和基础设施的承载能力,实时性要求也将大大超越现有的计算能力。如何盘活这些数据资产,使其为国家治理、企业决策乃至个人生活服务是大数据时代的核心议题,也是云计算内在的灵魂和必然的升级方向。

三、物流信息的功能

在整个物流系统的运行过程中,物流信息主要起到以下几方面的功能:

（一）衔接作用

物流系统是由许多个行业、部门以及众多企业构成的大系统,系统内部通过各种指令、计划、文件、数据、报表、凭证、广告、商情等物流信息建立起各种联系,沟通生产厂家、批发商、零售商、物流服务商和消费者,满足各方的需要。因此,物流信息是沟通物流活动各环节的桥梁。

（二）交易功能

商品交易过程中的大多数操作都是通过物流信息来完成的。物流信息的交易功能主要表现为:记录订货内容、传递库存计划、用户信息查询等。交易功能是物流信息功能的最基本体现。

（三）控制功能

通过移动通信、计算机信息网、电子数据交换（EDI）、全球定位系统（GPS）、短信平台（GMS）、物流一卡通等技术实现物流活动的电子化,如货物实时跟踪、车辆实时跟踪、库存自动报警、代收款实时查询等,用信息化代替传统的手工作业,实现物流运行、服务质量和成本等的管理控制。

（四）决策功能

大量的物流信息能使管理人员掌握全面情况,协调物流活动。通过评估、比较和"成本—收益"分析,作出最有效的物流决策。有效利用物流信息,也有助于物流企业正确制定物流发展战略。

四、物流信息的类型

(一)按管理层次分类

1. 操作管理信息

操作管理信息产生于操作管理层,反映和控制企业的日常生产和经营工作。例如,每天的产品质量指标、用户订货合同、供应厂商原材料信息等。这类信息通常具有量大且发生频率高等特点。

2. 知识管理信息

知识管理信息是知识管理部门相关人员对企业自己的知识进行收集、分类、存储和查询,并进行知识分析而得到的信息。例如,专家决策知识、物流企业相关业务知识、工人的技术和经验形成的知识信息等。

3. 战术管理信息

战术管理信息是部门负责人做关系局部和中期决策所涉及的信息。例如,月销售计划完成情况、单位产品的制造成本、库存费用、市场商情信息等。

4. 战略管理信息

战略管理信息是企业高层管理决策者制定企业年度经营目标、企业战略决策所需要的信息。例如,企业全年经营业绩综合报表、消费者收入动向和市场动态、国家有关政策法规等。

(二)按信息来源分类

1. 物流系统内信息

物流系统内信息是伴随物流活动而发生的信息,包括物料流转信息、物流作业层信息。具体为运输信息、储存信息、物流加工信息、配送信息、定价信息等,以及物流控制层信息和物流管理层信息。

2. 物流系统外信息

物流系统外信息是在物流活动以外发生的,但提供给物流活动使用的信息。包括供货人信息、顾客信息,订货合同信息、社会可用运输资源信息、交通和地理信息、市场信息、政策信息,还有来自企业内生产、财务等部门的与物流有关的信息。

(三)按信息沟通方式分类

1. 口头信息

口头信息,是指通过面对面的口头交谈而进行传递的信息。这类信息可以直接而迅速地传播,与其他传播方式相比速度较快。但它在传播过程中也容易掺进传播者的主观理解而产生信息失真。物流活动中的各种现场调查和研究是获得口头信息最简单的方法。

2. 书面信息

书面信息,是指为了保证物流信息的客观性,便于重复说明和反复检查,而用书面文字进行描述的一种信息类型。各种物流环节中出现的数据报表、文字说明和技术资料等都属于这类信息。

第二节 物流信息技术

物流信息技术是运用于物流各环节中的信息技术。根据物流的功能及其特点,物流信息技术包括条形码技术、电子数据交换技术、射频技术、地理信息系统技术(GIS)、全球定位系统技术(GPS)、电子订货系统(EDS)、销售时点信息系统(POS)。

一、条形码技术(Bar code)

条形码是由一组规则排列的条、空及其对应字符组成的标记,用以表示一定的信息。按使用方式,分为直接印刷在商品包装上的条形码和印刷在商品标签上的条形码;按使用目的,分为商品条形码和物流条形码。

商品条形码是以直接向消费者销售的商品为对象,以单个商品为单位使用的条形码。它由13位数字组成,最前面的2个数字表示国家或地区的代码,中国代码是69,接着的5个数字表示生产厂家的代码,其后的5个数字表示商品品种的代码,最后的1个数字用来防止机器发生误读错误。例如,商品条形码6902952880041中,69代表中国,02952代表贵州茅台酒厂,88004代表53%(V/V)、106PROOF、500毫升的白酒。

物流条形码是物流过程中以商品为对象,以集合包装商品为单位使用的条形码。物流条形码由14位数字组成,除了第1位数字外,其余13位数字代表的意思与商品条形码相同。物流条形码的第1位数字表示物流识别代码,在物流识别代码中,1代表集合包装容器装6瓶酒,2表示装24瓶酒,物流条形码26902952880041代表该包装容器装有中国贵州茅台酒厂的白酒24瓶。商品条形码和物流条形码的区别如表13-1所示。

表13-1 商品条形码与物流条形码的区别

	应用对象	数字构成	包装形状	应用领域
商品条形码	向消费者销售的商品	13位数字	单个商品包装	POS系统、补充订货管理
物流条形码	物流过程中的商品	14位数字(标准物流条形码)	集合包装(如纸箱、集装箱等)	出入库管理、运输保管分拣管理

条形码是有关生产厂家、批发商、零售商、运输业者等经济主体进行订货和接受订货、销

售、运输、保管、出入库检验等活动的信息源。由于在活动发生时能即时自动读取信息,所以便于及时捕捉到消费者的需要,从而提高商品销售效果,也有利于促进物流系统提高效率。另外,条形码与其他辨识商品的方法如 OCR(光学文字识别)、OMR(光学记号读取)比较,具有印刷成本低和读取精度高的优点。

延伸阅读

条码工作机理

条码是由若干个黑色的"条"和白色的"空"所组成的一个单元。在这个条码单元中,黑色条对光线的反射率低而白色条对光线的反射率高,再加上条与空格宽度不同,这样就能使扫描光线产生不同的反射接收效果,在光电转换设备上转换成不同的电脉冲,这些电脉冲就是信息,电脉冲通过网络就可以将其含有的信息进行传输。

二、电子数据交换技术(EDI)

国际标准化组织(ISO)将 EDI 定义为:"将商业或行政事务处理按照一个公认的标准形成结构化的事物处理或信息数据格式,从计算机到计算机的数据传输。"EDI 是将远程通信、计算机及数据库三者有机结合在一个系统中,实现数据交换、数据共享的一种网络化、智能化、自动化的信息系统。

EDI 将传统的通过邮件、快递或传真的方法来进行两个组织之间的信息交流转化为用电子数据来实现两个组织之间的信息交换。通过电子数据交换,信息传递的速度已大大高于传统方法进行的信息传递的速度,实现了不同企业之间信息的实时传递。

构成 EDI 系统的三个要素是 EDI 软硬件、通信网络以及数据标准化。一个部门或企业若要实现 EDI,首先,必须有一套计算机数据处理系统;其次,通信环境的优劣也是关系 EDI 成败的重要因素之一;再次,为使本企业内部数据比较容易地转换为 EDI 标准格式,需要采用 EDI 标准。

EDI 标准是整个 EDI 系统中关键的部分。由于 EDI 是按事先商定的报文格式进行数据传输和信息交换的,所以制定统一的 EDI 标准至关重要。世界各国在开发 EDI 的过程中得出一条重要经验就是必须把 EDI 标准放在首要位置。EDI 标准主要分为以下几个方面:基础标准、代码标准、报文标准、单证标准、管理标准、应用标准、通信标准和安全保密标准。

三、射频技术(RF)

RF 的基本原理是电磁理论,它往往与便携式数据终端(PDT)配合使用。PDT 与扫描器相连,包括一个有存储器的计算机和键盘,它允许编入一些应用程序。操作时,PDT 先扫描位置标签、货架号码、产品数量,并输入到 PDT 存储器中,再通过 RF 把存储器中的数据传送到计算机管理系统,从而得到客户产品清单、发票、发运标签、产品代码和数量等。射频识别卡具有读写能力和智能化特征,可携带大量数据,这些数据难以伪造,射频系统能够识别比光学系统远的距离。射频识别系统的传送距离由传送频率、天线设计的功能因素决定,用它识别数据要考虑到传送距离、工作频率、标签的数据容量、尺寸、重量、定位、响应速度和选择能力等。

RF 对于需要频繁改变数据内容的场合最为适用。在物流领域，RF 常用于物料跟踪、货架识别、运载工具等，这些场合要求进行非接触数据采集和交换。在集装箱和运输设备上贴上射频识别标签，在运输线的一些检查点上和货架、仓库、车站、码头、机场等关键地点安置上 RF 接收转发装置。接收装置收到 RF、标签信息后，连同接收地的位置信息上传至通信设备，再由通信设备传给调度中心并送入企业信息数据库。所以，物料无论是在订购之中、运输途中、销售货架上，还是在仓库存储着，射频系统都可以掌握所有信息。

四、地理信息系统技术(GIS)

GIS 是由计算机软硬件环境、地理空间数据、系统维护和使用人员四部分组成的空间信息系统。该系统可对整个或部分地球表层(包括大气层)空间中有关地理分布数据进行采集、储存、管理、运算、分析、显示和描述。主要由两部分组成：一部分是桌面地图系统，另一部分是数据库，该数据库用来存放与地图上的特征点、线、面相关的数据。点取地图上的相关部位就可以立即得到相关的数据；反之，通过已知的相关数据也可以在地图上查询到相关的位置和其他信息。图 13-1 是 GIS 系统信息传递示意简图。

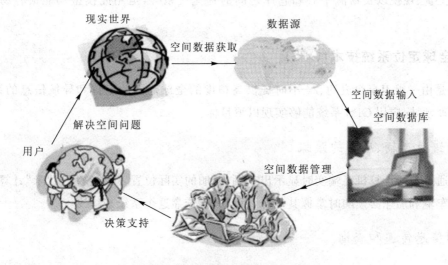

图 13-1　GIS 系统信息传递示意简图

GIS 应用于物流分析主要是指利用 GIS 强大的地理数据功能来完善物流分析技术，可以借助这个信息系统进行线路的选择和优化，可以对运输车辆进行监控，可以向司机提供有关的地理信息等等。不少企业已开发出了利用 GIS 为物流活动提供专门分析的工具软件，具体表现如下：

（一）车辆路线模型

主要用于解决一个起始点、多个终点的货物运输过程中，如何降低物流作业费用并保证服务质量的问题。它包括决定使用多少辆车以及每辆车的路线等。

(二)网络物流模型

主要用于解决最有效分配货物路径问题,也就是物流网点布局问题。如将货物从 N 个仓库运往 M 个商店,每个商店都有固定的需求量。因此,需要确定由哪个仓库提货送给哪个商店,所耗的运输代价最小。

(三)分配集合模型

它是根据各个要素的相似点把同一层上的所有或部分要素分为几个组,主要用以解决和确定服务范围、销售市场范围等问题。

(四)设施定位模型

主要用于确定一个或多个物流设施的位置。在物流系统中,物流中心、仓库和运输线共同组成了物流网络,物流中心和仓库处于网络的节点上,节点决定着线路。如何根据供求的实际需要并结合经济效益等原则,在既定区域内设立多少个物流中心和仓库,每个物流中心和仓库的位置、规模以及物流中心和仓库之间的物流关系等,运用此模型均能很容易得到解决。

五、全球定位系统技术(GPS)

GPS 是由一组卫星组成的、24 小时提供高精度的全球范围的定位和导航信息的系统。在物流管理领域,应用 GPS 系统能够实现以下目标:

(一)进行车辆、船舶的跟踪

可以通过地面计算机终端实时显示出车辆、船舶的实际位置,位置精度以"米"计算。对于重要的车辆和船舶必须随时掌握其动态,目前只能依靠这个系统来解决。

(二)信息传递和查询

可以实施双向的信息交流,可以向车辆、船舶提供相关的气象、交通、指挥等信息。同时,可以将运行中的车辆、船舶的信息传递给管理中心。

(三)及时报警

通过全球卫星定位系统掌握运输装备的异常情况,接收求助信息和报警信息,并迅速传递到管理中心实施紧急救援。

(四)支持管理

根据全球卫星定位系统所提供的信息可以实施运输指挥、实施监控、路线规划和选择、向用户发出到货预报等,可以有效支持大跨度物流系统管理。

六、电子订货系统(EOS)

EOS 系统,是指不同组织间利用通信网络和终端设备以在线联结方式进行订货信息交换的体系,即通过计算机通讯网络连接的方式,将批发商、零售商所发生的订货数据输入计算机后传送至总公司、批发商、商品的供货商或制造商处。

EOS 系统的基本工作流程是在零售店的终端利用条码阅读器获得准备采购的商品条码,并在终端机上输入订货资料;利用电话线或网线,通过调制解调器传到批发商的计算机中;批发商开出提货传票,并根据传票同时开出拣货单实施拣货,然后依据送货传票进行商品发货;送货传票上的资料就成为零售商的应付账款资料及批发商的应付账款资料,并接到应收账款的系统中去;零售商对送到的货物进行检验后就可以销售了。

EOS 系统在物流管理中的作用主要表现在以下几方面:

(1)对于传统的订货方式,如上门订货、邮寄订货、电话传真订货等,EOS 系统可以缩短从接到订单到发出订货的时间,缩短订货商品的交货期,减少商品订单的出错率,节省人工费用。

(2)有利于减少企业的库存,提高企业的库存管理效率,同时也能防止商品特别是畅销商品缺货现象的出现。

(3)对于生产厂家和批发商,通过分析零售商的商品订货信息能准确判断畅销商品和滞销商品,有利于企业调整商品生产和销售计划。

(4)有利于提高企业物流信息系统的效率,从而使各个业务信息子系统之间的数据交换更加便利和迅速,丰富企业的经营信息。

七、销售时点信息系统(POS)

POS 是一种利用光学式自动读取设备,按照商品的最小类别读取实时销售信息,以及采购、配送等阶段发生的各种信息,并通过通讯网络将其传送给计算机系统进行加工、处理和传送,以便使各部门可以根据各自的目的有效地利用上述信息的系统。

POS 系统包括前台 POS 系统和后台 MIS 系统。前台 POS 系统通过自动读取设备(如收银机),在销售商品时直接读取商品销售信息(如商品名、单价、销售数量、销售时间、销售店铺、购买顾客等),实现前台销售业务的自动化,对商品交易进行实时服务和管理,并通过通信网络和计算机系统传送至后台。通过后台 MIS 系统计算、分析与汇总等掌握商品销售的各项信息,为管理者分析经营成果、制定经营方针提供依据。

POS 系统是整个商品交易活动或物流活动的信息传输的最基本的环节,具有以下优点:

(一)提高数据采集效率

由于采用了自动读取设备进行数据的采集和读入,POS 系统可以使工作效率大大提高。尤其是数据比较大时,POS 系统优势就更加突出,可以在瞬间实现复杂数据的读取和采集。

（二）提高管理水平

POS 系统可以使管理工作从分类管理上升到单个产品管理。尤其对精细物流系统、后续的仓储管理、自动存取货物的管理等，都要以这种单个产品的信息采集为基础。

（三）提高统计效率

通过计算机网络、利用智能化的信息处理手段，POS 系统可以使非常繁琐的统计工作、统计分析工作通过计算机自动生成。这样就使过去物流过程中经常容易出现差错和造成时间延误的环节变得准确而通畅。

（四）将管理领域延伸

采用 POS 系统，在对物流对象管理的同时还能实现物流环节和工作人员的管理。

第三节　物流信息平台

现代物流运作和现代物流信息平台是互相依存的关系，没有现代物流信息平台，物流运作的现代化、信息化就不可能全面实现。

一、物流信息平台的概念

一般认为，凡是能够支持或者进行物流服务供需信息的交互或交换的网站均可视为物流信息平台。比如，一个物流公司为方便公司与其用户的联系而设计了一个信息交换系统，该系统使得用户和公司可以保持便捷的联系，这个系统就具备了物流信息平台的性质。一个专业的物流信息服务网站就是一个典型的物流信息平台，比如亿顺物流网、发啦网、中国物通网、物流全搜索等。物流信息平台的一个简单示意图如图 13-2 所示。

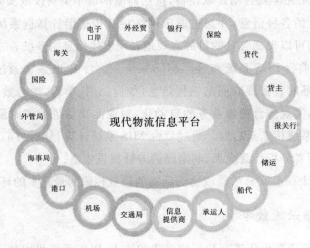

图 13-2　物流信息平台示意图

二、物流信息平台的类型

根据不同的分类标准,物流信息平台有不同的分类办法。

（一）按平台服务的区域范围分类

以平台服务的区域范围分,有地方性的物流信息平台和全国性的物流信息平台。比如,长江物流网、宁波物流信息网很明显属于地方性的物流信息平台,而发啦网、中国物通网用户遍布全国各地,它们则是全国性物流信息平台。

（二）按平台运营方的性质分类

以平台运营方的性质分,有主体自身运营的物流信息平台和第三方物流信息平台。主体自身运营的物流信息平台往往以提高主体的工作效率为目标,而第三方物流信息平台则专门为物流服务供给方和需求方提供信息服务,其运营方一般不涉及物流服务的具体运作。

（三）按平台开放的限定性分类

以平台开放的限定性分,有封闭式平台系统和公共物流信息门户。封闭式平台系统模式稳定,并有特定的目标服务群体。公共物流信息门户以平台模式出现,属于门户类的物流信息平台,具有较高的开放性。同时,在服务范围上更趋向多样化,以提供更大范围的信息交互。

（四）按平台使用的利益追求分类

以平台使用的利益追求分,有公用物流信息平台与共用物流信息平台。公用物流信息平台的本质是以获取物流业规模化、效率化为目的,以先进的信息技术为支撑,以信息共享为手段而建立的信息平台,是为整个国民经济和公民提供支持和服务。共用物流信息平台仅对有共同利益的一些具体的或特殊的团体提供支持和服务,信息资源具有一定的保密性,即只有使用平台的企业内部才可以共享资源,对于外部企业只能共享公开的资源。此外,公用物流信息平台使用者以公益权益的获得而无偿使用,实现的是整体利益最大化;而共用物流信息平台是有偿使用,实现的是部分利益的最大化。

三、物流信息平台的作用

物流信息平台是通过对数据的采集为物流企业的信息系统提供基础支撑信息,满足系统对信息的需求,支撑企业信息系统各种功能的实现。同时,通过信息支撑政府部门间、行业管理与市场规范化管理方面协同工作机制的建立。

（一）支撑现代物流运作

现代物流是一项系统工程,在这个系统工程之中,物流信息平台是起支撑和承载物流运作基础作用的系统手段。物流信息平台对社会物流规模、物流速度、物流成本、物流方式和物流现代化有着重要影响乃至决定性作用。物流信息平台结构、技术、水平等都是物流现代化的重要标志。各个国家物流现代化水平的比较指标大多出自于物流信息平台中的各个结构部分。

(二) 整合物流信息资源

物流信息平台能整合各物流信息系统的信息资源,完成各系统之间的数据交换,实现信息共享。物流信息平台具有信息系统中公用信息的中转功能,各个承担数据采集的子系统按一定规则将公用数据发送给信息平台,由信息平台进行规范化处理后加以存储,根据需求规划或者各物流信息系统的请求,采用规范格式将数据发送出去。

(三) 整合社会物流资源

通过物流信息平台,可以加强物流企业与上下游企业之间的合作,形成并优化供应链。当合作企业提出物流请求时,物流企业可通过物流信息平台迅速建立供应链接,提供相关物流服务。这有利于提高社会闲置物流资源的利用率,起到调整、调配社会物流资源,优化社会供应链、理顺经济链的重要作用。这不但会产生很好的经济效益,而且会产生很好的社会效益。

(四) 推动电子商务的发展

任何一种交易都是以物的转移或服务的提供为最终目的,电子商务作为一种交易模式,当然也不例外。随着电子商务交易系统建设的深入,如何为其配置电子化的物流系统已成为关键问题,而物流信息平台是解决这一问题的较佳方案。通过物流信息平台的建设,可以为电子商务提供很好的物流服务,从而促进电子商务的发展。

第四节 物流信息系统管理

一、物流信息系统的概念与任务

(一) 物流信息系统的概念

物流信息系统 (LIS) 是由人员、计算机硬件、软件、网络通信设备及其他办公设备组成的人机交互系统,其主要功能是进行物流信息的收集、存储、传输、加工整理、维护和输出,为物流管理者及其他组织管理人员提供战略、战术及运作决策的支持,以达到组织的战略最优,提高物流运作的效率与效益。

物流信息系统具有集成化、模块化、实时化、网络化和智能化等主要特点。随着社会经济的发展、科技的进步,物流信息系统正在向信息分类的集成化、系统功能的模块化、信息采集的在线化、信息存储的集中化、信息处理的智能化以及信息处理可视化方向发展。

（二）物流信息系统的任务

物流信息系统主要解决以下问题：
(1)缩短从接受订货到发货的时间。
(2)保证库存的适量化（压缩库存并防止脱销）。
(3)提高装卸搬运的作业效率。
(4)提高运输效率。
(5)使接受订货和发出订货更为省力。
(6)提高接受订货和发出订货的精确度。
(7)防止发货和配送作业环节出现差错。
(8)调整需求和供给。
(9)为客户提供信息咨询。

二、物流信息系统的结构

物流信息系统是物流领域的神经网络，遍布物流系统的各个层次、各个方面。物流信息系统结构（如图 13-3 所示）可以从垂直和水平两个方向来考察。

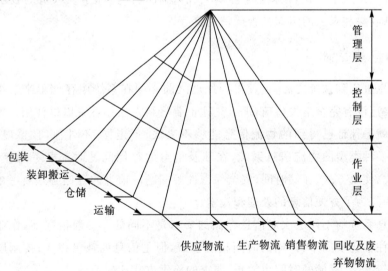

图 13-3　物流信息系统的结构

从垂直方向看，物流信息系统可分为三个层次，即管理层、控制层和作业层。管理层位于物流信息系统的最高层，主要进行物流战略的制定和经营方针的决策；控制层位于物流信息系统的中间，主要的职能是库存管理与配送管理等；作业层位于物流信息系统的低层，主要职能是接受顾客订单、出入库作业、仓库运营、配送工具安排等具体物流活动。从垂直方向看，物流信息系统实际上是由作业信息处理子系统、控制信息处理子系统和管理层的决策支持子系统构成。

从水平方向看,信息系统贯穿供应物流、生产物流、销售物流、回收和废弃物物流等物流形式中的运输、仓储、装卸搬运、包装、流通加工等各个物流作业环节。也可以说,从水平方向看,物流系统可分为运输子系统、仓储子系统、装卸搬运子系统、包装子系统、流通加工子系统等。

三、物流信息系统的基本功能

物流系统的各个层次以及不同作业环节之间是通过信息流紧密联系在一起的。因此,物流信息各系统中都需要具备以下基本功能:

(一)信息的收集和输入

物流信息的收集和输入首先是将信息通过收集子系统从系统内部或者外部收集到预处理系统中,并整理成系统所要求的格式或形式,然后再通过输入子系统输入到物流信息系统中。这一功能是物流信息系统的其他功能发挥作用的前提和基础。

在评价一个物流信息系统的性能时,下列问题是十分重要的:它收集信息的手段是否完善、准确程度如何、具有哪些校验能力、对于工作人员的失误或其他各种破坏因素的预防及抵抗能力如何、录入手段是否方便易用、对于信息收集人员和录入人员的技术水平要求如何、整个信息收集和录入的组织是否严密完善等。

(二)信息的存储

物流信息进入到系统之后,在其得到处理之前必须在系统中存储下来。在信息得到处理之后,如果还没有完全丧失价值,那么往往也要将结果保存下来以供使用。物流信息系统的存储功能就是保证已得到的物流信息能够不丢失、不走样、不外泄,且整理得当、随时可用。无论哪一种类型的物流信息系统,在涉及信息的存储问题时都要考虑存储量、信息格式、存储方式、使用方式、存储时间、安全保密性等问题。信息的存储必须要考虑数据的组织问题,其目的是为了方便信息的处理和检索。

物流信息系统的不同层次对信息存储的要求是不同的。一般情况下,作业层需要存储的信息格式往往比较简单,存储的时间相对较短,但是信息的数量很大;控制层与管理层的信息格式比较复杂,存储的时间也较长,要求的检索方式比较灵活。

(三)信息的传输

物流系统中的各种信息和数据必须及时准确地传输到各个物流作业环节才能发挥其功效,所以良好的物流信息系统应该具备克服空间障碍进行信息传输的能力。开发物流信息系统时,必须充分考虑所要传递信息的种类、数量、频率和可靠性要求。现代化的信息传输是以计算机为中心,通过通信线路与近程终端或远程终端相连接而形成的联机系统或者通过通信线路将中、小、微型计算机联网形成的分布式系统。衡量信息传输速度的基本指标是传输速度和误码率。

(四)信息的处理

收集到的物流信息大多是零散的、相互孤立的、形式各异的,这些不规范的信息要变成有用的信息就需要经过一定的整理加工程序。采用科学的方法对收集到的物流信息精心筛选、分类、比较、计算、存储,使之条理化、有序化、系统化、规范化才能成为综合反映某一物流现象特征的真实、可靠、适用的且富有价值的信息。信息处理能力是衡量物流信息系统能力的一个极其重要的方面。

(五)信息的输出

物流信息的输出必须采用便于人或计算机理解的形式,在输出形式上要力求易读易懂、直观醒目。这是评价物流信息系统的重要指标之一。

四、物流信息系统的规划与开发

(一)物流信息系统的规划

物流信息系统规划是系统开发最重要的阶段,一旦有了好的系统规划,就可以按照数据处理系统的分析和设计持续进行工作,直到系统的实现。

物流信息系统的总体规划基本上分为以下4个基本步骤:

1. 定义管理目标

确立各级管理的统一目标,局部目标要服从总体目标。

2. 定义管理功能

确定管理过程中的主要活动和决策。

3. 定义数据分类

在定义管理功能的基础上,把数据按支持一个或多个管理功能分类。

4. 定义信息结构

确定信息系统中各个部分及其相互数据之间的关系,导出各个独立性较强的模块,确定模块实现的优先关系,即划分子系统。

(二)物流信息系统的开发

有了系统规划以后,还要进行非常复杂的开发过程。物流信息系统的开发主要包括以下内容:

1. 系统分析

主要对现行系统和管理方法以及信息流程等有关情况进行现场调查,给出有关的调研图表,提出信息系统设计的目标以及达到此目标的可能性。

2. 系统逻辑设计

在系统调研的基础上，从整体上构造出物流信息系统的逻辑模型，对各种模型进行选优，确定出最终的方案。

3. 系统的物理设计

以逻辑模型为框架，利用各种编程方法实现逻辑模型中的各个功能块，如确定并实现系统的输入、输出、存储及处理方法。此阶段的重要工作是程序设计。

4. 系统实施

将系统的各个功能模块进行单独调试和联合调试，对其进行修改和完善，最后得到符合要求的物流信息系统软件。

5. 系统维护与评价

在信息系统试运行一段时间以后，根据现场要求与变化对系统做一些必要的修改，进一步完善系统，最后和用户一起对系统的功能、效益作出评价。

◇ 本章小结

"物流信息"是反应物流活动内容的知识、资料、图像、数据、文件的总称。物流信息具有信息量大、动态性强、来源多样化及趋于标准化的特征。在物流系统的运行中，物流信息能发挥衔接、交易、控制和决策等功能。"物流信息"技术是应用于物流作业环节中的各种现代信息技术的总称，是物流现代化的重要技术基础。现代物流运作和现代物流信息平台是互相依存的关系，没有现代物流信息平台，则物流运作的现代化、信息化不可能全面实现。物流信息系统作为企业信息系统中的一类，可以理解为通过对与物流相关信息的收集、加工处理、储存和传递来达到对物流活动的有效控制和管理，并为企业提供信息分析和决策支持的人机系统。物流信息系统规划是系统开发最重要的阶段，物流信息系统开发过程较为复杂。

案例分析

顺丰快件的全生命周期管理

顺丰集团已经发展成一家年均增长速度40％以上、自建航空公司、有飞机近30架、基层营业网点达4000余个、员工超15万人、服务网络已完成对中国版图的完整覆盖并拓展至韩国、日本、新加坡、美国等海外市场的大型综合性速递企业。

在信息化综合集成的基础上，顺丰根据物流快递的行业特性，提出了快件全生命周期管理的概念，据此进行信息化的模式创新。快件生命周期包括5个组成部分：客户环节、收派环节、仓储环节、运输环节、报关环节。目前，各个环节的信息化应用已经取得显著成效。

在客户环节，呼叫中心已经能够做到每一通呼叫都可记录对应的通话原因，每个客户投诉都有完整的处理流程。通过呼叫中心系统数据记录统计，已整理100个左右的解决方案，普通坐席人员可以很有信心地处理90％的客户来话，从而降低了呼叫中心员工的工作压力，帮助员工提高了工作绩效，也为优秀员工提供了职业发展的空间。

在收派环节中,手持终端程序的最大优势就是减少人工操作中的差错和提高操作人员的工作效率。目前,顺丰使用的第四代手持终端系统使收派员的工作效率提高了20%以上。

在仓储环节中,顺丰的全自动分拣系统能连续、大批量地分拣货物并不受气候、时间、人的体力等限制,可以连续运行。同时,由于自动分拣系统单位时间分拣件数多,所以自动分拣系统每小时可分拣7000件包装商品,如用人工则每小时只能分拣150件左右。同时,分拣人员也不能在这种劳动强度下连续工作8小时。而且,自动分拣系统的分拣误差率极低,自动分拣系统的分拣误差率大小主要取决于所输入分拣信息的准确性。顺丰的全自动分拣系统采用条形码扫描输入,除非条形码的印刷本身有差错或损坏,否则不会出错,系统识别准确率高达99%。

在运输环节中,GPS对车辆的动态控制功用完成了运输过程的透明化管理,可以对运输方案、车辆配置及时优化,运输成本综合降低25%。

另外,在为电子商务客户服务方面,顺丰通过信息化与电子商务客户之间的系统实现对接。同时以安全、快速的客户体验赢得了电子商务企业与个人客户的逐步信赖,深刻地改变着网购快递的使用习惯。仅近期,顺丰网购收入增长率就超过70%。

(资料来源:浙江在线)

问题讨论

1. 对顺丰来说,对快件进行生命周期管理有何意义?
2. 谈谈信息化管理对顺丰发展的重要性。

◇ 复习思考题

1. 何谓物流信息?何谓物流信息系统?
2. 简述物流信息的功能及特点。
3. 物流信息的基本技术有哪些?各有什么特点?
4. 物流信息系统的任务有哪些?
5. 怎样正确理解物流信息系统的结构?
6. 阐述物流信息系统的功能。

第十四章
绿色物流管理

学习目标

通过本章学习,要求掌握绿色物流的内涵与本质特点,了解绿色物流对环境的影响、对企业发展的作用,熟悉绿色物流领域与绿色物流基本系统,掌握绿色物流环节管理的基本要求。

开篇案例

绿色物流发展的背景

随着环境和资源问题的日益凸显,人类生存和发展受到的威胁越来越大,因此,人们对环境的保护和资源的利用越来越重视。现代物流的发展必须优先考虑环境问题,需要从环境角度对物流体系进行改进,即需要形成一个环境共生型的物流管理系统。这种物流管理系统建立在维护全球环境和可持续发展基础上,改变原来经济发展与物流、消费生活与物流的单向作用关系。在抑制物流对环境造成危害的同时,形成一种能促进经济与消费健康发展的物流系统,即向绿色物流转变。现代绿色物流管理强调了全局和长远的利益,强调全方位对环境的关注,体现了企业的绿色形象,它是一种新的物流管理趋势。

问题思考:为什么绿色物流越来越受到人们的重视?

目前,世界正兴起一股"绿色浪潮"。绿色食品、绿色标志、绿色产业、绿色营销、绿色消费等等,各种冠以"绿色"的新名词如雨后春笋般出现,令人目不暇接。在人们的心目中,绿色代表希望、绿色象征生命。人们渴望回到天蓝地绿、宁静美好的生活中去。于是,人们发动了一系列追求天人合一的绿色运动,并正在向各领域渗透。绿色物流正是其中之一。

第十四章 绿色物流管理

第一节 绿色物流的概述

一、绿色物流的内涵

(一)绿色物流的定义

绿色物流,是指以降低对环境的污染、减少资源消耗为目标,利用先进物流技术规划和实施运输、储存、包装、装卸、流通加工等物流活动。

(二)绿色物流的特点

与传统的物流相比,绿色物流在目标、行为主体、活动范围及其理论基础四个方面都有自身的一些显著的特点:

1. 绿色物流的理论基础更广

它包括可持续发展理论、生态经济学理论和生态伦理学理论。

2. 绿色物流的行为主体更多

它不仅包括专业的物流企业,还包括产品供应链上的制造企业和分销企业。同时,还包括不同层级的政府和物流行政主管部门等。

3. 绿色物流的活动范围更宽

它不仅包括商品生产的绿色化,还包括物流作业环节和物流管理全过程的绿色化。

4. 绿色物流的最终目标是可持续发展

它实现该目标的准则不仅仅是经济利益,还包括社会利益和环境利益,并且是这些利益的统一。

二、物流的一些非绿色因素

(一)运输非绿色因素

运输过程中的非绿色因素主要表现在交通工具本身产生的噪声污染、大气污染;不合理的货运网点及配送中心布局导致货物迂回运输、增加了车辆燃油消耗、加剧了废气和噪音污染;集中库存产生了较多的一次运输,从而增加了燃料消耗和对道路面积的需求,破坏生态;超载运输造成道路、桥梁、隧道的损坏及使用寿命缩短。

(二)仓储非绿色因素

仓储过程中的非绿色因素一是仓储中心必须对商品进行养护而采取的一些化学方法对周边生态环境会造成污染;二是一些易燃、易爆、化学危险品,由于保管不当、爆炸或泄漏所以对周边环境造成污染和破坏。

(三)流通加工非绿色因素

流通加工非绿色影响因素表现为:由消费者分散进行的流通加工,其资源利用率低下,如餐饮服务企业对食品的分散加工,既浪费资源,又污染了空气;分散流通加工产生的边角废料难以集中和有效再利用,造成废弃物污染;加工产生的废气、废水和废物对环境和人体构成的危害。

(四)包装非绿色因素

一方面,一次性难降解包装长期留在自然界中会对自然环境造成严重影响;另一方面,过度包装或重复包装会造成资源的浪费,不利于可持续发展,也无益于生态经济效益。同时,废弃的包装材料还是城市垃圾的重要组成部分,处理这些废弃物要花费大量人力、财力。

(五)装卸搬运及废弃物非绿色因素

装卸搬运不当造成商品体的损坏。废旧物质排放到环境中会对环境造成全方位的污染。城市生活垃圾所产生的渗沥水携带各种重金属和有机物,污染水体和土壤,并影响地下水质;废弃物发酵过程中产生的甲烷气体污染大气。

三、实施绿色物流管理的意义

绿色物流的最终目标是可持续发展,实现该目标的准则是经济利益、社会利益和环境利益的统一。实施绿色物流管理的主要意义如下:

(一)适应经济全球化的需要

随着经济全球化的发展,绿色壁垒逐渐兴起。尤其是我国加入WTO后,我国的物流行业在经过一定过渡期后将取消大部分外国股权限制,外国物流企业将进入我国市场,这势必给国内物流企业带来巨大冲击。这也意味着未来的物流业将有一场激烈的竞争。国内企业只有加紧发展绿色物流、积极申请绿色认证,才能破除绿色贸易壁垒,迎接国外物流企业的挑战。

(二)实现可持续发展的要求

绿色物流是建立在维护地球环境和可持续发展的基础之上的,强调在物流活动全过程采取与环境和谐相处的理念和措施,减少物流活动对环境的危害,避免资源浪费。因此,有利于社会经济的可持续发展。

(三)降低经营成本的必由之路

一般认为,产品从投产到销出,制造加工时间仅占10%,而几乎90%的时间为仓储、运输、装卸、分装、流通加工、信息处理等物流过程。因此,物流成本在产品的整个系统中占据了较大的比例。传统的物流基本上还是高投入大物流、低投入小物流的运作模式,而绿色物流强调的是低投入大物流的方式。绿色物流不仅重视一般物流成本的降低,更重视绿色化和由此带来的节能、高效、少污染。

（四）取得新的竞争优势的必然选择

哈佛大学教授 Nazli·choucri 指出:"如果一个企业想要在竞争激烈的全球市场中有效发展,它就不能忽视日益明显的环境信号而继续像过去那样经营。对各个企业来说,接受这一责任并不意味着经济上的损失,因为符合并超过政府和环境组织对某一工业的要求能使企业减少物料和操作成本,从而增强其竞争力。实际上,良好的环境行为恰似企业发展的马达而不是障碍。"绿色物流的核心思想正在于实现企业物流活动与社会和生态效益的协调,以此形成高于竞争对手的相对竞争优势,从而在激烈的竞争中获得发展。

延伸阅读

绿色物流的领域

(1)抑制和减少对环境污染的物流活动。例如,减少废气、废液、废渣排放,减少和降低噪音、震动等。

(2)充分、有效、节约地利用资源的物流活动。例如,降低能耗、降低包装材料消耗,对包装材料等资源进行梯级利用和回收再生利用,延长物流设施、设备的生命周期,提高物流设施、设备效率,以及其他资源节约。

(3)减少环节使物流过程短程化、合理化的物流活动。例如,合理规划物流路线,实现物流环节的有效衔接,缩短物流距离。

(4)防止和降低物流对象损失的物流活动。例如,物流对象机械损伤、变质、发霉、受潮、锈蚀、公差变化、破坏、浓度变化、纯度变化、鼠咬虫食损伤、包装损失、外观及色泽变化等损失。

(5)不出现安全事故的物流活动。

(6)农产品和绿色产品的物流活动。例如,瓜果、蔬菜、水产品以及获得绿色称号的食品及其他产品。

(7)整个物流过程保持生、鲜、活产品所需要的生存及保鲜环境条件的物流活动。

(8)整个物流过程保持文明、卫生的物流活动。

第二节 绿色物流系统

绿色物流系统是现代物流系统创新的一个热点,社会上已经出现了多种以"绿色物流"为主体概念的物流系统。还有很多种物流系统虽然没有明确提出"绿色物流"的概念,但是实际上它们也具有绿色物流的特点。

一、绿色物流通道

绿色物流通道主要指通过管理和技术手段特别构造的通道式的物流系统,它是在一条线路上专门建立的通道式物流系统,或是跨越几条线路建立的通道式物流系统,这种系统的内涵是一条专门的或相对固定的物流通道。通道之所以可以称为"绿色":一是在通道的构筑方式上,二是在通道的运营方式上,三是在物流对象的性质方面部分或者全方位与绿色相关。

绿色物流通道的主要特点是没有中间环节,可以大幅度减少停滞、等待和环节相接时的能源与资源消耗,从而大大提高对物流对象的保护和减轻对环境的压力。

我国晋煤外运专用公路通道就具备绿色通道的特点,虽然所运的物资是黑色的。

二、活体物流系统

活体物流系统指的是除了人之外的活的生物为物流对象的物流系统。把这种物流系统称之为"绿色物流系统"的原因是物流对象是健康的活体,物流过程中要创造必要的小生态环境维持活体的生存与健康。因而,活体物流系统是一种特殊的生态物流系统。

三、绿色食品及粮食物流系统

绿色食品及粮食的物流对象本身很少或者基本上不对外界环境有太大的影响,这种物流系统其绿色的特征主要表现在整个物流过程中要保持物流对象的绿色;要防止外界环境和物流设备设施对绿色食品和粮食的污染;要创造适宜的防止变质损失的生态环境并且需要严格控制在途时间。

四、冷链物流系统

冷链物流泛指冷藏冷冻类食品在生产、贮藏运输、销售,到消费前的各个环节中始终处于规定的低温环境下,以保证食品质量、减少食品损耗的一项系统工程。它是随着科学技术的进步、制冷技术的发展而建立起来的,是以冷冻工艺学为基础、以制冷技术为手段的低温物流过程。

冷链物流系统绿色的特征主要表现在通过采取的各种技术手段和管理手段创造一个恰当的生态环境,从而使物流对象保持生、鲜等绿色的状态,从而有效地降低物流过程中由于腐朽、变质可能给环境及经济效益带来的损失。

五、水泥散装物流系统

水泥散装就是不用包装袋而是将水泥直接装入各种大型容器中(包括大的集装袋)。水泥散装物流,是指从水泥生产企业的水泥散装库到水泥最终用户这一水泥输送的全过程不采用水泥小包装方式,而是将粉末状水泥进行封闭包装的物流。

水泥散装物流系统的绿色特征主要表现在通过散装的工程和技术手段减少粉状水泥对

外界环境及物流设施装备的污染,减少劳动者由于直接接触粉状水泥而对身体和情绪的影响。这种系统一般采用机械化、自动化方式来提高装卸效率,减少水泥损失。同时,能使整个水泥的流通及应用的文明程度得到提升。

六、零库存系统

"零库存"可以免去仓库存货的一系列问题,如仓库建设、管理费用、存货维护、保管、装卸、搬运等费用,存货占用流动资金及库存物的老化、损失、变质等问题。

零库存物流系统除了零库存的特殊功能之外,其本身也是一个比较完美的绿色物流系统。零库存的绿色主要表现在把库存对环境和生态的影响降低到了最小的程度,对环境没有影响,没有燃料、动力及其他资源的消耗,没有库存损失及浪费。

七、再生资源物流系统

"再生资源"是可以再生利用的一类资源的总称,是生产制造加工过程中尚未形成使用价值的排放物或生活过程中已完成一次使用价值的排放物的全部或一部分可再转化为有用物的一类资源。

将已经失去使用价值的排放物资源化不但可以增加财富,而且可以减少环境的负担,从而使经济实现可持续发展。和上述几个物流系统相比,再生资源系统是对社会影响面更大、更有价值的绿色物流系统,是重点发展和关注的系统。

八、废弃物(逆向)物流系统

废弃物物流系统是对最终废弃物进行处理的物流系统。对废弃物进行处理可以防止废弃物对环境的污染和影响。同时,废弃物物流系统本身也具有环保的要素。

第三节 绿色物流环节管理

一、绿色运输管理

(一)绿色运输的定义

绿色运输,是指以减少污染、节约能源、降低运费、减轻货损等为特征的运输,是绿色物流的一项重要内容。

(二)绿色运输管理实施途径

绿色运输管理是一个系统工程,涉及影响运输因素的方方面面的管理。

1. 优化运输线路布局和改进运输载体的使用

科学地进行运输线路、网络、节点的空间布局,防止迂回运输、提高运输速度;改进运输工具与设施的使用。如减少高污染运输车辆的使用、提倡使用清洁干净燃料的运输工具、控制运输设备的资源消耗、控制汽车尾气排放、降低噪声等。

2. 尽量实施联合一贯制运输

联合一贯制运输,是指以单件杂货为对象,以单元装载系统为媒介,有效地巧妙组合各种运输工具,从发货方到收货方始终保持单元货物状态而进行的系统化运输方式。联合一贯制可以削减总行车量,克服物流运输特别是公路运输造成的废气排放、噪音和交通阻塞等对环境的影响。

3. 尽量实施共同配送

共同配送可以很大程度上提高人员、物品、金钱、时间等物流资源的使用效率,还可以减少交错运输,缓解交通压力、保护环境,从而取得良好的效益。

4. 尽量实施国际多式联运

国际多式联运是在集装箱运输基础上产生并发展起来的一种新型运输方式,它集中了各种运输方式的优点。扬长避短组成连贯运输,不仅手续简便,而且责任明确、中间环节少,从而达到了加速货物周转、减少货损货差、缩短运货时间、节约运输成本的目的。

5. 大力发展第三方物流

由专门从事物流业务的企业为供方或需方提供物流服务,可以从更高的层面、更广泛地考虑物流合理化问题,可以避免自有物流带来的资金占用、运输效率低、配送环节繁琐、企业负担加重、城市污染加剧等问题。

延伸阅读

道路货运是实现绿色物流的主要矛盾

根据国家统计局统计,2010年道路货运量为244.8万吨,占货运总量324.2万吨的75.5%。道路货物周转量为433.9亿吨公里,占周转总量1418.4亿吨公里的30.6%。目前,道路货运业有60多万户运输企业,600多万户运输业户,1400多万位货车驾驶员,道路运输业所耗成品油占全国成品油消耗总量的30%以上。根据国际经济合作与发展组织统计,全球二氧化碳排放有25%来自交通运输业。据美国统计,在交通运输业的二氧化碳排放中,客运占36%、道路货运占61%,而铁路、航空、管道等形式的货运仅占14%。中国道路货运业有"多、小、散"的特点,运输装备发展水平较低、行业发展模式相对粗放,节能减排任务十分艰巨与严峻,这必然成为推进绿色物流的主战场。据统计,中国如果每辆货车一天节约1升油,每年可减少燃油235万吨,降低成本138亿元。

二、绿色仓储管理

(一)绿色仓储的定义

绿色仓储,是指以环境污染小、货物损失少、运输成本低等为特征的仓储。仓储是物流活动主要构成因素,仓储环节对环境、对资源消耗有着多方面的影响,绿色仓储是绿色物流的重要组成部分。

(二)绿色仓储管理实施途径

1. 降低仓储对环境的污染

仓库建设前应当进行环境影响评价,充分考虑仓库建设和运营对所在地的环境影响。易燃、易爆商品不应放置在居民区;有害物质仓库不应放置在重要水源地附近等。采用集中库存的方法减少对周围环境的辐射面,降低仓储系统本身对环境的不利影响。要特别注意对有毒化学品,放射性商品,易燃、易爆商品的泄漏和污染防止。

2. 保障储存货物的质量与数量

采用环保产品对存储物品进行杀菌,如最新研制的臭氧技术。臭氧是绿色环保的气体,对杀菌、保鲜都有好处。应加强科学养护,采取现代化的储存保养技术,加强日常的检查与防盗措施,保障存货的数量和质量。

3. 合理进行仓库空间布局

降低仓储货物的运输成本要求对仓库进行合理布局。布局过于密集会增加运输的次数、增加资源消耗;布局过于松散则会降低运输的效率、增加空载率。只有合理的"黄金"布局,才能使运输成本达到最低。

三、绿色装卸搬运管理

(一)绿色装卸搬运的定义

绿色装卸搬运,是指为尽可能降低装卸搬运环节产生污染、减少商品毁损而采取的现代化的装卸搬运手段及措施。

(二)绿色装卸搬运管理的实施途径

实施绿色装卸搬运管理要做到以下几点:
(1)在货物集散场地尽量减少泄漏和损坏,杜绝粉尘、烟雾污染。
(2)在货物集散地要采用防尘装置,制定最高容许的容度标准。
(3)废水应集中收集、处理和排放,加强现场的管理和监督。
(4)要对装卸环节进行规范化运作,杜绝野蛮装卸,避免不必要的浪费和污染。

四、绿色包装管理

(一)绿色包装的定义

绿色包装,是指能够循环利用、再生利用或降解腐化且在产品的整个生命周期中对人体及环境不造成公害的适度包装。绿色包装一是要求用料要节约资源,力求减少废弃物量,用后易于回收、重复使用或再生为其他有用的材料;二是焚烧时可回收热能,不会产生毒害性气体,填埋时少占用土地并能自然降解。推行绿色包装的目标就是要以保存最大限度的自然资源,形成最小数量的废弃物和最低限度的环境污染。

(二)绿色包装管理实施途径

实现绿色包装可通过如下几个途径:

1. 包装单位大型化

采用集装箱、集装袋、托盘等方式减少单位包装,节约材料和费用。

2. 包装模数化

包装模数是关于包装基础尺寸的标准化及系列尺寸选定的一种规定。包装模数确定之后,商品包装便按模数包装,这有利于小包装的集合,有利于集装箱及托盘的装箱、装盘。包装模数如能和仓库设施、运输设施尺寸模数统一化,也有利于运输和保管,有利于物流系统合理化。

3. 运输包装节约化

防止包装过剩、使用包装技术过高至使成本高、废弃物增多造成资源的浪费和环境污染的不断加剧。

4. 包装材料绿色化

开发可分解、降解的包装材料。如有的塑料包装品能够在被弃埋入土壤后成为土壤中微生物的食物,在很短时间内化为腐殖质。

5. 包装重复使用或回收再生

采用通用包装,不用专门安排回收使用;采用周转包装,可多次反复使用;梯级利用,一次使用后的包装物,用毕转作他用;对废弃包装物再生处理,转化为其他用途或制作新材料。在日本兴起了多功能包装,这种包装用过之后可以制成展销陈列架、储存柜等,从而实现了包装的再利用。

延伸阅读

绿色包装

绿色包装也称"环保包装",它是指包装节省资源、用后可回收利用、焚烧时无毒害气体、填埋时少占耕地并能生物降解和分解的包装。国外有人形象地把绿色包装归纳为 4R,即:Reduce,减少包装材料消耗量;Refill,大型容器可再次填充使用;Recycle,可循环使用;Recovery,可回收使用。绿色包装包括以下几个方面的要求:包装用材料应当节约,包装要简化;包装材料要可以回收或可循环使用;包装用材料要可分解、可降解;改进包装质量;包装废弃物要妥善处理。

五、绿色流通加工管理

(一)绿色流通加工的定义

绿色流通加工,是指出于环保考虑的无污染的流通加工方式及相关政策措施的总和。流通加工具有较强的生产性,同时也是流通部门对环境保护可以大有作为的领域。

(二)绿色流通加工管理实施途径

(1)合理选择流通加工中心的地址以减少费用和资源的浪费。流通加工中心选址如果不合理,则不仅会造成费用增加和资源的浪费,还会因增加了运输量而产生新的污染。

(2)变消费者分散加工为专业集中加工,以规模作业的方式提高资源利用效率,以减少环境污染。如餐饮服务业对食品的集中加工,减少了家庭分散烹调所造成的能源浪费和空气污染等。

(3)集中处理消费品加工中产生的边角废料,以减少消费者分散加工所造成的废弃物污染。如流通部门对蔬菜的集中加工,减少了居民的分散垃圾丢放及相应的环境治理问题。

六、绿色物流信息管理

物流不仅是物品空间的转移,也包括相关信息的搜集、整理、储存和利用。绿色物流信息管理是企业实施绿色物流战略的依据。

面对大量的绿色商机,企业应从市场需求出发搜集相关的绿色信息,并结合自身的情况采取相应的措施,深入研究信息的真实性和可行性。绿色信息的搜集包括:绿色消费信息、绿色科技信息、绿色资源和产品开发信息、绿色法规信息、绿色组织信息、绿色竞争信息、绿色市场规模信息等。绿色物流要求搜集、整理、储存的都是各种绿色信息,并及时运用到物流中,从而促进物流活动的进一步"绿色化"。

◎ 本章小结

绿色物流是具有可持续发展和环境保护内涵的物流。绿色物流是在"绿色"的前提下去追求企业的利益,而不是单纯追求物流企业利益的最大化。绿色物流系统包括绿色物流通道、活体物流系统、绿色食品及粮食物流系统、水泥散装物流系统、零库存系统、再生资源物流系统、废弃物(逆向)物流系统等。绿色物流环节管理贯穿于运输、仓储、装卸搬运、包装、流通加工、物流信息等物流活动各环节之中。

案例分析

安得物流:"绿色物流"的倡导者和先行者

1. 多领域施展才能

围绕绿色物流的环保要求,安得物流制定了一整套"绿色物流"规范体系。它包括建立共同仓储、共同配送体系;大力发展物流外包业务;发展综合运输业务;配送满载率提升;仓库叉车实行油改气、改电项目;按照HACCP的要求建立食品仓储运输操作规范等。这些项目的实施为安得物流在"绿色物流"方面施展才能提供了广阔的空间。

从2004年开始,安得物流开始着手自主开发供应链管理体系,投资新建全国物流信息处理与监控中心。据安得物流总经理卢某介绍,目前,该信息中心可以监控到全国400多万平方米仓库的实时作业动态,可以随时掌握4000多辆车的位置、行驶速度、箱内温度,并及时提醒司机沿途的路况信息和天气情况。物流运作高度信息化为安得开展绿色物流提供了有力保障。

2. 绿色仓储管理

绿色仓储要求仓库布局合理以节约运输成本。安得物流目前在全国范围内拥有200个服务网点。根据国内主要经济发展以及区域经济振兴规划,安得物流正在33个中心城市策划及筹建综合物流园区以优化国内主要经济区域间物流运输环境,从而提升物流运营效率。

在仓储环境中,叉车是造成环境污染的重要因素。仓储管理通过物流工程技术的创新与应用,减少能源的使用,提升物流设备使用效率、减少碳排放。截至2011年11月,安得物流管理仓储面积约为400万平方米,需要大量的专业物流作业设备及工具。为实施绿色物流发展,安得物流累计投入350多台纯电动叉车及托盘车(采购成本平均每台电动设备是油动设备的2至5倍),改善仓储作业环境,直接减少油动叉车的使用率,控制燃油叉车碳排放对环境的污染。

使用现代信息技术,实现无纸化办公,对发展物流信息化至关重要。2011年,安得物流仓储信息化实施战略目标是30%的仓储实施RF技术,从而实现物流信息高度共享以及无纸化办公。截至2011年11月,安得物流已经顺利完成135万平方米仓库的RF应用。

3. 综合运输管理

2010年,安得大力发展铁运、水运等综合运输业务。根据客户需求,实施多式联运、组合运输,降低公路油动运输比例,从而有效减少能源消耗以及碳排放。截至2011年11月,新型综合运输业务占安得物流总运输规模约12%。

安得物流运输路线达到12000条,每天可调配车辆超过10000辆,每天在途车辆超过4000辆。安得物流运输业务主要依托整合社会资源,发展长租长合车及集货分拨平台功能提升车辆使用效率以及满载率。

为控制社会环境成本、提升企业经济运行质量和社会形象,进一步推动绿色物流发展,安得物流2008年开始累计投入自有运输车辆430辆,排放标准以欧Ⅲ(国Ⅳ)车型为主;并与行业内专业液化气公司共同推进研发油改汽专线运输车辆的应用,成立新型的绿色新专线。安得后期会继续加大投入,引入更多的新型更环保的运输车辆。

4. 绿色配送管理

作为一家专业的第三方物流公司,为不同类型的企业提供共同仓储、共同配送,实现供应链物流整合、精益配送已经有非常典型的实例。安得家电行业供应链解决方案获得行业高度认可,实现了供应链上下游共同仓储、共同配送,极大地优化了供应链流程,优化了物流中间环境,减少了物流仓储、配送过程,实现绿色、高效仓配一体化物流服务;同时,安得公司在快消品、制造、汽车行业都实现了共同仓储、共同配送管理。

根据安得物流相关人员介绍,以提升配送满载率为例,从芜湖运一批货物到上海,如果没有很好的协调和资源优势,则货车送达后返程时就可能会空车回来,这样会造成极大的资源浪费。但是,安得可以凭借分布在全国的近200多个服务平台做到车辆调度有序,货物资源充沛。他们在货车还没出发之前,上海方面已经为货车检出了回程的货物,做到送一车货到上海,再拉一车货回芜湖,从而有效地实现资源的最大化利用。

5. 国标构建绿色物流服务体系

随着安得物流近年来的快速发展,运作的规范化与公司外部形象对于环境保护要求越来越明显。2009年5月11日,安得物流成立环保与职业安全专项管理委员会以此促进公司管理的提升,逐步满足1SO14001的要求及提倡资源有效利用与环境保护。

通过实施1SO14001环境管理体系,安得物流也获益良多。环境管理体系可以有效改进公司环境绩效、降低环境风险、节约能源和资源、降低公司各项成本支出、提高市场竞争力、树立良好的社会形象;同时提高了员工的环保、遵纪守法意识。

(资料来源:中国物流产品网。)

问题讨论

1. 有人认为企业是否实施绿色物流管理是基于经济利益的一种考虑,如果有利可图,企业就实施,反之则不实施。你同意这一看法吗?为什么?
2. 安得公司为什么发展绿色物流?

◎ **复习思考题**

1. 怎样正确理解"绿色物流"的内涵?
2. 物流对环境会带来哪些影响?
3. 怎样理解绿色物流的本质特点?
4. 绿色物流有哪些基本系统?
5. 在物流作业环节中,怎样实施绿色物流管理?

第十五章 物流管理的新发展

学习目标

通过本章学习,要求了解供应链物流、准时物流、电子商务物流、物联网物流和第四方物流等新型物流的基本特征、发展方法及管理要求。

开篇案例

"运东西"物流电商平台上线运营

2014年,基于互联与移动互联技术的"运东西"物流电商平台在上海正式上线运营,该平台运营模式被视为国内物流电商领域的"去哪儿+嘀嘀打车",其有望重构中国公路货运的物流生态。

运联研究院《2013年中国公路运输市场分析报告》显示:2012年,中国公路货运市场规模大约为3万亿元。其中,零担(非整车业务)占30%,约为9000亿元,除了以顺丰和"四通一达"占有的1000亿元快递市场份额以及以"德邦物流"为代表的网络化快运公司占有的约200亿元外,其余的大部分零担业务还是由众多的中小专线商来承运。据不完全统计,国内零担货运企业约有90万家,平均每家企业拥有卡车不足3辆,80%以上的企业仍在依靠低价策略生存。

"运东西"物流电商平台主要为广大中小微专线商提供在线揽货、物流金融、系统使用以及其他增值服务。货主用户可通过PC、手机微信及手机APP多种渠道进行比价搜索、在线下单、在线支付、在线买保险、货物在线追踪。同时,还可以在地图上追踪车辆的实时位置,从而实现物流运作流程的可视化服务。

"运东西"平台最早于2013年8月试运营。目前,已与苏宁云商、海尔电器、1号店、联创电器、大联大商贸等知名品牌用户展开业务合作,在全国各地设立的8个分公司、子公司已成功运作47000多票。平台今后将加快全国布点步伐,计划在1年内实现布局40个大中城市的目标。

(资料来源:新华网。)

问题思考:你认为"运东西"物流电商平台有没有发展前景?

第一节　供应链物流管理

市场的竞争本质上是供应链与供应链的竞争,而非企业与企业的竞争。供应链管理思想正改变着物流管理方式和管理模式。供应链中物流管理已经成为供应链管理的核心问题。

一、供应链的概念与特征

（一）供应链的概念

供应链是在生产及流通过程中,涉及将产品或服务提供给最终用户活动的上游与下游组织所形成的网链结构。具体说,供应链是围绕核心企业,通过对信息流、物流、资金流的控制,从采购原材料开始,制成中间产品以及最终产品,最后由销售网络把产品送到消费者手中的将供应商、制造商、分销商、零售商、直到最终用户连成一个整体的功能网链结构。供应链的构成示意图如图15-1所示。

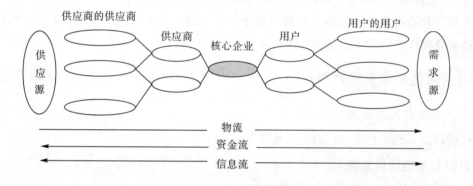

图 15-1　供应链的结构

（二）供应链的特征

从供应链的结构模型可以看出,供应链是一个网链结构,节点企业和节点企业之间是一种需求与供应关系。供应链主要具有以下特征：

1. 复杂性

因为供应链节点企业组成的跨度(层次)不同,供应链往往由多个、多类型甚至多国企业构成,所以供应链结构模式比一般单个企业的结构模式更复杂。

2. 动态性

供应链管理因企业战略和适应市场需求变化的需要,其中,节点企业需要动态更新,所以这就使得供应链具有明显的动态性。

3. 面向用户需求

供应链的形成、存在、重构都是基于一定的市场需求而发生的,并且在供应链的运作过程中,用户的需求拉动是供应链中信息流、产品和服务流、资金流运作的驱动源。

4. 交叉性

节点企业可以是这个供应链的节点企业,同时又是另一个供应链的节点企业。众多的供应链形成交叉结构,增加了协调管理的难度。

二、供应链物流管理的概念与构成

(一)供应链物流管理的概念

供应链管理的核心是供应链的物流管理。物流是供应链中的实体流,而信息流、资金流具有观念流的性质。

供应链物流管理,是指以供应链核心产品或者核心业务为中心的物流管理。前者主要是指以核心产品的制造、分销和原材料供应为体系而组织起来的供应链的物流管理。例如,汽车制造、分销和原材料的供应链的物流管理就是以汽车产品为中心的物流管理体系。后者主要是指以核心物流业务为体系而组织起来的供应链的物流管理。例如,第三方物流或者配送或者仓储或者运输供应链的物流管理。

(二)供应链物流管理的构成

1. 前向物流与反向物流

它包括运输、仓储、包装、装卸搬运、配送等。

2. 前馈与反馈的信息流

涉及订单、交付、运输等活动的信息交换。既包括供应信息、需求信息,也包括共享信息,这与传统物流管理不同。在传统物流系统中,需求和供应信息都是逐级传递,非直接合作的企业相互之间信息不畅,导致的直接后果就是客户需求反应慢、丧失市场机会、库存增加或缺货等。

3. 管理和控制

它包括采购、营销、预测、库存管理、计划、销售和售后服务。

供应链物流管理注重总的物流成本与客户服务水平之间的关系。利用系统理论和集成思想,把供应链节点企业内各职能部门以及节点企业间相关职能部门有机地结合在一起,从而最大限度发挥供应链的整体优势,增强供应链整体的竞争力,最终达到供应链节点企业整体获益的目的。

三、供应链物流管理的特点

供应链物流管理区别于一般物流管理的特点有以下几点:

(1)供应链物流是一种系统物流,而且是一种大系统物流。这个系统涉及供应链这个大系统的各个企业,而且这些企业是不同类型、不同层次的企业,有上游的原材料供应企业,下游的分销企业和核心企业,有供、产、销等不同类型企业。这些企业既互相区别又互相联系,共同构成一个供应链系统。这个大系统物流包括企业之间的物流,也包括企业内部的物流,并直接和企业生产系统相连。

(2)供应链物流是以核心企业为核心的物流、是要站在核心企业的立场上,以为核心企业服务的观点来统一组织整个供应链的物流活动,要更紧密地配合核心企业运作、满足核心企业的需要。

(3)供应链物流管理应当在更广泛的范围内进行资源配置,包括充分利用供应链中各个企业的各种资源,这样可以实现供应链物流的优化。

(4)供应链企业之间的关系区别于一般企业的特点就是供应链企业之间是一种相互信任、相互支持、共生共荣、利益相关的紧密伙伴关系。可以在组织物流活动时充分利用这种有利条件,组织更有效的物流活动。

(5)供应链本身具有信息共享的特点,供应链企业之间通常都建立起计算机信息网络,相互之间进行信息传输,从而实现销售信息、库存信息等共享。在组织物流活动时,可以充分利用这个有利条件,在物流信息化、效率化上有较强的支持作用。

四、供应链物流管理的方法

(一)联合库存管理

所谓"联合库存管理"(JMI)是指供应链成员企业共同制定库存计划,并实施库存控制的供应链库存管理方式。

按照联合库存分布特征,实际工作中把联合库存分为两种模式。第一种模式是集中库存模式,是变各个供应商的分散库存为核心企业的集中库存。各个供应商的货物都直接存入核心企业的原材料库。第二种模式是无库存模式,核心企业不设原材料库存,实行无库存生产。在无库存模式下,供应商的成品库和核心企业的原材料库都取消,供应商与核心企业实行同步生产、同步供货,直接将供应商的产成品送上核心企业的生产线。

(二)供应商管理库存

供应商管理库存(VMI)是供应链管理理论出现以后提出来的一种新的库存管理方式。按照双方达成的协议,由供应链的上游企业根据下游企业的物料需求计划、销售信息和库存量主动对下游企业的库存进行管理和控制的供应链库存管理方式。

供应商管理库存有很大的优势:供应商是商品的生产者,它掌握核心企业的库存具有很大的主动性和灵活机动性;供应商管理库存就可以把核心企业从库存陷阱中解放出来;供应商管理库存就是及时掌握自己商品的市场需求。

延伸阅读

传统库存模式的弊端

传统地讲,库存是由库存拥有者管理的。因为无法确切知道用户需求与供应的匹配状态,所以需要库存,库存设置与管理是由同一组织完成的。这种库存管理模式并不总是有最优的。例如,一个供应商用库存来应付不可预测的或某一用户不稳定的(这里的用户不是指最终用户,而是分销商或批发商)需求,用户也设立库存来应付不稳定的内部需求或供应链的不确定性。虽然供应链中每一个组织独立地寻求保护其各自在供应链的利益不受意外干扰是可以理解的,但不可取,因为这样做的结果影响了供应链的优化运行。供应链的各个不同组织根据各自的需要独立运作会导致重复建立库存,因而,无法达到供应链全局的最低成本,整个供应链系统的库存会随着供应链长度的增加而发生需求扭曲。

(三)供应链运输管理

除库存管理之外,供应链物流管理的另一个重要方面就是运输管理。但是,运输管理相对来说没有像库存管理那样要求严格、关系重大。因为现在运力资源丰富,市场很大。只要规划好了运输任务,就很容易找到运输承包商来完成它。因此,运输管理的任务重点就是三个,一是设计规划运输任务,二是找合适的运输承包商,三是运输组织和控制。

(四)连续补充货物

连续补充货物(CRP)利用及时准确的销售时点信息确定已销售的商品数量,根据零售商或批发商的库存信息和预先规定的库存补充程序确定发货补充数量和配送时间的计划方法。CRP将传统的零售商制作订单的补货程序改变为供应商与零售商建立伙伴关系。它是由供应商根据顾客库存量和销售数据决定补充货物的数量。为了适应客户快速反应、经营者降低库存的要求,供应商与零售商缔结伙伴关系,双方进行库存报告、销售预测报告和订单报告等有关商业信息的最新数据交换,使得供应商从过去单纯地执行零售商的订购任务转向主动为零售商分担补充存货的责任、主动向零售商频繁补充销售点或仓库的商品,并缩短从订货到交货之间的时间间隔。

(五)分销资源计划

DRP是分销资源计划(Distribution Resource Planning)的简称,是一种既保证有效地满足市场需求,又使得物流资源配置费用最省的计划方法,是MRP原理与方法在物品配送中的运用。该技术主要解决分销物资的供应和调度问题。基本目标是合理进行分销物资和资源的配置,以达到既有效地满足市场需要又使得配置费用最省的目的。

(六)快速反应方法

快速反应(QR)是供应链成员企业之间建立战略合作伙伴关系,利用EDI等信息技术进行信息交换与信息共享,用高频率、小批量的配送方式补货以实现缩短交货周期、减少库存、提高顾客服务水平和企业竞争力为目的的一种供应链管理策略。在快速反应情况下,物流企业面对多品种、小批量的买方市场,不是储备了"产品",而是准备了各种"要素"。在用户提出要求时能以最快速度抽取"要素"、及时"组装",快速提供所需服务或产品。

(七)有效客户反应方法

有效客户反应方法(ECR,Efficient Consumer Response)是以满足顾客要求和最大限度降低物流过程费用为原则,能及时作出准确反应使提供的物品供应或服务流程最佳化的一种供应链管理策略。主要思想是组织由生产厂家、批发商和零售商等构成的供应链系统在店铺空间安排、商品补充、促销活动和新商品开发与市场投入四个方面相互协调和合作,更好、更快并以更低的成本满足消费者需要为目的的供应链管理系统。

延伸阅读

沃尔玛的快速反应

沃尔玛之所以能成为全球最大的零售商,在很大程度上得益于其建立的包括销售时点信息(POS)系统、电子数据交换(EDI)系统在内的快速反应系统。为了降低成本、消除缺货损失,沃尔玛把零售店的进货和库存管理的职能转移给了供应方(生产厂家),由生产厂家对流通库存进行管理和控制。供应方可根据沃尔玛传来的POS信息及时了解沃尔玛的销售状况,把握商品的需求动向,调整生产计划和材料采购计划,并在此基础上决定什么时间、把什么类型的商品、以什么方式、向什么店铺发货,同时采用连续补充库存方式。

第二节 准时物流管理

准时物流是一种动态的零库存物流,它既符合物流的成本节约目标,也能满足客户企业以市场需求为导向组织生产和销售的目标,目前已得到越来越多的企业和企业合作性组织的青睐。

一、准时物流的概念与思想

准时物流(just-in-time logistics,JIT logistics)是一种建立在JIT管理理念基础上的现代物流方式。这种物流方式具体是指将必要的产品以必要的品种、必要的数量,只在正好需要的时间送到生产线及客户手中。

延伸阅读

准时制

准时制(Just In Time,简称JIT)源于日本丰田汽车公司的"看板"(kanban)系统。看板指放在货运车或手推车上的卡片,这些卡片详细记载了有关生产和供货的一些信息。卡片分两种：一是"生产看板"用来发布生产指令；二是"取货看板"，目的是发出取货指令。在生产流程中，如果没有收到"生产看板"，某个工序就不进行生产，倘若收到后序工序的"取货看板"就要即刻向后续工序发货。这种方式对丰田公司渡过第一次能源危机起到了突出作用，后引起其他国家生产企业的重视，并逐渐推行于欧洲和美国的日资企业及当地企业中。现在这一方式与源自日本的其他生产、流通方式一起被西方企业称为"日本化模式"。其中，日本生产、流通企业的物流模式对欧美的物流产生了重要影响。近年来，JIT 作为一种物流模式在欧美物流界得到推行。

准时物流方式实际上是一个"拉动"系统（Pull System），见图 15-2。在这个系统中，首先由供应链最终端的需求"拉动"产品进入市场，然后由这些产品的需求决定零部件的需求和生产流程。在生产业务中，目标是只生产即时需要的品种、数量。当物流供应链上需要某一部件时，则由沿着供应链的上一个阶段来满足，在需要的时间提供恰恰需要的品种和数量。同样，这一供需活动引发了供应链上的再上一级工作平台的需求，依此类推。

在严格"拉动"这一核心思想的指引下，物流供应始终以客户的最终需求为起点，始终由后道作业根据前道作业所示信息提取材料或产品。在生产流程安排上，要求在整个物流供应中保持生产过程的稳定化、标准化和同步化，从而保证从原材料到产成品、再到消费品这一过程畅通无阻，不出现瓶颈现象，完美实现准时物流的目标。

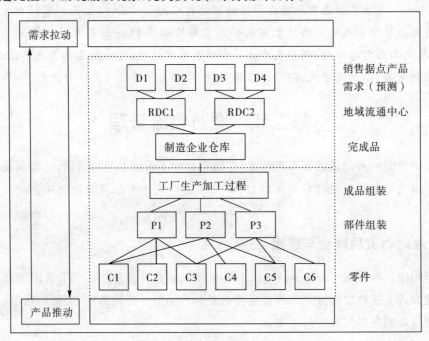

图 15-2　在物流供应链中"推动"系统和"拉动"系统

二、准时物流实施的基本条件

(一)可靠的资源保障

实行准时方式必须有连续不断的足够的资源、保障原材料、燃料和其他一些辅助材料的供应。否则,由于准时方式没有库存,一旦出现资源短缺现象,整个供应、生产系统就会中断,所以会造成很大的损失。正因为如此,准时方式必须是在资源比较充足的环境中才能建立起有效的系统,资源越充足,准时物流系统的稳定性就越高。

(二)小批量生产

由于准时物流追求零库存,根据市场的即时需要进行生产,所以具体实施时要求小批量生产。小批量生产的优势在于能够减少在制品库存、节约库存空间,从而实现持续的低成本,并且使现场管理相对容易。而且,当质量发生问题时,也比较容易查找原因和重新加工。

(三)与供应商长期可靠的伙伴关系

准时管理方法要求供应商在需要的时间提供需要的数量。具体说就是要求供应商小批量、频繁地进行运送,严格遵守交货时间,还要稳定地提供高质量的零部件以便节约检验时间,保证最终产品的质量。进一步要求供应商能对订货的变化作出及时、迅速的反应,具有弹性。因此,必须选择少数优秀的供应商并和它们建立长期可靠的合作伙伴关系,分享信息情报,共同协作解决问题。

(四)完善的物流平台

社会物流的基础平台包括运输线路、运输结点和交通管理、道路通行状况等等,要能够保证运输通畅。这是实现服务水平可靠、物流准时的一个基础。

在此基础上,准时物流要求高效率、低成本的运输装卸方式。由于小批量的频繁运送将会增加运输成本,所以积极寻找集装运输的机会就成为必要。集装运输,是指把来自多个供应商的小批量货物集中起来作为一个运输单位进行运送,这样不仅可以保证按时交货,还可以节约运输成本。另外,需要采用使小批量物品快速装卸变得容易的设备。

(五)完备的物流信息系统

准时物流要求的是一种"拉动"式系统,没有完备的物流信息系统,信息的及时传输和处理是不可能完成的。由于供应商、生产商、代理商、零售商、最终消费者之间的联系千丝万缕、错综复杂,所以如此长而复杂的流通渠道可能使信息反馈缓慢而紊乱,甚至产生信息失真,并使各方无法协调。只有通过现代信息系统使信息电子化,才能把各方紧密地联结在一起,并进行协调和优化管理,从而使企业之间形成良好的相互关系,使产品、信息的流通渠道达到最短,从而可以使消费者需要信息沿供应链逆向准确、迅速地反馈到生产厂商,生产厂商据此对产品的增加、减少、改进、质量提高、原材料的选择等等作出准确的决策,保证供求间实现良好的结合。

(六)可靠的质量保证体系

准时物流系统要求生产和流通的无缝衔接。因此,它需要一套完善的质量保障体系,这个质量保障体系覆盖供应商、生产商、代理商和零售商,要求符合条件的原材料、优质的生产制造、安全的运送和良好的售前、售中、售后服务等,追求产品的零缺陷。质量是一个包含了性能、规格、使用、安全、经济、服务等,以及环境、能源等明确要求和潜在需要的概念,也是一个发展着的动态范畴。运用这一概念可以反映准时物流服务及其设施乃至整个系统运作过程的质量,可以保障准时物流的顺利实施。

三、准时物流的管理方法

准时物流管理的基本理念是根据需求拉动思想,消除一切浪费。在管理方式中,准时化和目标管理是它的两大支柱。准时化就是依据拉动原理,上一道环节按照下一道环节所要求的物资数量和时间准时供应,以保证整个物流系统连续顺畅地运行。目标管理,是指物流系统的工作人员在生产设备、生产过程、材料加工质量、产品运输配送以及销售服务等方面出现异常情况时能依据规定自行判断,查明原因并采取适当的改进措施,以保证产品质量、提高生产效率和产品配送、销售效率。

具体来说,准时物流管理分为以下四个部分:平准化生产、看板方式、消除浪费的具体措施和现场控制方法。

(一)平准化生产

多品种生产方式一般有两种,一种是混流生产方式,又称为"平准化生产方式";另一种是生产线切换方式。为了及时响应市场变化,在准时管理系统中采用平准化生产方式。这两种生产方式的区别见表15-1。

表15-1 平准化生产方式与生产线切换方式的比较

	平准化生产方式	生产线切换方式
生产方式特征	同一生产线同时加工多种产品	同一生产线同时加工同种产品(集中加工)
生产计划	以天为单位制定每种产品计划(有弹性)	制定不同品种生产顺序,以月为单位制定各品种生产计划(无弹性)
生产工程	各种零部件放在生产线旁边,不同零部件以小批量方式混合装载搬运	如果生产线上生产品种发生变化,则相应的零部件也发生变化。相同零部件以大批量装载搬运
变化的强烈程度	随时可以变更计划(变动平缓)	到下一月才能变更计划(变动剧烈)
工序能力的平衡	生产工序平准化容易	生产工序的平准化难

平准化生产方式的主要目的是使生产过程中物品(零部件、半成品及制成品)有秩序地流动并且不产生物品库存积压、短缺和浪费,其实施过程中必须实行生产的流程化和均衡化。

(二)看板方式

看板系统实际上是一种信息系统,看板就是一种卡片,用它来传递信息、协调所有的生产过程以及各生产过程中的每个环节,从而使生产过程同步。表 15-2 是一个简单提料看板。

表 15-2 看板的形式

提料看板		提料的数量:150
材料编号:821-102	发行枚数:	装载单位:箱
材料名称:XXXX	5/15	单位容量:10
前道作业:YY	供应时间:	放置场所:3S-43
后道作业:ZZ	10:00-12:00	

看板系统可以在一条生产线内实现,也可以在一个公司范围内或者在协作厂之间实现。看板系统是库存管理上的一场革命,也是对传统的 MRP(物料需求计划)的一场革命,是准时物流实现的基本工具和方法。

实施看板方式必须遵守一定的规则:下道工序必须准时到前道工序领取适量的零件;前道工序必须及时适量地生产后道工序所需的产品;绝不允许将废次品送给下一道工序;看板的数量必须减少并控制到最少;看板应具有微调作用。

(三)消除浪费的具体措施

准时物流追求消灭一切浪费,物流系统中消除浪费的具体措施就成为准时物流的构成部分。这些浪费可能出现在供应、生产、运输、销售等物流的全过程中。

一些主要的浪费源必须采取措施加以清除。这些浪费源如下:

1. 生产数量过多所造成的浪费

比如在生产制造过程中生产出的成品或半成品超过需求的数量或提前生产出下道作业所需要的材料。

2. 闲置等待所造成的浪费

比如上道作业没有在下道作业需要的时间提供材料,造成下道作业的设备和人员闲置等待。

3. 库存所造成的浪费

特别是从供应商采购的原材料或零部件所形成的库存。

4. 搬运所造成的浪费

搬运是一种不产生附加价值的活动。因此,应该尽量减少搬运所造成的浪费。

5. 生产制造流程所造成的浪费

不良的生产制造流程会造成生产加工周期延长、消耗更多的材料等，它是一种结构性浪费。

6. 人力资源的浪费

它指没有对员工进行岗位培训、没有训练员工具有多种技能、没有赋予员工生产现场处理问题的职责，还包括由于员工之间缺乏协调而造成的浪费等。

7. 不良品所造成的浪费

不良品不仅增加企业的成本，而且影响企业的信誉。

针对这些浪费源，根据具体的情况，运用相应的管理措施加以解决。由于环境的变化，所以这些措施要多种多样，这也是准时物流的基本要求。

(四)现场控制方法

现场控制，是指整个物流系统的所有工作人员具有及时发现系统中出现的问题、查明原因并加以改善的责任和能力。准时管理方式采用拉动的概念，强调生产的平准化和准时交货，若这个过程中的某一个环节发生问题则会影响整个过程。因此，准时管理方式特别重视提高员工的责任心，这是一种高度重视人力资源管理的生产系统。

第三节 电子商务物流管理

电子商务是当代商务发展的现实和趋势。电子商务的背后是商流，商流则需要物流来支撑。电子商务物流管理主要是指电子商务环境下的物流管理或者说是如何做到物流能有效支撑电子商务的发展需要。

一、电子商务的内涵与特点

(一)电子商务的内涵

电子商务(Electronic Commerce，简称EC)是指在开放的网络环境下，通过电脑与网络之间连接，并基于浏览器/服务器应用方式，买卖双方不见面而进行商贸活动，实现消费者需求的网上购物、商户之间网上交易、在线电子支付以及其他有关网络服务方面的一种新型商业运营模式。

电子商务正改变着人们的生活和传统的商务活动方式。人们不再是面对面的、看着实实在在的货物、靠纸介质单据(包括现金)进行买卖交易。而是通过网络，通过网上琳琅满目的商品信息、完善的物流配送系统和方便安全的资金结算系统进行交易(买卖)。

延伸阅读

电子商务类型

按照交易对象,电子商务可以分为:企业对企业的电子商务(B2B);企业对消费者的电子商务(B2C);企业对政府的电子商务(B2G);消费者对政府的电子商务(C2G);消费者对消费者的电子商务(C2C);企业、消费者、代理商三者相互转化的电子商务(ABC);以消费者为中心的全新商业模式(C2B2S);以供需方为目标的新型电子商务(P2D)。

(二)电子商务的特点

尽管电子商务也是一种交易活动,但是与传统商务相比有着自己鲜明的特点。

1. 以现代信息技术服务作为支撑体系

现代社会对信息技术的依赖程度越来越高,现代信息技术服务业已经成为电子商务的技术支撑体系。

2. 以电子虚拟市场为运作空间

电子虚拟市场,是指商务活动中的生产者、中间商和消费者在某种程度上以数字方式进行交互式商业活动的市场。

3. 以全球市场为市场范围

电子商务的市场范围超越了传统意义上的市场范围,不再具有国内市场与国际市场之间的明显标志。

4. 以全球消费者为服务范围

电子商务使世界经济发展进入"创新中心、营运中心、加工中心、配送中心、结算中心"的分工。电子商务使网络消费者正在实现跨越时空界限,从而在更大的范围内购物。

5. 以迅速、互动的信息反馈方式为高效运营的保证

通过电子信箱、FTP、网站等媒介,电子商务中的信息传递告别了以往迟缓、单向的特点,迈向了通向信息时代、网络时代的重要步伐。

6. 以新的商务规则为安全保证

由于结算中的信用瓶颈始终是电子商务发展进程中的障碍性问题,所以参与交易的双方、金融机构都应当维护电子商务的安全、通畅与便利,制定适合电子商务发展的"游戏规则"。

二、物流对电子商务发展的影响

电子商务的发展是信息技术广泛应用的结果,而电子商务的实施仅仅依据信息技术显然是不够的,它必须要有物流的支撑,否则电子商务的实施只能是纸上谈兵。

(一)物流是电子商务的重要组成部分

电子商务下的任何一笔交易同传统的交易活动一样都包含各种"基本流",即商流、资金流、物流、信息流。在网络化时代,商流、资金流、信息流都可以通过网上交易、网上结算、网上沟通来进行虚拟化的经济活动。然而,最终的资源配置、使用还是需要通过商品的实体转移来实现的。一些电子出版物、信息咨询服务、有价信息软件等少数商品虽然可以直接通过网络传输的方式进行配送,但是绝大多数的商品仍然需要通过专用的运输装卸工具(火车、汽车、飞机、轮船、装卸机械等)来完成实体的位移。因此,物流是电子商务必不可少的组成部分。

(二)物流往往是电子商务的瓶颈

理论上凡是能上网的产品,无论它的距离多么遥远、无论它的采购规模多么小、无论采购的品种差异多么大,在电子商务环境下,只要物流跟得上,人们采购的欲望就能得到实现。物流发展是较电子商务发展更为复杂的一个问题。因为物流基础设施(道路、桥梁、仓库、运载工具、配送体系、企业内物流、服务质量等等)不可能在短期内发展与完善。现实中物流往往跟不上电子商务发展的需要,人们最终选购商品不得不受物流制约。

(三)物流与电子商务其他环节相互制约

在传统的交易过程中,商流与物流是相伴而行的。而在电子商务的交易过程中,商流与物流却是相分离的。如果物流配送不能实现高效、便捷,那么电子商务的快捷和高效就不能体现出来;相反,如果网上交易、网上结算由于信用、交易手段和方式上存在问题,则也会影响物流配送的效率与质量。

(四)物流是电子商务完美的最后环节

商品交换最终是以商品送到消费者手中并完成相应服务而结束的。只有当消费者接到满意的商品并得到满意的服务,才能消除对虚拟供应商和在线购物的疑虑心理,进而增加供应商与消费者之间的沟通与信任,从而为企业树立良好的形象,为电子商务发展画上完美的句号。

三、电子商务对物流发展的作用

(一)电子商务拓宽了物流发展的时空

借助于因特网,电子商务将整个世界联系在一起。电子商务的推广加快了世界经济的一体化。物流跟着商流跑,电子商务的跨时域性和跨区域性必然会使物流发展的时空更为宽广。

(二)电子商务强化了物流发展的分量

在电子商务环境里,消费者在网上虚拟商店购物,并在网上支付,配送的功能就由物流企业承担。也就是说,即使实际的商店没有了、银行没有了,但是物流企业非但不能省略掉反而任务加重了。物流企业不但要把消费者从虚拟商店订购的货物配送到用户手中,而且还要从各个生产企业及时进货,并存放到物流企业的仓库中。物流企业既为生产企业服务,也为销售商店服务,最后还要送货上门为具体的消费者服务。

(三)电子商务突出了物流发展的地位

在电子商务环境下,商务事务处理实现了信息化,物流成为整个市场运行的核心之一。物流企业既是生产企业的仓库,又是用户的实物供应者。物流企业成了代表所有生产企业及供应商对用户的最集中、最广泛的实物供应者。物流企业成为社会生产链条的领导者和协调者,为社会提供全方位的物流服务。

(四)电子商务拉升了物流管理的能力

电子商务促进物流基础设施的改善和物流技术、管理水平的提高。电子商务高效性和全球性的特点要求物流具备良好的交通运输网络、通信网络等基础设施作为保证,将促进物流技术的进步。电子商务的发展需要合理化和高效化的物流,而物流管理水平的高低直接决定和影响着物流效率的高低。

(五)电子商务推动物流的社会化

在电子商务条件下,实现网上订购、在线支付后,关键是物流配送。中小企业完全依靠自身能力完成配送工作存在很大困难,所以,物流社会化是适应电子商务发展的必然要求。电子商务的发展将推动传统物流向社会化物流发展。在电子商务活动中,需要的物流服务不仅仅是传统的运输和仓储,而且是要求更加完备的增值性的物流服务。比如,在提供电子商务的物流服务时,推行"门到门"服务,提供完备的操作提示、自动订货、24小时营业、物流全过程追踪,传递信息和转账,免费维护、设计或安装等都是有效的增值性业务。

四、物流支撑电子商务发展的基本途径

(一)加强物流信息平台建设

电子商务的发展是建立在现代网络信息平台基础上的,先进的信息平台使得电子商务空间更加宽广、规模更加庞大、对象更加丰富。物流要支撑电子商务发展,使电子商务变为现实,使顾客的需求得到及时响应,使流通成本得到有效降低,使社会物流资源得到高效利用。需要高度重视物流信息平台建设,让物流信息平台能很好地对接电子商务信息平台,让物流信息平台能很好地对接物流企业信息系统。

(二)大力发展第三方物流

发达国家电子商务发展的有力支撑是专业的第三方物流企业。这些企业一般都是大型社会化的综合物流公司,如美国联邦快递、美国联合包裹等。电子商务发展基础是第三方物

流,而不是自营物流。快速发展的电子商务加速了对高质量第三方物流的需求,培育和发展一大批多功能、多层次、集散能力强、辐射地域广的社会化物流中心成为亟待解决的问题。

(三)加快电子商务物流网络建设

电子商务在经营模式上与传统商业有着本质的区别,这就导致电子商务物流网络也与传统商业物流网络存在差异。电子商务物流网络必须具备跨地区的快速配送能力,并应具备长距离运输、配载和准时投递能力。

(四)建立良好的物流配送体系

电子商务中的一个重要环节是物流配送。物流配送是交易中的商品流通环节、是交易的最终实现。没有物流配送体系的支持,商品不能及时送到买者手中,电子商务就要失去买方基础与发展的依据。发达的电子商务背后必然有发达的物流配送体系。

(五)建立应对物流风险机制

中国目前的网购交易中有高达90%以上的用户选择了邮政普通包裹或快递服务。而电子商务中的邮政包裹属于第三方物流,与普通公众物流有着明显的差异。第三方物流极强的独立性使得发货人和收货人的控制难度加大。因而,电子商务物流企业必须加强对风险的控制,健全应对物流风险机制。

第四节　物联网物流管理

物联网(Internet of Things)把传统的信息通信网络延伸到了更为广泛的物理世界。虽然"物联网"仍然是一个发展中的概念,然而将"物"纳入"网"中则是信息化发展的一个大趋势。物联网将带来信息产业新一轮的发展浪潮,物联网正深刻地改变着世界,也深刻地改变着物流。

一、物联网的内涵与特征

(一)物联网的内涵

物联网就是"物物相连的互联网",是指通过各类传感装置、射频识别(RFID)技术、视频识别技术、红外感应、全球定位系统、激光扫描器等信息传感设备和技术,按规定的协议并根据需要实现物品互联互通的网络,并通过该网络进行信息交换和通信,以实现智能化识别、定位、跟踪、监控和管理的智能网络系统。RFID技术是物联网的重要技术基础,其工作原理见图15-3。

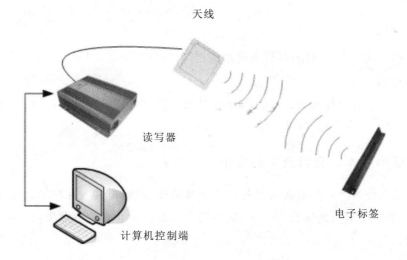

图 15-3　技术工作原理图

物联网概念的起源

物联网的概念最初来源于美国麻省理工学院（MIT）在 1999 年建立的自动识别中心（Auto—ID Labs）提出的网络无线射频识别（RFID）系统——把所有物品通过射频识别等信息传感设备与互联网连接起来，实现智能化识别和管理。

早期的物联网是以物流系统为背景提出的，以射频识别技术作为条码识别的替代品实现对物流系统进行智能化管理。随着技术和应用的发展，物联网的内涵已发生了较大变化。

2005 年，ITU 在突尼斯举行的信息社会世界峰会（WSIS）上正式确定了"物联网"的概念，并随后发布了《ITU Internet reports 2005——the Internet of things》，介绍了物联网的特征、相关的技术、面临的挑战和未来的市场机遇。

ITU 在报告中指出，我们正站在一个新的通信时代的边缘，信息与通信技术（ICT）的目标已经从满足人与人之间的沟通发展到实现人与物、物与物之间的连接，无所不在的物联网通信时代即将来临。物联网使我们在信息与通信技术的世界里获得了一个新的沟通维度，将任何时间、任何地点、连接任何人扩展到连接任何物品，万物的连接就形成了物联网。

（二）物联网的基本特征

从通信对象和过程来看，物联网是通信网和互联网的拓展应用和网络延伸，它利用感知技术与智能装备对物理世界进行感知识别，通过网络传输互联进行计算、处理和知识挖掘，实现人与物、物与物之间的信息交互和无缝链接，从而达到对物理世界实时控制、精确管理和科学决策的目的。

物联网的核心是物与物以及人与物之间的信息交互。物联网的基本特征可概括为全面感知、可靠传送和智能处理。

1. 全面感知

利用射频识别、二维码、传感器等感知、捕获、测量技术随时随地对物体进行信息采集和获取。

2. 可靠传送

通过将物体接入信息网络,依托各种通信网络随时随地进行可靠的信息交互和共享。

3. 智能处理

利用各种智能计算技术对海量的感知数据和信息进行分析并处理,从而实现智能化的决策和控制。

二、物联网技术在物流业中的应用

物联网就是将各种传感器嵌入到各大系统及物体,然后再接入互联网。在这个庞大的网络中,人与物能够有机地结合在一起,从而实现智慧社会。在物流业中,物联网有着广泛的应用空间:

(一)资源整合

使用物联网技术能大范围整合流通渠道和信息资源,从而优化配置物流资源。例如,通过物联网与相关企业在供应、生产、物流、需求等流程上的同步集成就可以有效控制原材料、半成品、产成品在供应链各环节的库存数量,缓解供需中的不确定性,降低供应链上下游合作企业之间的库存和资金占用,节省供应链的管理成本。

(二)效率提升

物联网技术的应用能在很大程度上实现物流的自动化、简捷化,从而带来物流效率的提升。例如,将物联网技术应用于托盘、货架、车辆、集装箱等物流基础设施的识别,在仓库内部、出入库口、运输车辆、搬运器械、物流关卡等安装物联网读写装置,可以自动采集物流交接环节中的物联网信息,自动完成货物的入库、出库和盘点;在物联网电子货单平台下,海关、联检单位能同时接收到货单的电子信息,实现与货主、货运代理、航空公司等物流环节的电子数据同步交换,可以有效提高联检与通关效率。

(三)产品追溯

产品的物流过程可追溯性是提高产品安全、厘清物流责任的内在要求,物联网技术的使用能够使物流过程可追溯性变成现实。如食品及药品追溯系统。在生产线上给食品、药品贴上电子标签,一切与生产、流通、库存、销售等相关的信息都被写入电子标签,通过电子标签将信息汇聚到互联网平台,将生产厂家与销售终端通过平台相联系。这样可以实现各类食品、药品从生产、加工、运输、储存到销售过程的全生命周期追溯,从而提高产品安全和质量。

(四)可视化管理

物联网的应用让物流的可视化管理成为可能。例如,当收货方对货物有质疑时,通过物流配送的可视化管理系统可以调出货物的真实录像信息,再现货物转运时的真实状态。这样能有效地避免货物运输过程中丢失、损坏、掉包等现象的发生,保障客户的合法权益。

（五）实时控制

实时控制既可以实现物流在过程中的灵活管理,又可以使物流的不安全问题得到及时处理。例如,通过物联网对运输工具智能跟踪,可以及时获知运输工具的实时信息,减少所需运输工具的数量及运输人员数,避免车辆闲置,提高利用率。

（六）物流创新

要使物流安全、高效、经济,则需要不断进行物流创新,而物联网技术的应用能使一些物流创新成为可能。例如,虚拟仓库的实现。通过物联网系统建立虚拟仓库,将散置在各地的分属于不同企业的仓库连接起来进行统一调配和管理使用,这样不仅扩大了物流服务半径,而且也拓宽了货物集散空间。

延伸阅读

物联网可改进农产品冷链物流仓储配送

在冷链仓储中心,RFID 技术可实现商品的自动化登记,无需人工检查或扫描条码,更快速准确,并减少了农产品的损耗。物联网技术的应用可实现配送的可视化,实现农产品运输车辆及时准确调度,从而提高运输效率,尽量避免无效运输。可利用温度标签来提供温度监控,实现车载农产品的动态感知、动态监控及保证运途中农产品的质量与安全。同时,物联网的应用可实现对各冷库库存情况以及在途运输量情况的动态掌握,以便科学制定运输决策,从根本上提高运输的合理性,实现农产品冷链物流的有效流通。

三、物流发展中应用物联网需要重视的问题

（一）加快物联网标准体系建设

标准是信息发布与传输的基础,它是网络上的信息一致性的必要保证。目前,物联网包括 RFID 还没有形成一个全球统一的标准。随着 RFID 技术在全球物流行业的大规模应用,人们对制定一个统一的 RFID 标准已经取得了广泛的认同。当前应尽快推进物联网技术的研究和标准的制定,加快物联网标准体系的建设。

（二）加强物联网技术的研发与应用

物联网对现代物流的影响主要是技术上的应用,技术应用带来了物流运作流程的变更、效率的提高以及成本的降低,甚至推动了现代物流理念的更新。物联网的标准体系构建要以物联网相关技术发展标准为参考,安全问题与信息管理平台的构建也需要先进技术的支撑。因此,技术研发是物联网在现代物流中应用的首要问题。运用物联网技术解决物流企

业的实际问题,在实践中检验物联网技术并逐步完善,从而使物联网技术真正与物流业融合。

(三)要降低物联网推广使用成本

物联网要实现人人互联、物物互联以及人与物的互联,首先要对需要入网的人或物进行识别,而RFID技术是自动识别技术的一个重要分支,所以在基于物联网的物流应用系统中必然会用到大量的RFID系统。目前,RFID系统中不论是读写器、电子标签还是天线,其成本都比较高,高价格的RFID标签不适用于一般低价的产品。因此,物联网的推广使用必须千方百计降低其使用成本。

(四)要加强物联网使用安全管理

安全是基于网络的各种系统运行的重要基础之一,由于物联网终端感知网络的私有特性,所以安全也是一个不容忽视的问题。目前,在物联网传感技术下,物品信息可以被任何无线接收设备感知。如何屏蔽第三方对所有者有价值信息的获取将是一个重要的安全问题。一方面,物联网平台提供者需要实现特定过滤与屏蔽技术,这对于目前的技术是一个挑战;另一方面,使用者自身也需要规范自己的行为,共同维护建立一个诚信的物联网体系。

(五)建设物流公共信息平台

物联网可以看作是一个信息平台,在该平台上重要的不是货物的单个信息,而是信息之间的关联。货物的信息均散布在各自的标签上,如果没有一个统一的网络管理,则不能整合信息,那么这个物联网体系是没有多大实用价值的。物流信息平台应该能够整合来自不同系统、不同技术标准的异质信息,实现各种数据交换与信息共享。

第五节 第四方物流管理

第四方物流(4th Party Logistics,4PL)的概念由美国埃森哲公司首先提出并且作为专有的服务商标进行了注册。这是一个新兴的概念,已经引起了物流理论界和实践界越来越多的关注。

一、第四方物流的内涵与功能

(一)第四方物流的内涵

第四方物流供应商是一个供应链的集成商,它对公司内部和具有互补性的服务供应商所拥有的不同资源、能力和技术进行整合和管理,并提供一整套供应链解决方案。

现代物流从自营物流到第三方物流的发展,到现在第四方物流概念的出现,总体上遵循供应链外包趋势。第四方物流供应商对物流过程进行了功能的整合,对物流作业有了更大的自主权。

(二)第四方物流的功能

第四方物流成功的关键是以"行业最佳"的物流方案为客户提供服务与技术。第三方物流要么独自提供服务,要么通过与自己有密切关系的转包商来为客户提供服务,很难提供技术、仓储和运输等服务的最佳整合。

第四方物流具备以下三方面的基本功能:

1. 供应链管理功能

供应链管理功能指管理从货主、托运人到用户、顾客的供应全过程。

2. 运输一体化功能

运输一体化功能指负责管理运输公司、物流公司等之间在业务操作上的衔接与协调问题。

3. 供应链再造功能

供应链再造功能是根据货主、托运人在供应链战略上的要求,及时改变或调整战略战术,使其经常高效率地运作。

二、第四方物流的优势

(一)对整个供应链及物流系统进行整合规划

第三方物流的优势在于运输、储存、包装、装卸、配送、流通加工等实际的物流业务操作能力,在综合技能、集成技术、战略规划、区域及全球拓展能力等方面存在明显的局限性,特别是缺乏对整个供应链及物流系统进行整合规划的能力。而第四方物流的核心竞争力就在于对整个供应链及物流系统进行整合规划的能力,同时也是降低客户企业物流成本的根本所在。

(二)具有对供应链服务商进行资源整合的优势

第四方物流以整合供应链为己任,同时向企业提供完整的物流解决方案,与第三方物流仅能提供低成本的专业服务相比,第四方物流能控制和管理整个物流过程,并对整个过程提出策划方案,再通过电子商务把这个过程集成起来,以实现快速度、高质量、低成本的物流服务。为此,欧盟的业内人士把4PL形象地称作"主导物流服务商"。

(三)具有信息及服务网络优势

第四方物流的运作主要依靠信息与网络,其强大的信息技术支持能力和广泛的服务网络覆盖支持能力是客户企业开拓国内外市场、降低物流成本所极为看重的,也是取得客户的信赖、获得大额长期订单的优势所在。

（四）具有专业人才优势

第四方物流公司拥有大量高素质的物流和供应链管理专业人才和团队，可以为客户企业提供全面的、卓越的供应链管理与运作，提供个性化、多样化的供应链解决方案。在解决物流实际业务的同时实施与公司战略相适应的物流发展战略。

三、第四方物流的运作模型

第四方物流的运作模型由第四方物流的协同运作模型、第四方物流的方案集成运作模型和第四方物流的行业创新模型构成。

（一）协同运作模型

第四方物流和第三方物流共同开发市场，第四方物流向第三方物流提供一系列的服务，包括技术、供应链策略、进入市场的能力和项目管理的能力。第四方物流在第三方物流公司内部工作，其思想和策略通过第三方物流这样一个具体实施者来实现，以达到为客户服务的目的。第四方物流和第三方物流一般会采用商业合同的方式或者战略联盟的方式合作。

（二）方案集成商模型

在这种模式中，第四方物流为客户提供运作和管理整个供应链的解决方案。第四方物流对本身和第三方物流的资源、能力和技术进行综合管理，借助第三方物流为客户提供全面的、集成的供应链方案。第三方物流通过第四方物流的方案为客户提供服务，第四方物流作为一个枢纽可以集成多个服务供应商的能力和客户的能力。

（三）行业创新者模型

在行业创新者模型中，第四方物流为多个行业的客户开发和提供供应链解决方案，以整合整个供应链的职能为重点。第四方物流将第三方物流加以集成，并向下游的客户提供解决方案。在这里，第四方物流的责任非常重要，因为它是上游第三方物流的集群和下游客户集群的纽带。

行业解决方案会给整个行业带来最大的利益。第四方物流会通过卓越的运作策略、技术和供应链运作实施来提高整个行业的效率。

四、发展第四方物流的思路

发展第三方物流是解决企业物流的关键，发展第四方物流则能解决整个社会物流的主要问题。因此，发展第四方物流从以下几个方面着手：

（1）大力发展第三方物流企业，从而为第四方物流发展做铺垫，提高物流产业发展水平。第四方物流是通过在第三方物流整合社会资源基础上再进行整合，只有大力发展第三方物流企业，第四方物流才有发展的基础。

(2)加速电子商务与物流产业的融合,建立全国性的物流公共信息平台。目前,利用互联网运行业务的物流企业很多,但是能够整合一定社会资源和具有一定社会影响的物流企业并不多。所以,应该重点培育已经具有第四方物流的雏形,在整合物流资源方面有一定基础的物流信息平台,将其发展成为第四方物流。

(3)转变政府管理职能,做好物流基础建设、产业服务、规范工作。物流产业的真正提升必须通过第四方物流来完成。第一方或第二方物流不能靠政府通过财税政策倾斜来发展,因为目前物流资源已经处于饱和状态,如仓储和运输能力已经是供过于求;第三方物流企业本身是物流业"利润点",可以靠企业自身发展规律生存;唯有第四方物流对整合社会资源、提升物流产业具有极其重要的作用。建立物流信息公共平台、发展第四方物流应该是政府重点发展的对象。在物流产业政策上,应重点放在物流基础建设、产业服务、规范工作上。比如,建立商品条形码标准、鼓励物流企业技术创新、加快物流人才培养和加大物流人才引进力度等。

◇ 本章小结

随着社会经济和技术的发展,供应链物流、准时物流、电子商务物流、物联网物流和第四方物流等新型物流模式不断涌现,并且显示出强大的生命力。供应链物流管理是以供应链核心产品或者核心业务为中心的物流管理。准时制物流是一种建立在JIT管理理念基础上的现代物流方式。电子商务物流管理主要是指电子商务环境下的物流管理。物联网把传统的信息通信网络延伸到了更为广泛的物理世界,正深刻地改变着物流。第四方物流供应商是一个供应链的集成商,其核心在于提供一整套供应链解决方案。

案例分析

安得物流:做"智慧"物流领头羊

1. 信息化助力"智慧"物流

经过10多年的发展,安得物流在全国建立了200个服务平台。通过这些平台,安得物流可以在全国任何一个地方为客户提供综合物流服务。随着物流技术的不断发展,单纯凭借全国各地的网点数量优势显然已经不能完全满足现代物流业的需求,而且多个网点之间的衔接、配合不顺反而会影响配送效率。如何将规模化的仓库、高端运输车辆、精准化的配送流程与现代信息技术实现完美结合,安得人一直在思考这个问题,也在努力尝试和探索解决这一症状的方法和途径。

从2006年开始,安得物流已开始着手自主研发供应链管理体系(A3),接着又开始组建物流信息监控平台,再到全国物流信息处理与监控中心的全面建成。这一系列成果的取得为安得物流向智能化方向迈进奠定了坚实基础。安得物流总经理卢某说:"物流领域即将进入大外包、大整合时代,如何利用现代信息技术,通过物联网技术的应用提高供应链管理水平,从而有效降低物流成本是物流企业必须解决的问题。这一点,安得物流抢先迈出了第一步。"

据了解，目前该信息中心可以监控到全国450万平方米仓库的实时作业动态，可以全程掌握5000多辆车的位置、行驶速度、箱内温度，并及时提醒司机沿途的路况信息和天气情况，真正实现"物畅其流、掌控自如"。

2. 一台空调背后的秘密

一台美的空调，它的配件如何从全国各地"走"到工厂？又如何从工厂较便捷而又省钱地"走"进普通家庭？这个看似不起眼的物流配送过程，背后却要经过上百个周转环节。

以上述美的空调配送为例，其实就是一个简单的供应链系统。组成一台空调的几百个原配件从全国各地原配件厂商处根据美的空调生产计划物流部的调配指令，有计划和组织地在指定时间内运送至生产线原配件仓库，并进行全程编码控制。

在整个流转过程中，安得的入厂物流、传统商业物流以及逆向物流都是智能化管理。生产前后，上游原材料供应商与下游分销商通过简单的 ERP 功能与企业 ERP 对接，通过供应链管理系统实现需求、供给、物流、信息流共享，通过安得公司物流信息平台实现智能化控制。

于是，当这些被编码的配件和原料在送往组装工厂的过程中，安得的 ALIS 系统随时监控整个配送流程，包括原料供应配送、物料供应、下线暂存、干线运输、零担配送或者 B2C 配送等等一系列环节。暂存、分拣、分拨、跟踪、客户收货信息确认，以及客服管理各环节通过 ALIS 管理系统衔接，通过流程固化各环节职责内容。为了达到这样的供应链管理水平，健全的运营体系、完善的信息系统支撑则是必须具备的条件，安得物流为此准备了5年时间。

据卢某介绍，安得物流的开发团队一直在不断地完善信息系统。同时，也在加强各种设备和技术的应用，借以提升系统的综合性能，丰满系统羽翼。如 RFID 技术应用就是公司信息化建设的一个重要部分，利用 FRID 技术实时、批量、远程采集信息的强大功能。

3. 供应链＋物联网＝智能物流

目前，物流技术信息化程度低是困扰我国物流发展的最大问题。国内物流企业物流技术与服务水平较低，视频识别（RFID）技术、冷链技术和供应链管理过程透明化、可视化等物流技术应用程度不高，管理理念与手段相对落后，物流信息化水平低严重阻碍了物流行业的进一步发展。

2006年，为解决行业的难题，安得物流在基于自主开发 ALIS 的基础上，又开始了《物流供应链全程可视化智能管理系统》项目的开发与研究。2008年，项目研发初步完成，其功能模块的核心就在于可视化管理。

可视化仓储管理，通过在安得物流公司总部设立的信息处理与监控中心，管理人员可以通过网络浏览管理前端仓库状态与信息。主控中心是利用视频识别分析技术、计算机网络、地理信息技术、数据库技术开发的整合式集中智能综合监控管理控制应用平台，中心汇接分布于全国各地的仓库信息，将所需的视频、数据等信息通过网络进行传输、存储和共享，并进行远程调阅、查询，为各级管理层决策、指挥调度提供及时的第一手信息。

可视化订单管理可以实现订单的跟踪功能，可以有效帮助生产计划与排产，并成为适应订单、节约产能和成本的有效方式。它能防止零配件的错装、漏装、多装,实时统计车间采集数据,监控在制品、成品和物料的生产状态和质量状态。同时,监督员工的生产状态。如果哪道工序、哪些物料、哪个机型、哪些人员等等存在问题,则能及时进行跟踪、改进。

这种采用"供应链+物联网"的技术将整个工业生产及物流配送的各个环节进行了全面监控,这能有效地防止残次品流动,并能降低不良品率。

值得一提的是利用这种系统还能方便地进行产品物料追溯与召回管理。如物料追踪功能可根据产品到半成品到批次物料的质量缺陷,追踪到所有使用了该批次物料的成品,也支持从成品到原料的逆向追踪,协助制造商把损失降到最小化。

事实上,ALIS对环节的监控无孔不入,连货车司机的行为都会有效监控。基于GPS的车载定位系统能够及时将货车的位置信息发送回监控中心,在货车驾驶室内摄像头可监控行车过程中司机的精神状态,防止出现疲劳驾驶,杜绝事故苗头。

"物畅其流,掌控自如"一直是安得物流的梦想与追求。有信息化技术的有力支撑,可以助力安得物流实现梦想,真正做到"全程掌控让您'安'如泰山,全网服务让您'得'心应手"。

(资料来源:中国物流与采购联合会网站。)

问题讨论

1. 安得物流是怎样做"智慧"物流领头羊的?
2. 有人认为"物流信息技术是现代物流的基础和灵魂",你是怎样看待这种观点的?

◇ 复习思考题

1. 简述供应链物流管理方法。
2. 简述准时制物流实施条件。
3. 简述物流对电子商务的影响。
4. 简述物联网技术在物流业中的应用。
5. 第四方物流与第三方物流有什么不同?

附录
《物流术语》(修订版)GB/T18354—2006

1. 范围

本标准确定了物流活动中的物流基础术语、物流作业服务术语、物流技术与设施设备术语、物流信息术语、物流管理术语、国际物流术语及其定义。

本标准适用于物流及相关领域的信息处理和信息交换,亦适用于相关的法规、文件。

2. 规范性引用文件

下列标准所包含的条文,通过在本标准中引用而构成为本标准的条文。本标准出版时,所示版本均为有效。所有标准都会被修订,使用本标准的各方应探讨使用下列标准最新版本的可能性。

GB/T 1992—1985 集装箱名词术语(neq ISO 830:1981)

GB/T 4122.1—1996 包装术语 基础

GB 8226—1987 公路运输术语

GB 12904—2003 商品条码

GB/T 12905—2000 条码术语

GB/T 13562—1992 联运术语

GB/T 15624.1—2003 服务标准化工作指南 第一部分 总则

GB/T 16828—1997 位置码

GB/T 16986—2003 EAN、UCC 系统应用标识符

GB/T 17271—1998 集装箱运输术语

GB/T 18041—2000 民用航空货物运输术语

GB/T 18127—2000 物流单元的编制与符号标记

GB/T 18768—2002 数码仓库应用系统规范

GB/T 18769—2003 大宗商品电子交易规范

GB/T 19251—2003 贸易项目的编码与符号表示导则

3. 物流基础术语

3.1

物品 goods

货物

经济与社会活动中实体流动的物质资料。

3.2

物流 logistics

物品从供应地向接收地的实体流动过程。根据实际需要,将运输、储存、装卸、搬运、包装、流通加工、配送、信息处理等基本功能实施有机结合。

3.3

物流活动 logistics activity

物流过程中的运输、储存、装卸、搬运、包装、流通加工、配送等功能的具体运作。

3.4

物流管理 logistics management

为以合适的物流成本达到用户满意的服务水平,对正向及反向的物流过程及相关信息进行的计划、组织、协调与控制。

3.5

供应链 supply chain

在生产及流通过程中,涉及将产品或服务提供给最终用户活动的上游与下游组织所形成的网链结构。

3.6

供应链管理 supply chain management

对供应链涉及的全部活动进行计划、组织、协调与控制。

3.7

物流服务 logistics service

为满足客户需求所实施的一系列物流活动产生的结果。

3.8

一体化物流服务 integrated logistics service

根据客户需求对物流项目进行全过程、多功能的服务。

3.9

第三方物流 third party logistics(TPL)

独立于供需双方为客户提供专项或全面的物流系统设计或系统运营的物流服务模式。

3.10

物流设施 logistics facilities

具备物流相关功能和提供物流服务的场所。

3.11

物流中心 logistics center

从事物流活动且具有完善信息网络的场所或组织。应基本符合下列要求:主要面向社会提供公共物流服务;物流功能健全;集聚辐射范围大;存储、吞吐能力强;对下游配送中心客户提供物流服务。

3.12

区域物流中心 regional logistics center

全国物流网络上的节点。以大中型城市为中心，服务于区域经济发展需要，将区域内外的物品从供应地向接受地进行有效实体流动的公共物流设施。

3.13

配送 distribution

在经济合理区域范围内，根据客户要求对物品进行拣选、加工、包装、分割、组配等作业，并按时送达指定地点的物流活动。

3.14

配送中心 distribution center

从事配送业务且具有完善信息网络的场所或组织，应基本符合下列要求：主要为特定客户或末端客户提供服务；配送功能健全；辐射范围小；多品种、小批量、多批次、短周期。

3.15

物流园区 logistics park

为了实现物流设施集约化和物流运作共同化或者出于城市物流设施空间布局合理化的目的而在城市周边等各区域集中建设的物流设施群与众多物流业者在地域上的物理集结地。

3.16

物流企业 logistics enterprise

从事运输(含运输代理、货运快递)或仓储等业务，并能够按照客户物流需求对运输、储存、装卸、搬运、包装、流通加工、配送等进行组织和管理，具有与自身业务相适应的信息管理系统，实行独立核算、独立承担民事责任的经济组织。

3.17

物流模数 logistics modulus

物流设施与设备的尺寸基准。

3.18

物流技术 logistics technology

物流活动中所采用的自然科学与社会科学方面的理论、方法，以及设施、设备、装置与工艺的总称。

3.19

物流成本 logistics cost

物流活动中所消耗的物化劳动和活劳动的货币表现。

3.20

物流网络 logistics network

物流过程中相互联系的组织、设施与信息的集合。

3.21

物流信息 logistics information

反映物流各种活动内容的知识、资料、图像、数据、文件的总称。

3.22

物流单证 logistics documents

物流过程中使用的单据、票据、凭证等的总称。

3.23

物流联盟 logistics alliance

两个或两个以上的经济组织为实现特定的物流目标而采取的长期联合与合作。

3.24

企业物流 enterprise logistics

生产和流通企业在经营活动中所发生的物流活动。

3.25

供应物流 supply logistics

提供原材料、零部件或其他物料时所发生的物流活动。

3.26

生产物流 production logistics

企业生产过程中发生的涉及原材料、在制品、半成品、产成品等所进行的物流活动。

3.27

销售物流 distribution logistics

企业在出售商品过程中所发生的物流活动。

3.28

军事物流 military logistics

用于满足平时、战时军事行动物资需求的物流活动。

3.29

国际物流 international logistics

跨越不同国家或地区之间的物流活动。

3.30

精益物流 lean logistics

消除物流过程中的无效和不增值作业,用尽量少的投入满足客户需求,实现客户的最大价值,并获得高效率、高效益的物流。

3.31

逆向物流(反向物流)reverse logistics

从供应链下游向上游的运动所引发的物流活动。

3.32

废弃物物流 waste material logistics

将经济活动或人民生活中失去原有使用价值的物品,根据实际需要进行收集、分类、加工、包装、搬运、储存等,并分送到专门处理场所的物流活动。

3.33

军地物流一体化 integration of military logistics and civil logistics

对军队物流与地方物流进行有效的动员和整合,实现军地物流的高度统一、相互融合和协调发展。

3.34

全资产可见性 total asset visibility

实时掌控供应链上人员、物资、装备的位置、数量和状况等信息的能力。

3.35

配送式保障 distribution-mode support

在军事物资全资产可见性的基础上,根据精确预测的部队用户需求,采取从军事物资供应起点直达部队用户的供应方法,通过灵活调配物流资源,在需要的时间和地点将军事物资主动配送给作战部队。

3.36

应急物流 emergency logistics

针对可能出现的突发事件已做好预案,并在事件发生时能够迅速付诸实施的物流活动。

4. 物流作业服务术语

4.1

托运人 consigner

货物托付承运人按照合同约定的时间运送到指定地点,向承运人支付相应报酬的一方当事人。

4.2

托运 consignment

托运人与承运人签订货物运输合同,最终完成货物运输活动的过程。

4.3

承运人 carrier

本人或者委托他人以本人名义与托运人订立货物运输合同的人。

4.4

承运 carriage

承运人接受托运人的委托,提供货物运输服务,并承担双方所签订的货物运输合同中载明的责任。

4.5

运输 transportation

用专用运输设备将物品从一地点向另一地点运送。其中包括集货、分配、搬运、中转、装入、卸下、分散等一系列操作。

4.6

门到门运输服务 door to door service

承运人在托运人指定的地点接货,运抵收货人指定地点的一种运输服务方式。

4.7

直达运输 through transportation

物品由发运地到接收地,中途不需要中转的运输。

4.8

中转运输 transfer transportation

物品由发运地到接收地,中途经过至少一次落地并换装的运输。

4.9

甩挂运输 drop and pull transport

用牵引车拖带挂车至目的地,将挂车甩下后,牵引另一挂车继续作业的运输。

4.10

整车运输 truck—load transportation

按整车办理承托手续、组织运送和计费的货物运输。

4.11

零担运输 less—than—truck—load transportation

按零散货物办理承托手续、组织运送和计费的货物运输。

4.12

联合运输 joint transport

一次委托,由两个或两个以上运输企业协同将一批货物运送到目的地的运输。

4.13

多式联运 multimodal transport

联运经营者受托运人、收货人或旅客的委托,为委托人实现两种以上运输方式(含两种)或两程以上(含两程)运输的衔接,以及提供相关运输物流辅助服务的活动。

4.14

仓储 warehousing

利用仓库及相关设施设备进行物品的入库、存贮、出库的活动。

4.15

库存 storing

保护、管理、贮藏物品。

4.16

库存 stock

库存作为今后按预定的目的使用而处于闲置或非生产状态的物品。广义的库存还包括处于制造加工状态和运输状态的物品。

4.17

存货成本 inventory cost

因存货而发生的各种费用的总和,由物品购入成本、订货成本、库存持有成本等构成。

4.18

保管 storage

对物品进行储存,并对其进行物理性管理的活动。

4.19

仓单 warehouse receipt

保管人(仓库)在与存货人签订仓储保管合同的基础上,对存货人所交付的仓储物品进行验收之后出具的物权凭证。

4.20

仓单质押融资 warehouse receipt loan

出质人以保管人的仓单为质物,向质权人出具的申请贷款的业务,保管人对仓单的真实性和唯一性负责,是物流企业参与下的权利质押业务。

4.21

存货质押融资 inventory financing

需要融资的企业(即借方),将其拥有的存货作为质物,向资金提供企业(即贷方)出质,同时将质物转交给具有合法保管存货资格的物流企业(中介方)进行保管,以获得贷方贷款的业务活动,是物流企业参与下的动产质押业务。

4.22

融通仓 financing warehouse

以周边中小企业为主要服务对象,以流动商品仓储为基础,涵盖中小企业信用整合与再造、实物配送、电子商务与传统商业的综合性服务平台。

4.23

仓储费用 warehousing fee

存货人委托保管人保管货物时,保管人收取存货人的服务费用,包括保管和装卸等各项费用;或企业内部仓储活动所发生的保管费、装卸费以及管理费等各项费用。

4.24

货垛 goods stack

为便于保管和装卸、运输,按一定要求被分类堆放在一起的一批物品。

4.25

堆码 stacking

将物品整齐、规则地摆放成货垛的作业。

4.26

拣选 order picking

按订单或出库单的要求,从储存场所拣出物品,并码放在指定场所的作业。

4.27

物品分类 sorting

按照物品的种类、流向、客户类别等对货物进行分组,并集中码放到指定场所或容器内的作业。

4.28

集货 goods consolidation

将分散的或小批量的物品集中起来,以便进行运输、配送的作业。

4.29

共同配送 joint distribution

由多个企业联合组织实施的配送活动。

4.30

装卸 loading and unloading

物品在指定地点以人力或机械实施垂直位移的作业。

4.31

搬运 handling carrying

在同一场所内,对物品进行水平移动为主的作业。

4.32

包装 packaging

为在流通过程中保护产品、方便储运、促进销售,按一定技术方法而采用的容器、材料及辅助物等的总体名称。也指为了达到上述目的而采用容器、材料和辅助物的过程中施加一定技术方法等的操作活动。

4.33

销售包装 sales package

直接接触商品并随商品进入零售店和消费者直接见面的包装。

4.34

运输包装 transport package

以满足运输、仓储要求为主要目的的包装。

4.35

流通加工 distribution processing

物品在从生产地到使用地的过程中,根据需要施加包装、分割、计量、分拣、刷标志、拴标签、组装等作业的总称。

4.36

检验 inspection

根据合同或标准,对标的物的品质、数量、规格、包装等进行检查、验证的总称。

4.37

增值物流服务 value-added logistics service

在完成物流基本功能的基础上,根据客户需求提供的各种延伸业务活动。

4.38

定制物流 customized logistics

根据用户的特定要求而为其专门设计的物流服务模式。

4.39

快递 courier

速递 express

特快专递 express-delivery

承运人将物品从发件人所在地通过承运人自身或代理的网络送达收件人手中的一种快速服务方式。

4.40

物流客户服务 logistics customer service

工商企业为支持其核心产品销售而向客户提供的物流服务。

4.41

物流服务质量 logistics service quality

用精度、时间、费用、顾客满意度等来表示的物流服务的品质。

4.42

物品储备 goods reserves

为应对突发公共事件和国家宏观调控的需要,对物品进行的储存。可分为当年储备、长期储备、战略储备。

4.43

订单满足率 fulfillment rate

衡量缺货程度及其影响的指标,用实际交货数量与订单需求数量的比率表示。

4.44

缺货率 stock-out rate

缺货次数与客户订货次数的比率。

4.45

货损率 cargo damages rate

交货时损失的物品量与应交付的物品总量的比率。

4.46

商品完好率 rate of the goods in good condition

交货时完好的物品量与应交付物品总量的比率。

4.47

基本运价 freight unit price

按照规定的车辆、道路、营运方式、货物、箱型等运输条件,所确定的货物和集装箱运输的计价基准,是运价的计价尺度。

4.48

理货 tally

在货物储存、装卸过程中,对货物的分票、计数、清理残损、签证和交接的作业。

4.49

组配 assembly

采用科学的方法进行货物装载。

4.50

订货周期 order cycle time

从客户发出订单到客户收到货物的时间。

库存周期 inventory cycle time

在一定范围内,库存物品从入库到出库的平均时间。

5. 物流技术与设施设备术语

5.1

集装单元 palletized unit

经过专门器具盛放或捆扎处理的,便于装卸、搬运、储存、运输的标准规格的单元货件物品。

5.2

集装单元器具 palletized unit implements

承载物品的一种载体,可把各种物品组成一个便于储运的基础单元。

5.3

集装化 containerization

用集装单元器具或采用捆扎方法,把物品组成集装单元的物流作业方式。

5.4

散装化 in bulk

用专门机械、器具、设备对未包装的散状物品进行装卸、搬运、储存、运输的物流作业方式。

5.5

集装箱 container

一种运输设备,应满足下列要求:具有足够的强度,可长期反复使用;适于一种或多种运输方式运送,途中转运时,箱内货物不需换装;具有快速装卸和搬运的装置,特别便于从一种运输方式转移到另一种运输方式;便于货物装满和卸空;具有1立方米及以上的容积。

集装箱这一术语不包括车辆和一般包装。

5.6

标准箱 twenty-feet equivalent unit(TEU)

以20英尺集装箱作为换算单位。

5.7

特种货物集装箱 specific cargo container

用以装运特种物品的集装箱总称。

5.8

集装袋 flexible freight bags

柔性集装箱

一种集装单元器具,配以起重机或叉车,就可以实现集装单元化运输,适用于装运大宗散状粉粒物料。

5.9

周转箱 carton

用于存放物品,可重复、周转使用的器具。

5.10

自备箱 shipper's own container

托运人购置、制造或租用的符合标准的集装箱,印有托运人的标记,由托运人负责管理、维修。

5.11

托盘 pallet

用于集装、堆放、搬运和运输的放置作为单元负荷货物和制物的水平平台装置。

5.12

集装运输 containerized transport

使用集装单元器具或利用捆扎方法,把裸装物品、散状物品、体积较小的成件物品,组合成为一定规格的集装单元进行的运输方式。

5.13

托盘运输 pallet transport

将物品以一定数量组合码放在托盘上,装入运输工具运送物品的方式。

5.14

单元装卸 unit loading & unloading

用托盘、容器或包装物将小件或散装物品集成一定质量或体积的组合件,以便利用机械进行作业的装卸方式。

5.15

托盘包装 palletizing

以托盘为承载物,将物品堆码在托盘上,通过捆扎、裹包、胶粘等方法加以固定,形成一个搬运单元,以便用机械设备搬运的包装技术。

5.16

四号定位 four number location

用库房号、货架号、货架层次号和货格号表明物品储存位置定位方法。

5.17

零库存技术 zero-inventory technology

在生产与流通领域,按照准时制组织物品供应,使整个过程库存最小化的技术总称。

5.18

分拣输送系统 sorting & picking system

采用机械设备与自动控制技术实现物品分类、输送和存取的系统。

5.19

自动补货 automatic replenishment

基于计算机信息技术,快捷、准确地获取客户销售点的需求信息,预测未来商品需求,并据此持续补充库存的一种技术。

5.20

直接换装 cross docking

越库配送

物品在物流环节中,不经过中间仓库或站点,直接从一个运输工具换载到另一个运输工具的物流衔接方式。

5.21

冷链 cold chain

根据物品特性,为保持物品的品质而采用的从生产到消费的过程中始终处于低温状态的物流网络。

5.22

交通枢纽 traffic hub

在一种或多种运输方式的干线交叉与衔接处,共同为办理旅客与物品中转、发送、到达所建设的多种运输设施的综合体。

5.23

集装箱货运站 container freight station(CFS)

拼箱货物拆箱、装箱、办理交接的场所。

5.24

集装箱码头 container terminal

专供停靠集装箱船、装卸集装箱用的码头。

5.25

基本港口 base port

指定班轮公司的船一般要定期挂靠,设备条件比较好,货载多而稳定并且不限制货量的港口。其货物一般为直达运输,无需中途转船;若船方决定中途转船则不得向船方加收转船附加费或直航附加费。

5.26

全集装箱船 full container ship

舱内设有固定式或活动式的格栅结构,舱盖上和甲板上设置固定集装箱的系紧装置,便于集装箱作业及定位的船舶。

5.27

公路集装箱中转站 inland container depot

具有集装箱中转运输与门到门运输和集装箱货物的拆箱、装箱、仓储和接取、送达、装卸、堆存的场所。

5.28

铁路集装箱堆场 railway container yard

进行集装箱承运、交付、装卸、堆存、装拆箱、门到门作业,组织集装箱专列等作业的场所。

5.29

专用线 special railway line

在铁路常规经营线网以外,而又与铁路营业网相衔接的各类企业或仓库或向铁路部门租用的铁路。

5.30

自营仓库 private warehouse

由企业或各类组织自营自管,为自身提供储存服务的仓库。

5.31

公共仓库 public warehouse

面向社会提供物品储存服务,并收取费用的仓库。

5.32

自动化立体仓库 automatic storage and retrieval system(AS/RS)

立体仓库

自动存储取货系统

由高层货架、巷道堆垛起重机(有轨堆垛机)、入出库输送机系统、自动化控制系统、计算机仓库管理系统及其周边设备组成,可对集装单元物品实现自动化存取和控制的仓库。

5.33

交割仓库 transaction warehouse

经专业交易机构核准、委托,为交易双方提供货物储存和交付服务的仓库。

5.34

控湿储存区 humidity controlled space

仓库内配有湿度调制设备,使内部湿度可调的库房区域。

5.35

冷藏区 chill space

仓库内温度保持在0℃~10℃范围的区域。

5.36

冷冻区 freeze space

仓库内温度保持在0℃以下的区域。

5.37

收货区 receiving space

对仓储物品入库前进行核查、检验的作业区域。

5.38

理货区 tallying space

在物品储存、装卸过程中,对其进行分类、整理、捆扎、集装、计数和清理残损等作业的区域。

5.39

叉车 fork lift truck

具有各种叉具,能够对物品进行升降和移动以及装卸作业的搬运车辆。

5.40

叉车属具 attachments of fork lift trucks

为扩大叉车对特定物品的作业而附加或替代原有货叉的装置。

5.41

称量装置 load weighing devices

针对起重、运输、装卸、包装、配送以及生产过程中的物料实施重量检测的设备。

5.42

货架 rack

用立柱、隔板或横梁等组成的立体储存物品的设施。

5.43

重力式货架 live pallet rack

一种密集存储单元物品的货架系统。在货架每层的通道上,都安装有一定坡度、带有轨道的导轨,入库的单元物品在重力的作用下,由入库端流向出库端。

5.44

移动式货架 mobile rack

在底部安装有行走轮使其可在地面轨道上移动的货架。

5.45

驶入式货架 drive-in rack

可供叉车(或带货叉的无人搬运车)驶入并存取单元托盘物品的货架。

5.46

码垛机器人 robot palletizer

能自动识别物品,将其整齐地、自动地码(或拆)在托盘上的机器人。

5.47

起重机械 hoisting machinery

一种以间歇作业方式对物品进行起升、下降和水平移动的搬运机械。

5.48

牵引车 tow tractor

用以牵引一组无动力台车的搬运车辆。

5.49

升降台 lift table(LT)

能垂直升降和水平移动货物或集装单元器具的专用设备。

5.50

手动液压升降平台车 scissor lift table

采用手压或脚踏为动力,通过液压驱动使载重平台作升降运动的手推平台车。

5.51

输送机 conveyors

按照规定路线连续地或间歇地运送散装物品和成件物品的搬运机械。

5.52

箱式车 box car

具有全封闭的箱式车身的货运车辆。

5.53

自动导引车 automatic guided vehicle(AGV)

具有自动导引装置,能够沿设定的路径行驶,在车体上具有编程和停车选择装置、安全保护装置以及各种物品移载功能的搬运车辆。

5.54

站台登车桥 dock levelers

当货车底板平面与货场站台平面有高度差时,为使手推车辆、叉车无障碍地进入车厢内的装置。

6. 物流信息术语

6.1

物流信息编码 logistics information coding

将物流信息用一种易于被电子计算机或人识别的符号体系表示出来的过程。

6.2

货物编码 goods coding

按货物分类规则以简明的文字、符号或数字表示物品的名称、类别及其他属性并进行有序排列的一种方法。

6.3

条码 bar code

由一组规则排列的条、空及其对应字符组成的标记,用以表示一定的信息。

6.4

二维码 two-dimensional bar code

在二维方向上都表示信息的条码符号。

6.5

贸易项目 trade item

从原材料直至最终用户可具有预先定义特征的任意一项产品或服务,对于这些产品和服务,在供应链过程中有获取预先定义信息的需求,并且可以在任意一点进行定价、订购或开具发票。

6.6

物流单元 logistics unit

供应链管理中运输或仓储的一个包装单元。

6.7

物流标签 logistics label

表示物流单元相关信息的各种质地的信息载体。

6.8

商品标识代码 identification code for commodity

由国际物品编码协会(EAN)和统一代码委员会(UCC)规定的、用于标识商品的一组数字,包括 EAN/UCC-13、EAN/UCC-8 和 UCC-12 代码。

6.9

全国产品与服务统一代码 national product code(NPC)

全国产品与服务统一代码由13位数字本体代码和1位数字校验码组成,是产品和服务在其生命周期内拥有的一个唯一不变的代码标识。

(注:国家标准《全国产品与服务统一代码编制规则》GB 18937-2003 规定了全国产品与服务统一代码的使用范围、代码结构及其表现形式。)

6.10

产品电子代码 electronic product code(EPC)

开放的、全球性的编码标准体系,由标头、管理者代码、对象分类和序列号组成,是每个产品的唯一性代码。

(注:标头标识 EPC 的长度、结构和版本,管理者代码标识某个公司实体,对象分类码标识某种产品类别,序列号标识某个具体产品。)

6.11

产品电子代码系统 EPC system

在计算机互联网和无线通信等技术基础上,利用 EPC 标签、射频识读器、中间件、对象名解析、信息服务和应用系统等技术构造的一个实物信息互联系统。

6.12

全球位置码 global location number(GLN)

运用 EAN.UCC 系统,对法律实体、功能实体和物理实体进行位置准确、唯一标识的代码。

6.13

全球贸易项目标识代码 global trade item number(GTIN)

在世界范围内贸易项目的唯一标识代码,其结构为 14 位数字。

6.14

应用标识符 application identifier(AI)

在 EAN.UCC 系统中,标识数据含义与格式的字符。

6.15

系列货运包装箱代码 serial shipping container code(SSCC)

在 EAN.UCC 系统中,对物流单元进行唯一标识的代码。

6.16

单个资产标识代码 global individual asset identifier(GIAI)

在 EAN.UCC 系统中,用于一个特定厂商的财产部分的单个实体的唯一标识的代码。

6.17

可回收资产标识代码 global returnable asset identifier(GRAI)

在 EAN.UCC 系统中,标识通常用于运输或储存货物并能重复使用的实体的代码。

6.18

自动识别与数据采集 automatic identification and data capture(AIDC)

对字符、影像、条码、声音等记录数据的载体进行机器识别,自动获取被识别物品的相关信息,并提供给后台的计算机处理系统来完成相关后续处理的一种技术。

6.19

条码自动识别技术 bar code automatic identification technology

运用条码进行自动数据采集的技术,主要包括编码技术、符号表示技术、识读技术、生成与印制技术和应用系统设计等。

6.20

条码系统 bar code system

由条码符号设计、制作及扫描识读组成的系统。

6.21

条码标签 bar code tag

印有条码符号的信息载体。

6.22

条码识读器 bar code reader

识读条码符号的设备。

6.23

条码打印机 bar code printer

能制作一种供机器识别的光学形式符号文件的打印机,它的印刷有严格的技术要求和检测规范。

6.24

射频识别 radio frequency identification(RFID)

通过射频信号识别目标对象并获取相关数据信息的一种非接触式的自动识别技术。

6.25

射频识别系统 radio frequency identification system

由射频标签、识读器、计算机网络和应用程序及数据库组成的自动识别和数据采集系统。

6.26

射频标签 radio frequency tag

安装在被识别对象上,存储被识别对象的相关信息的电子装置。

6.27

射频识读器 RFID reader

射频识别系统中一种固定式或便携式自动识别与数据采集设备。

6.28

电子数据交换 electronic data interchange(EDI)

采用标准化的格式,利用计算机网络进行业务数据的传输和处理。

6.29

电子通关 electronic clearance

对符合特定条件的报关单证,海关采用处理电子单证数据的方法,利用计算机完成单证审核、征收税费、放行等海关作业的通关方式。

6.30

电子认证 electronic authentication

采用电子技术检验用户合法性的操作。其主要内容有以下三个方面:保证自报姓名的个人和法人的合法性的本人确认;保证个人或企业间收发信息在通信的途中和到达后不被改变的信息认证;数字签名。

6.31

电子报表 e-report

用网络进行提交、传送、存储和管理的数字化报表。

6.32

电子采购 e-procurement

利用计算机网络和通信技术与供应商建立联系,并完成获得某种特定产品或服务的活动。

6.33

电子商务 e-commerce(EC)

以电子形式进行的商务活动,它在供应商、消费者、政府机构和其他业务伙伴之间通过任意电子方式实现标准化的业务信息的共享,以管理和执行商业、行政和消费活动中的交易。

6.34

地理信息系统 geographical information system(GIS)

由计算机软硬件环境、地理空间数据、系统维护和使用人员四部分组成的空间信息系统,可对整个或部分地球表层(包括大气层)空间中有关地理分布数据进行采集、储存、管理、运算、分析显示和描述。

6.35

全球定位系统 global positioning system(GPS)

由一组卫星组成的、24小时提供高精度的全球范围的定位和导航信息的系统。

6.36

智能运输系统 intelligent transportation system(ITS)

综合利用信息技术、数据通讯传输技术、电子控制技术以及计算机处理技术对传统的运输系统进行改造而形成的新型运输系统。

6.37

货物跟踪系统 goods-tracked system

利用自动识别、全球定位系统、地理信息系统、通信等技术,获取货物动态信息的技术系统。

6.38

仓库管理系统 warehouse management system(WMS)

为提高仓储作业和仓储管理活动的效率,对仓库实施全面管理的计算机信息系统。

6.39

销售时点系统 point of sale(POS)

利用光学式自动读取设备,按照商品的最小类别读取实时销售信息以及采购、配送等阶段发生的各种信息,并通过通讯网络将其传送给计算机系统进行加工、处理和传送,以便使各部门可以根据各自的目的有效地利用上述信息的系统。

6.40

电子订货系统 electronic order system(EOS)

不同组织间利用通信网络和终端设备进行订货作业与订货信息交换的体系。

6.41

物流信息技术 logistics information technology

物流各环节中应用的信息技术,包括计算机、网络、信息分类编码、自动识别、电子数据交换、全球定位系统、地理信息系统等技术。

6.42

物流管理信息系统 logistics management information system

由计算机软硬件、网络通信设备及其他办公设备组成的,在物流作业、管理、决策方面对相关信息进行收集、存储、处理、输出和维护的人机交互系统。

6.43

物流公共信息平台 logistics information platforms

基于计算机通信网络技术,提供物流设备、技术、信息等资源共享服务的信息平台。

6.44

物流系统仿真 logistics system simulation

借助计算机仿真技术,对物流系统建模并进行实验,得到各种动态活动及其过程的瞬间仿效记录,进而研究物流系统性能的方法。

7. 物流管理术语

7.1

仓库布局 warehouse layout

在一定区域或库区内,对仓库的数量、规模、地理位置和仓库设施、道路等各要素进行科学规划和总体设计。

7.2

ABC 分类管理 ABC classification

将库存物品按品种和占用资金的多少分为特别重要的库存(A 类)、一般重要的库存(B 类)和不重要的库存(C 类)三个等级,然后针对不同等级分别进行控制。

7.3

安全库存 safety stock

保险库存

用于应对不确定性因素(如大量突发性订货、交货期突然延期等)而准备的缓冲库存。

7.4

经常库存 cycle stock

为满足日常需要而设立的库存。

7.5

仓储管理 inventory management

对仓储设施布局和设计以及仓储作业所进行的计划、组织、协调与控制。

7.6

存货控制 inventory control

在保障供应的前提下,使库存物品的数量合理所进行的有效管理的技术经济措施。

7.7

供应商管理库存 vendor managed inventory(VMI)

按照双方达成的协议,由供应链的上游企业根据下游企业的物料需求计划、销售信息和库存量,主动对下游企业的库存进行管理和控制的供应链库存管理方式。

7.8

定量订货制 fixed-quantity system(FQS)

当库存量下降到预定的库存数量(订货点)时,按经济订货批量为标准进行订货的一种库存管理方式。

7.9

定期订货制 fixed-interval system(FIS)

按预先确定的订货间隔期进行订货的一种库存管理方式。

7.10

经济订货批量 economic order quantity(EOQ)

通过平衡采购进货成本和保管仓储成本核算,以实现总库存成本最低的最佳订货批量。

7.11

连续补货计划 continuous replenishment program(CRP)

利用及时准确的销售时点信息确定已销售的商品数量,根据零售商或批发商的库存信息和预先规定的库存补充程序确定发货补充数量和配送时间的计划方法。

7.12

联合库存管理 joint managed inventory(JMI)

供应链成员企业共同制定库存计划,并实施库存控制的供应链库存管理方式。

7.13

物流成本管理 logistics cost control

对物流活动发生的相关费用进行的计划、协调与控制。

7.14

物流战略管理 logistics strategy management

通过物流战略设计、战略实施、战略评价与控制等环节,调节物流资源、组织结构等最终实现物流系统宗旨和战略目标的一系列动态过程的总和。

7.15

物流资源计划 logistics resource planning(LRP)

以物流为手段,打破生产与流通界限,集成制造资源计划、能力资源计划、配送资源计划以及功能计划而形成的资源优化配置方法。

7.16

供应商关系管理 supplier relationships management(SRM)

一种致力于实现与供应商建立和维持长久、紧密合作伙伴关系,旨在改善企业与供应商之间关系的管理模式。

7.17

客户关系管理 customer relationships management(CRM)

一种致力于实现与客户建立和维持长久、紧密合作伙伴关系,旨在改善企业与客户之间关系的管理模式。

7.18
准时制物流 just-in-time logistics
与准时制管理模式相适应的物流管理方式。

7.19
有效客户反应 efficient customer response(ECR)
以满足顾客要求和最大限度降低物流过程费用为原则,能及时作出准确反应,使提供的物品供应或服务流程最佳化的一种供应链管理策略。

7.20
快速反应 quick response(QR)
供应链成员企业之间建立战略合作伙伴关系,利用 EDI 等信息技术进行信息交换与信息共享,用高频率、小批量配送方式补货,以实现缩短交货周期,减少库存,提高顾客服务水平和企业竞争力为目的的一种供应链管理策略。

7.21
物料需求计划 material requirements planning(MRP)
制造企业内的物料计划管理模式。根据产品结构各层次物品的从属和数量关系,以每个物品为计划对象,以完工日期为时间基准倒排计划,按提前期长短区别各个物品下达计划时间的先后顺序。

7.22
制造资源计划 manufacturing resource planning(MRPⅡ)
在 MRP 的基础上,增加营销、财务和采购功能,对企业制造资源和生产经营各环节实行合理有效的计划、组织、协调与控制,达到既能连续均衡生产,又能最大限度地降低各种物品的库存量,进而提高企业经济效益的管理方法。

7.23
配送需求计划 distribution requirements planning(DRP)
一种既保证有效地满足市场需求,又使得物流资源配置费用最省的计划方法,是 MRP 原理与方法在物品配送中的运用。

7.24
配送资源计划 distribution resource planning(DRPⅡ)
在 DRP 的基础上提高配送各环节的物流能力,达到系统优化运行目的的企业内物品配送计划管理方法。

7.25
企业资源计划 enterprise resource planning(ERP)
在 MRP Ⅱ 的基础上,通过前馈的物流和反馈的信息流、资金流,把客户需求和企业内部的生产经营活动以及供应商的资源整合在一起,体现完全按用户需求进行经营管理的一种全新的管理方法。

7.26

协同计划、预测与补货 collaborative planning, forecasting and replenishment(CPFR)

应用一系列的信息处理技术和模型技术,提供覆盖整个供应链的合作过程,通过共同管理业务过程和共享信息来改善零售商和供应商之间的计划协调性,提高预测精度,最终达到提高供应链效率、减少库存和提高客户满意程度为目的的供应链库存管理策略。

7.27

物流外包 logistics outsourcing

企业为了获得比单纯利用内部资源更多的竞争优势,将其部分或全部物流业务交由合作企业完成。

7.28

延迟策略 postponement strategy

为了降低供应链的整体风险,减少错误生产或不准确的库存安排,有效地满足客户个性化的需求,将最后的生产环节或物流环节推迟到客户提供订单以后进行的一种经营战略。

7.29

物流流程重组 logistics process reengineering

从顾客需求出发,通过物流活动各要素的有机组合,对物流管理和作业流程进行优化设计。

7.30

物流总成本分析 total cost analysis

判别物流各环节中系统变量之间的关系,在特定的客户服务水平下使物流总成本最小化的物流管理方法。

7.31

物流作业成本法 logistics activity—based costing

以特定物流活动成本为核算对象,通过成本动因来确认和计算作业量,进而以作业量为基础分配间接费用的物流成本管理方法。

7.32

效益背反 trade off

一种活动的高成本,会因另一种物流活动成本的降低或效益的提高而抵消的相互作用关系。

7.33

社会物流总额 total value of social logistics goods

在一定时期内,社会物流的物品的价值总额。即进入社会物流领域的农产品、工业品、再生资源品、进口物品、单位(组织)与居民物品价值额的总和。

7.34

社会物流总费用 total social logistics costs

在一定时期内,国民经济各方面用于社会物流活动的各项费用支出。它包括支付给社会物流活动各环节的费用、应承担的物品在社会物流期间发生的损耗、社会物流活动中因资金占用而应承担的利息支出和发生的管理费用等。

8. 国际物流术语

8.1

国际多式联运 international multimodal transport

按照多式联运合同,以至少两种不同的运输方式,由多式联运经营人将货物从一国境内的接管地点运至另一国境内指定交付地点的货物运输。

8.2

国际航空货物运输 international airline transport

货物的出发地、约定的经停地和目的地之一不在同一国境内的航空运输。

8.3

国际铁路联运 international through railway transport

使用一份统一的国际铁路联运票据,由跨国铁路承运人办理两国或两国以上铁路的全程运输,并承担运输责任的一种连贯运输方式。

8.4

班轮运输 liner transport

在固定的航线上,以既定的港口顺序,按照事先公布的船期表航行的水上运输经营方式。

8.5

租船运输 shipping by chartering

货主或其代理人租赁其他人的船舶,将货物送达目的地的水上运输经营方式。

8.6

大陆桥运输 land bridge transport

用横贯大陆的铁路或公路作为中间桥梁,将大陆两端的海洋运输连接起来的连贯运输方式。

8.7

转关运输 tran-customs transportation

进出口货物在海关监管下,从一个海关运至另一个海关办理海关手续的行为。

8.8

报关 customs declaration

进出境运输工具的负责人、进出境货物的所有人、进出口货物的收发货人或其代理人向海关办理运输工具、货物、物品进出境手续的全过程。

8.9

报关行 customs broker

专门代办进出境报关业务的企业。

8.10

不可抗力 force majeure

人力不能抗拒也无法预防的事故。有由自然因素引起的,如水灾、旱灾、暴雨、地震等;也有由社会因素引起的,如罢工、战争、政府禁令等。

8.11

保税货物 bonded goods

经海关批准未办理纳税手续进境,在境内储存、加工、装配后复运出境的货物。

8.12

海关监管货物 cargo under custom's supervision

进出口货物,过境、转运、通运货物,特定减免税货物,以及暂时进出口货物、保税货物和其他尚未办结海关手续的进出境货物。

8.13

拼箱货 less than container load(LCL)

一个集装箱装入多个托运人或多个收货人的货物。

8.14

整箱货 full container load(FCL)

一个集装箱装满一个托运人同时也是一个收货人的货物。

8.15

通运货物 through goods

由境外启运,经船舶或航空器载运入境后,仍由原载运工具继续运往境外的货物。

8.16

转运货物 transit cargo

由境外启运,到我国境内设关地点换装运输工具后,不通过我国境内陆路运输,再继续运往境外的货物。

8.17

过境货物 transit goods

由境外启运、通过境内的陆路运输继续运往境外的货物。

8.18

到货价格 delivered price

货物交付时点的现行市价,其中含包装费、保险费、运送费等。

8.19

出口退税 drawback

国家为帮助出口企业降低成本,增强出口产品在国际市场上的竞争力,鼓励出口创汇,而实行的由国内税务机关退还出口商品国内税的措施。

8.20

海关估价 customs ratable price

一国海关为征收关税,根据统一的价格准则,确定某一进口(出口)货物价格的过程。

8.21
等级标签 grade labeling
在产品的包装上用以说明产品品质级别的标志。

8.22
等级费率 class rate
将全部货物划分为若干个等级,按照不同的航线分别为每一个等级制定一个基本运价的费率。归属于同一等级的货物,均按该等级费率计收运费。

8.23
船务代理 shipping agency
接受船舶所有人(船公司)、船舶经营人、承租人或货主的委托,在授权范围内代表委托人办理与在港船舶有关的业务、提供有关的服务或进行与在港船舶有关的其他法律行为的经济组织。

8.24
国际货运代理 international freight forwarding agent
接受进出口货物收货人、发货人的委托,以委托人或自己的名义,为委托人办理国际货物运输及相关业务,并收取劳务报酬的经济组织。

8.25
航空货运代理 airfreight forwarding agent
以货主的委托代理人身份办理有关货物的航空运输手续的服务方式。

8.26
无船承运人 non-vessel operating common carrier(NVOCC)
不拥有运输工具,但以承运人身份发布运价,接受托运人的委托,签发提单或其他运输单证,收取运费,并通过与有船承运人签订运输合同,承担承运人责任,完成国际海上货物运输的经营者。

8.27
索赔 claim for damages
承托双方中受经济损失方向责任方提出赔偿经济损失的要求。

8.28
理赔 settlement of claim
承托双方中责任方对受经济损失方提出的经济赔偿要求的处理。

8.29
国际货物运输保险 international transportation cargo insurance
以运输过程中的各种货物作为保险标的,投保人(或称被保险人)向承保人(或称保险人)按一定金额投保一定的险别,并缴纳保险费,取得保险单据,承保人负责对投保货物在运输过程中遭受投保险别责任范围内的损失,按投保金额及损失程度给予保险单据持有人经济上的补偿。

8.30

原产地证明 certificate of origin

出口国(地区)根据原产地规则和有关要求签发的,明确指出该证中所列货物原产于某一特定国家(地区)的书面文件。

8.31

进出口商品检验 import and export commodity inspection

对进出口商品的种类、品质、数量、重量、包装、标志、装运条件、产地、残损及是否符合安全、卫生要求等进行法定检验、公证鉴定和监督管理。

8.32

清关 clearance

结关

报关单位已经在海关办理完毕进出口货物通关所必需的所有手续,完全履行了法律规定的与进出口有关的义务,包括纳税、提交许可证件及其他单证等,进口货物可以进入国内市场自由流通,出口货物可以运出境外。

8.33

滞报金 fee for delayed declaration

进口货物的收货人或其他代理人超过海关规定的申报期限,未向海关申报,由海关依法征收的一定数额的款项。

8.34

装运港船上交货 free on board(FOB)

卖方在合同规定的装运期内,在指定装运港将货物交至买方指定的船上,并负担货物在指定装运港越过船舷为止的一切费用和风险。

8.35

成本加运费 cost and freight(CFR)

卖方负责租船订舱,在合同规定的装运期内将货物交至运往指定目的港的船上,并负担货物在装运港越过船舷为止的一切费用和风险。

8.36

成本加保险费加运费 cost, insurance and freight(CIF)

卖方负责租船订舱,办理货运保险,在合同规定的装运期内在装运港将货物交至运往指定目的港的船上,并负担货物在装运港越过船舷为止的一切费用和风险。

8.37

进料加工 processing with imported materials

有关经营单位或企业用外汇进口部分原材料、零部件、元器件、包装物料、辅助材料(简称料件),加工成成品或半成品后销往国外的一种贸易方式。

8.38

来料加工 processing with supplied materials

由外商免费提供全部或部分原料、辅料、零配件、元器件、配套件和包装物料,委托我方加工单位按外商的要求进行加工装配,成品交外商销售,我方按合同规定收取工缴费的一种贸易方式。

8.39

保税仓库 boned warehouse

经海关批准设立的专门存放保税货物及其他未办结海关手续货物的仓库。

8.40

保税工厂 bonded factory

经海关批准专门生产出口产品的保税加工装配企业。

8.41

保税区 bonded area

在境内的港口或邻近港口、国际机场等地区建立的在区内进行加工、贸易、仓储和展览由海关监管的特殊区域。

8.42

A 型保税物流中心 bonded logistics center of A type

经海关批准,由中国境内企业法人经营、专门从事保税仓储物流业务的海关监管场所。

8.43

B 型保税物流中心 bonded logistics center of B type

经海关批准,由中国境内一家企业法人经营,多家企业进入并从事保税仓储物流业务的海关集中监管场所。

8.44

出口监管仓库 export supervised warehouse

经海关批准设立,对已办结海关出口手续的货物进行存储、保税物流配送、提供流通性增值服务的海关专用监管仓库。

8.45

出口加工区 export processing zone

经国务院批准设立从事产品外销加工贸易并由海关封闭式监管的特殊区域。

8.46

定牌包装 packing of nominated brand

买方要求在出口商品包装上使用买方指定的品牌名称或商标的做法。

8.47

中性包装 neutral packing

在出口商品及其内外包装上都不注明生产国别的包装。

8.48
海运提单 bill of lading(B/L)

用以证明海上货物运输合同和货物已经由承运人接收或者装船,以及承运人保证据以交付货物的单证。

参考文献

[1] [美]威廉·比尔·李,迈克尔·卡佐克.供应链变革.北京:中国财富出版社,2012.

[2] [法]朴炯.供应链管理实践.北京:中国财富出版社,2011.

[3] [美]迈克尔·波特.竞争优势.北京:华夏出版社,2003.

[4] [美]唐纳德·沃特斯.物流管理概论.北京:电子工业出版社,2004.

[5] [日]菊池康也.物流管理.北京:清华大学出版社,1999.

[6] [日]汤浅和夫.物流管理.上海:文汇出版社,2003.

[7] [日]田中一成等.物流入门.深圳:海天出版社,2001.

[8] [日]中田信哉.物流·配送.深圳:海天出版社,2001.

[9] 陈修其.物流配送管理.北京:电子工业出版社,2004.

[10] 蒋长兵.现代物流学导论.北京:中国物资出版社,2006.

[11] 夏春玉.现代物流概论.北京:首都经济贸易大学出版社,2013.

[12] 宗平.物联网概论.北京:电子工业出版社,2012.

[13] 马士华.供应链管理.北京:高等教育出版社,2006.

[14] 汝宜红等.配送管理.北京:机械工业出版社,2006.

[15] 许淑君.现代物流管理.上海:上海财经大学出版社,2013.

[16] 王之泰.新编现代物流学.北京:首都经济贸易大学出版社,2005.

[17] 王转等.物流学.北京:中国物资出版社,2006.

[18] 吴清一.现代物流概论.北京:中国物资出版社,2005.

[19] 张宗成.物流信息管理学.广州:中山大学出版社,2006.

[20] 周启蕾.物流学概论.北京:清华大学出版社,2005.

[21] 丁俊发.我国物流业发展任重道远[J].珠江水运,2009(4).

[22] 王之泰.关于物流科学的若干思考[J].中国流通经济,2003(9).

[23] 刘菊华.第三方物流的利弊分析与企业物流模式选择[J].江西社会科学,2002(7).

[24] 许殁.增值服务引领现代仓储企业新发展[J].企业研究,2012(3).

[25] 金国斌.中国物流包装中存在的问题与发展策略探讨[J].包装学报,2011(2).

[26] 吴晓钊,王继祥.物联网技术在物流业的应用现状与发展前景[J].物流技术与应用,2011(2).

［27］付东炜.基于物联网技术在现代物流中的应用[J].科技与管理,2013(4).

［28］杨震.物联网发展研究[J].南京邮电大学学报,2010(2).

［29］徐建新.供应链管理的新模式——第四方物流[J].决策借鉴,2002(2).

［30］徐寿波.关于物流科学理论的几个问题[J].北京交通大学学报,2002(9).

［31］中国物流与采购网——企业案例.

后 记

2009年1月,我们编写了安徽省高等学校"十一五"规划教材《现代物流管理基础》。该教材在体系结构、内容安排、版式设计等方面进行了一定的创新,得到了广大师生的普遍认可。为满足市场需求,安徽大学出版社对该教材进行了多次重印。

为了进一步提高教材质量,我们结合教材使用、专业建设和物流技术的发展以及教学改革的需要,在前期调研的基础上,对原教材进行了修订,推出了第2版。第2版被正式列入安徽省高等学校"十二五"规划教材。

在修订过程中,我们主要做了三项工作:一是优化体系结构,突出对物流基本功能管理的介绍,兼顾物流管理基本原理和发展新趋势的介绍;二是调整内容安排,坚持理论够用管用原则,突出教材对学生物流管理实际操作性能力的培养;三是更新案例选择,突出案例的典型性、鲜活性、思想性,以及和所在章节的契合性,增加了案例教学的分量。

本教材由安庆师范学院李亦亮教授任主编,参加本教材编写修订工作的有安庆师范学院、安徽大学、安徽财经大学等安徽省十多所高校物流管理专业中青年骨干教师。在编写教材的过程中,我们借鉴和吸收了近几年物流管理专家学者们研究的一些新成果,参考了大量文献资料,并且引用了诸多互联网资料,在此表示感谢。同时,十分感谢安徽大学出版社龚婧瑶编辑严谨细致的编辑工作。

因编者水平有限,所以教材仍然存在一些不足之处,敬请广大读者继续不吝指正。

编 者
2015年1月